문제 해결 능력을 길러 주는 **창의력과 코딩 실력 쏙쏙!**

스크래치
창/의/컴/퓨/팅

저자 **한선관**(경인교대 미래인재연구소장)
   홍수빈(경인교대 미래인재연구소)
   김슬기(경인교대 미래인재연구소)
   김미소(경인교대 미래인재연구소)

BM 성안당
www.cyber.co.kr

Foreign Copyright:
Joonwon Lee
Address: 10, Simhaksan-ro, Seopae-dong, Paju-si, Kyunggi-do,
         Korea
Telephone: 82-2-3142-4151
E-mail: jwlee@cyber.co.kr

문제해결 능력을 길러주는
창의력과 코딩 실력 쑥쑥!

스크래치 창의 컴퓨팅

2015. 8. 20. 초   판 1쇄 발행
2016. 2. 24. 초   판 2쇄 발행
2017. 3. 10. 개정 1판 1쇄 발행
2017. 10. 11. 개정 1판 2쇄 발행
2018. 8. 21. 개정 1판 3쇄 발행

저자와의
협의하에
검인생략

지은이 | 한선관, 홍수빈, 김슬기, 김미소
펴낸이 | 이종춘
펴낸곳 | BM 주식회사 성안당
주소 | 04032 서울시 마포구 양화로 127 첨단빌딩 5층(출판기획 R&D 센터)
       | 10881 경기도 파주시 문발로 112 출판문화정보산업단지(제작 및 물류)
전화 | 02) 3142-0036
       | 031) 950-6300
팩스 | 031) 955-0510
등록 | 1973. 2. 1. 제406-2005-000046호
출판사 홈페이지 | www.cyber.co.kr
ISBN | 978-89-315-5477-9 (13000)
정가 | 20,000원

이 책을 만든 사람들
책임 | 최옥현
편집 | 조혜란
교정 · 진행 | 장윤정
본문 · 표지 디자인 | 앤미디어
홍보 | 박연주
국제부 | 이선민, 조혜란, 김해영
마케팅 | 구본철, 차정욱, 나진호, 이동후, 강호묵
제작 | 김유석

■ 도서 A/S 안내

성안당에서 발행하는 모든 도서는 저자와 출판사, 그리고 독자가 함께 만들어 나갑니다.
좋은 책을 펴내기 위해 많은 노력을 기울이고 있습니다. 혹시라도 내용상의 오류나 오탈자 등이
발견되면 **"좋은 책은 나라의 보배"**로서 우리 모두가 함께 만들어 간다는 마음으로 연락주시기
바랍니다. 수정 보완하여 더 나은 책이 되도록 최선을 다하겠습니다.
성안당은 늘 독자 여러분들의 소중한 의견을 기다리고 있습니다. 좋은 의견을 보내주시는 분께는
성안당 쇼핑몰의 포인트(3,000포인트)를 적립해 드립니다.
잘못 만들어진 책이나 부록 등이 파손된 경우에는 교환해 드립니다.

문제 해결 능력을 길러 주는 **창의력**과 **코딩 실력 쑥쑥!**

스크래치
창/의/컴/퓨/팅

저자 **한선관**(경인교육대학교 미래인재연구소장)
홍수빈(경인교육대학교 미래인재연구소)
김슬기(경인교육대학교 미래인재연구소)
김미소(경인교육대학교 미래인재연구소)

BM 성안당
www.cyber.co.kr

프로그래밍보다는 창의적 생각의 도구로
어려운 코딩보다는 즐거운 장난감으로

스크래치를 처음 만난 지 벌써 10년이 넘었습니다. 스크래치와의 첫만남에서 우리는 스크래치가 학생들에게 창의성을 효과적으로 이끌 수 있는 재미있는 도구라는 것을 곧바로 알아차렸습니다. 우리 학생들의 미래에 더 많은 도움을 줄 수 있다는 확신 아래 현장교사들과의 협력으로 10년 이상을 수백 명의 학생들에게 직접 적용해보고 스크래치를 전국에 보급하는데 모든 노력을 쏟았습니다.

방과후교육, 창의체험활동, 영재학생들의 캠프와 찾아가는 컴퓨팅교육, 그리고 10회가 넘는 스크래치데이 한국 행사를 개최하며 우리의 믿음이 옳다는 것을 보다 더 확고하게 확인하였습니다. MIT에서 주최하는 글로벌 스크래치 행사와 유럽 스크래치데이 행사에 참여하여 협력 네크워크를 맺으며 그 발전 가능성은 더 많이 확대되어 가고 있습니다. 이러한 노력의 결과로 이제는 주변에서 스크래치를 모르는 사람이 없을 정도로 전국으로 확산되었습니다. 또한 'SW중심사회 실현'을 위한 국가의 정책으로 초중등교육의 정규교과로 소프트웨어 교육이 결정되면서 스크래치의 확산은 더욱 활성화되고 있습니다.

전국에 스크래치 붐이 일면서 여러 출판사와 저자들이 다양한 스크래치 교재를 개발하고 있습니다. 우리의 확신에 함께 동참하는 현상에 우리는 많이 고무되었지만 한편으로는 걱정이 앞섰습니다. 현장 적용 없이 기존의 프로그래밍이나 코딩 교육과 비슷하게 제작된 교재들이 많이 발간되면서 실제적인 교육경험 없이 프로그래밍을 학생들에게 주입식으로 안내하는 책들이 우리의 노력에 많은 장애를 주지 않을까 하는 걱정이 들었습니다. 이러한 종류의 책들은 학생들이 프로그래밍이나 코딩 더 나아가 컴퓨터 과학에 대해 무척 어렵고 특별한 전문가들만이 할 수 있는 힘든 것이라는 오해를 줄 수 있기 때문입니다. 프로그래밍은 즐거운 것이며 생각을 보다 논리적으로 할 수 있도록 도와주는 디지털 사회의 가장 강력한 도구입니다. 또한 미래의 디지털 중심사회를 이해하고 아이들의 미래 직업과 적성을 발견하는데 매우 중요한 역할을 하는 도구이기도 합니다.

이러한 부분의 이해를 돕기 위해 스크래치를 보다 체계적으로 안내하고 쉽게 공부하여 생각을 논리적으로 할 수 있도록 돕기 위해 이 책을 제작하였습니다. 학생들이 스스로 프로그래밍을 배우거나 선생님들이 가르치기 쉽도록 스크래치를 수년간 연구하신 현장 선생님들과 즐겁게 고민하면서 이 책을 만들었습니다. 스크래치의 주요 명령어 블록을 프로젝트를 제작해가면서 자연스럽게 이해하도록 구성하였으며 다른 스크래치 교재에서 볼 수 없는 팁과 활용 전략을 세밀하게 작성하였습니다.

10여년간 스크래치를 전국에 보급하면서 얻은 깨달음은 스크래치가 단순히 컴퓨터 과학자를 양성하거나 프로그램을 작성하는 도구로 사용되기보다 학생들의 고차원적인 사고력을 향상시키고 디지털 사회를 이해하는 도구로 인식되어야 한다는 것입니다. 스크래치가 학생들의 미래를 준비하고 직업세계에서의 창의적 문제해결력을 신장시키는 도구로 인식이 전환되면서 가르침과 배움에서 즐거움을 찾는데 이 책이 많이 활용되길 기대합니다.

대표 저자
미래인재연구소장 한선관 교수

대표 저자 한선관 교수 이력
· 경인교육대학교 미래인재연구소 소장
· 경인교육대학교 컴퓨터교육과 교수
· Scratch day in Korea 매년 운영(2009~2015년 10회째 운영)
· 대한민국 주니어SW온라인교육사이트 운영(미래창조과학부 주관)
· 대한민국 SW창의캠프 운영(미래창조과학부 주관)
· http://koreasw.org
· http://computing.or.kr
· http://in.re.kr

저자
· 미래인재연구소장 한선관
· 미래인재연구소 홍수빈
· 미래인재연구소 김슬기
· 미래인재연구소 김미소

수년간 학교 현장에서 학생들과 함께 스크래치를 공부하면서 학생들의 긍정적인 변화를 관찰하면서 즐겁고 행복한 시간을 보낼 수 있었습니다. 이러한 현장의 경험을 담아 선생님이나 학부모님께는 학생들을 기초부터 차근차근 가르칠 수 있는 안내서가 되고, 학생들에게는 옆에서 선생님의 설명을 듣는 것처럼 이해가 잘 되는 자습서가 있으면 좋겠다는 생각을 했습니다. 이러한 생각들을 담은 이 책은 다음과 같은 특징이 있습니다.

글 · **홍수빈** 경인교육대학교 미래인재연구소

1 첫째, 마치 누군가의 설명을 듣는 것처럼 구어체 식의 쉬운 표현으로 되어 있습니다. 책을 읽는 분들에게 조금 더 부드럽게 다가가고자 '글'이 아닌 '말'을 썼습니다. 스크래치나 프로그래밍을 처음 접하는 분들도 더욱 친숙하고 쉽게 책에 집중할 수 있을 것입니다.

2 둘째, '비슷한 듯 다른 듯'과 같은 코너는 현장에서의 경험을 바탕으로 스크래치를 사용할 때 혼란을 느낄 만한 개념이나 블록들을 서로 비교하고 있습니다. 이를 통해 비슷한 명령어라도 사용자가 필요한 때에 정확하고 효율적으로 사용할 수 있는 방법을 제시합니다. 또한 스크래치를 가르치는 분들은 학생들이 질문할 만한 상황들을 미리 파악할 수 있어서 학생들과 더 쉽게 소통할 수 있을 것입니다.

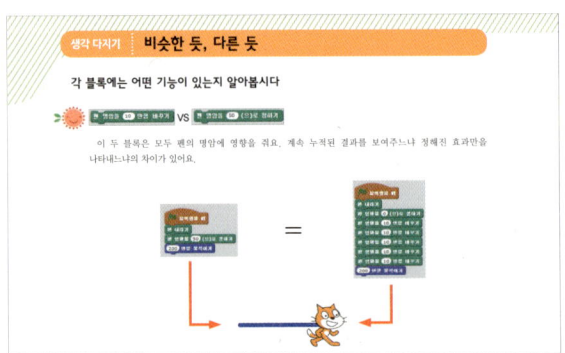

3 셋째, 알고리즘 코너를 마련하여 방금 배운 명령어를 바로 적용해 볼 수 있는 기회를 제공합니다. 학생들을 지도해 보면 명령어 블록을 배우고 나면 가장 먼저 하는 질문이 이것을 어디에 어떻게 쓰는가와 관련된 질문입니다. 이러한 의문을 해소하기 위해 학습한 블록 카테고리를 사용하여 만들 수 있는 간단한 알고리즘을 제시하고 있습니다. 이 알고리즘들은 배운 것을 사용해 보는 경험과 더불어 더 큰 프로젝트를 만드는 밑거름이 될 수 있습니다.

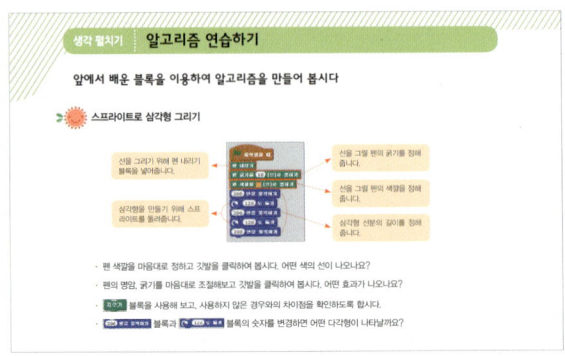

4 넷째. 알고리즘 코너를 마련하여 방금 배운 명령어를 바로 적용해 볼 수 있는 기회를 제공합니다. 학생들을 지도해 보면 명령어 블록을 배우고 나면 가장 먼저 하는 질문이 이것을 어디에 어떻게 쓰는가와 관련된 질문입니다. 이러한 의문을 해소하기 위해 학습한 블록 카테고리를 사용하여 만들 수 있는 간단한 알고리즘을 제시하고 있습니다. 이 알고리즘들은 배운 것을 사용해 보는 경험과 더불어 더 큰 프로젝트를 만드는 밑거름이 될 수 있습니다.

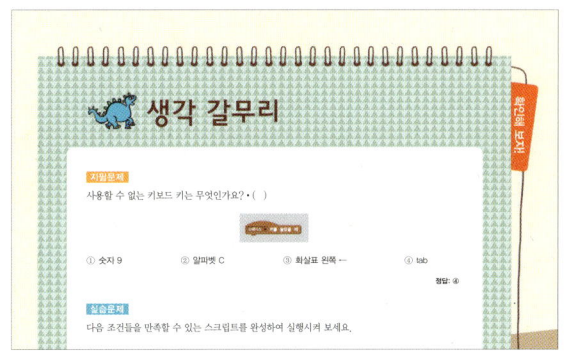

5 다섯째, 블록 카테고리별로 설명이 제시되어 있어서 궁금한 내용을 손쉽게 찾아 볼 수 있도록 구성하였습니다. 그리고 블록 카테고리를 제시하는 순서는 각 카테고리가 담고 있는 개념의 난이도에 따라 쉬운 것에서 어려운 것으로 나아갈 수 있도록 구성하여 학습 및 지도 순서를 정하는 데 참고자료가 될 수 있을 것입니다.

6 여섯째, 2부에서는 과제를 제시함에 있어서 우리가 어떠한 작품을 만들지 산출물을 중심으로 미리 목표를 제시하였습니다. 이를 통해서 긴 활동이지만 학생들이 지루해 하지 않고 목표를 가지고 책을 끝까지 볼 수 있도록 하였습니다.

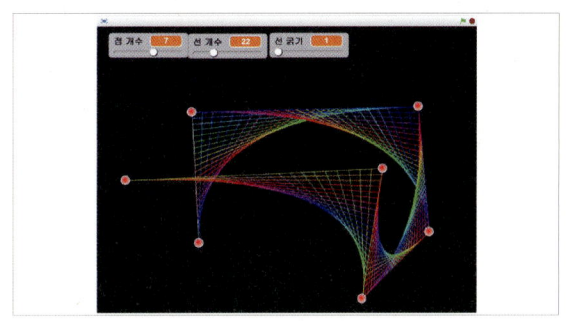

7 일곱째, 2부에서 각 장의 순서는 큰 프로젝트를 수행할 때 일어나는 일반적인 사고의 흐름을 따라서 구성하였습니다. 이를 통해 학습자는 하나의 프로젝트를 만드는 방법만 배우는 것이 아니라 비슷한 종류의 프로젝트를 만들 때 거쳐야하는 사고의 방식과 순서까지도 자연스럽게 배우게 되어 큰 프로젝트를 기획하고 만들 수 있는 능력을 기를 수 있습니다.

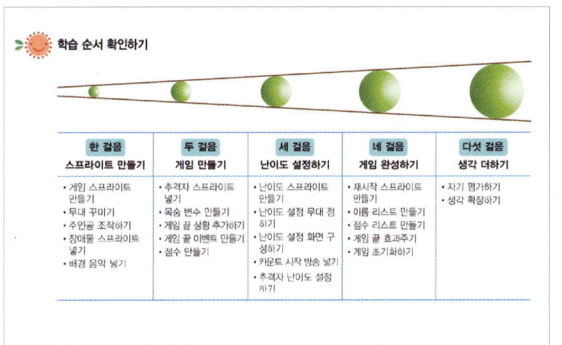

7

글 · 싣 · 는 · 순 · 서

논리성을 키워주는 스크래치 명령 블록

2부 창의성을 키워주는 스크래치 융합 프로젝트

Happy Happy Travel

1부

논리성을 키워주는
스크래치 명령 블록

1장 스크래치 이모저모 • 스크래치 만나기

● 스크래치가 어떻게 구성되어 있는지 알 수 있다.

● 기본적인 스크래치 조작 방법을 알 수 있다.

● 스크래치 웹사이트에 가입하고, 웹사이트를 이용할 수 있다.

안녕하세요? 전 스크래치의 마스코트 '고양이'예요. 이번 단원에서는 저와 함께 스크래치가 어떻게 구성되어 있는지 알아보고 어떤 식으로 조작하는지도 알아볼 거예요.

또 스크래치 공식 사이트(https://scratch.mit.edu/)를 방문해 보고 이 웹사이트를 통해 프로젝트를 공유하는 방법도 살펴볼게요. 이번 단원에서 배우는 내용이 여러분이 스크래치를 사용할 때 가장 기본이 되는 내용이니까 집중해서 살펴보세요.

★ 스크래치를 처음 실행시키면 나타나는 화면을 기준으로 크게 '무대 영역, 스프라이트 목록, 블록 팔레트, 스크립트 영역'으로 나눌 수 있다. 각 영역들을 중심으로 우리가 꼭 알고 넘어가야할 것들을 살펴볼 것이다.

01 무대 영역

시작하기

전체화면

시작하기　프로젝트 제목

모두 멈추기

무대 영역

스프라이트

마우스 포인터 위치　X: -175 y: 131　무대 크기 줄이기

무대의 주인공 '스프라이트'

스프라이트는 제목과 같이 무대 영역의 주인공이라고 할 수 있다. 우리는 앞으로 이 스프라이트에 여러 가지 명령 블록들을 입력해서 모양을 바꾸거나 움직이게도 하면서 여러 가지 프로젝트를 만들어 볼 것이다. 스프라이트에 대한 더 자세한 이야기는 '스프라이트 목록'에서 하도록 하고 여기에서는 스프라이트가 주인공이라는 사실만은 잊지 말자.

▶ 스프라이트를 클릭하여 무대 영역 이곳저곳으로 옮겨 보자.

무대 영역 크기 조정

 클릭하면 무대 영역이 전체 화면으로 바뀐다. 보통 프로젝트를 완성하고 나서 시연할 때 주로 사용한다.

 클릭하면 무대 영역을 작게 만들어 버리고 상대적으로 스크립트 영역을 더 크게 만들 수 있다. 스크립트 영역에 들어가는 명령어가 길어지거나 명령어 편집을 더 편하게 하고자 할 때 사용한다.

☀ '시작하기'와 '모두 멈추기'

 프로젝트를 시작할 때 주로 사용하는 아이콘이다. 그러나 이 아이콘을 클릭한다고 해서 무조건 프로젝트가 실행되는 것은 아니다. 클릭했을 때 이런 블록 아래에 있는 명령어들만 실행되는 것이다.

 프로젝트가 실행되는 중이라면 어느 순간이라도 이 아이콘을 클릭하면 실행되고 있던 모든 것이 멈추게 된다. 프로젝트를 실행하다가 고치고 싶은 부분이 생기거나 틀린 부분을 고치려고 할 때 주로 사용한다.

☀ 마우스 포인터의 위치

 마우스가 이동할 때마다 값이 바뀌면서 마우스가 위치하고 있는 무대 영역의 좌표를 나타내는 영역이다.

· 속닥속닥 ·

무대 영역과 스프라이트의 위치

무대 영역은 프로젝트가 진행되고 스프라이트가 활동하는 공간이다. 이 공간의 크기는 어느 정도일까? 오른쪽 그림을 살펴보면 금방 알 수 있다. 가로는 480, 세로는 360 만큼의 크기를 가지고 있다.

오른쪽 그림에서 가운데 있는 스프라이트의 위치를 어떻게 표현할 수 있는가? '가로 가운데, 세로 가운데'라고 할 수 있을 것이다. 이것을 누구나 알아 볼 수 있는 기호로 나타내기 위해서 '가로'를 'x', '세로'를 'y'라고 할 것이다. 그리고 '가운데'라는 뜻으로 숫자 '0'을 사용한다. 그러면 '가로 가운데, 세로 가운데'라는 말은 'x:0, y:0'으로 간단하게 표현할 수 있다.

오른쪽에 있는 스프라이트는 가운데를 기준으로 100만큼 오른쪽에 있기 때문에 x는 100이라고 할 수 있고, 세로로는 움직이지 않았기 때문에 y는 0이라고 할 수 있다. 간단하게 나타내면 'x:100, y:0'이라고 할 수 있다.

왼쪽에 있는 스프라이트의 위치는 어떻게 표현하면 좋을까? 오른쪽에 있는 스프라이트와 마찬가지로 가운데를 기준으로 100만큼 떨어져 있지만 방향이 다르기 때문에 100앞에 반대쪽이라는 의미로 '—'를 붙여서 '—100'이라고 표현할 것이다. 이런 방법으로 간단하게 나타내면 'x:—100, y:0'이라고 나타낼 수 있다.

위쪽에 있는 스프라이트는 가운데를 기준으로 가로로 움직이지 않았기 때문에 x는 0이고, 세로로 100만큼 움직였기 때문에 y는 100이라고 할 수 있다. 즉, 'x:0, y:100'이라고 나타낼 수 있다.

아래쪽에 있는 스프라이트 역시 가로로는 움직이지 않기 때문에 x는 0이고, 세로로는 반대쪽이라는 의미로 y는 '—100'만큼 움직였다고 할 수 있다. 즉, 'x:0, y:—100'이라고 나타낼 수 있다.

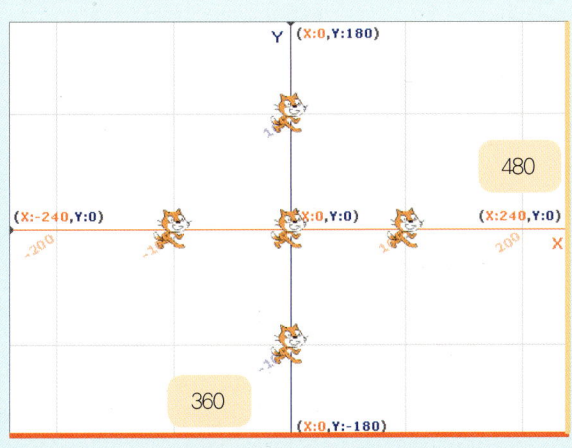

이러한 방법을 이용하면 무대 영역의 모든 위치를 x와 y 값으로 나타낼 수 있다. 이때 무대 영역의 범위를 생각하면 x는 −240에서 240 사이의 값을 가지고, y는 −180에서 180 사이의 값을 가질 수 있다.

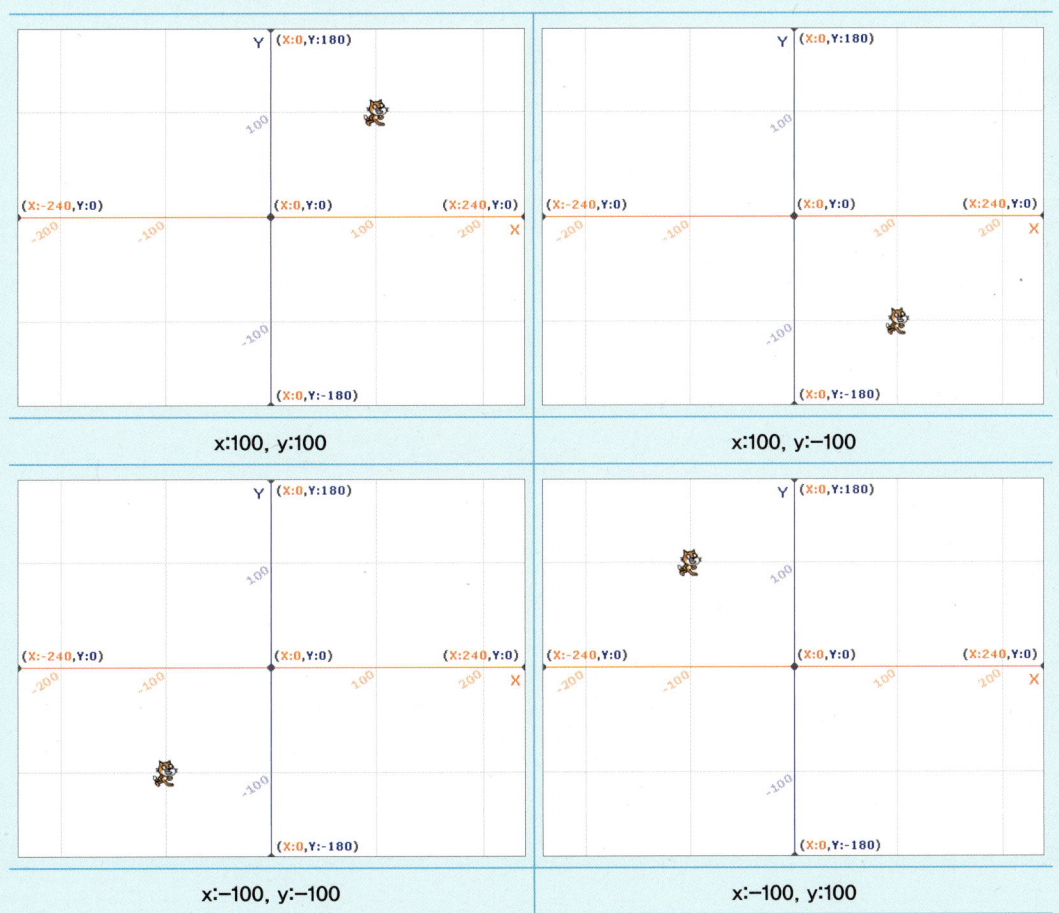

| x:100, y:100 | x:100, y:−100 |
| x:−100, y:−100 | x:−100, y:100 |

02 스프라이트 목록과 무대 설정

스프라이트 정보 보기

 아이콘을 클릭하면 왼쪽과 같이 스프라이트에 대한 정보를 확인할 수 있고, 스프라이트의 상태를 바꿀 수도 있다.

이 부분은 스프라이트의 이름을 알려주고 있다. 이미 우리에게 익숙한 스프라이트 고양이의 이름은 'Sprite1'이었다. 이 부분을 더블 클릭하면 색깔이 바뀌고 색깔이 바뀌면 스프라이트의 이름을 바꿀 수도 있다.

이 부분은 스프라이트의 현재 위치(좌표)를 알려 주고 있다. 스프라이트의 위치 변화에 따라서 값이 바뀐다.

이 부분은 스프라이트가 향하고 있는 방향을 나타내고 있다. 방향은 각도와 기호로 표시하고 있다.

방향: 90°	방향: 0°	방향: −90°	방향: 180°

프로젝트 페이지에서 드래그 가능: ▣

이 부분은 전체화면 모드(▣)로 프로젝트를 실행할 때 마우스를 이용하여 스프라이트를 움직일 수 있게 할지 여부를 선택하는 부분이다.

보이기: ☑

이 부분은 스프라이트를 보이게 하느냐 숨기느냐를 결정하는 부분이다. 이 부분에 체크가 되어 있으면 스프라이트가 보이는 상태이고, 체크가 해제되어 있다면 무대에서 보이지 않는 상태인 것이다.

스프라이트 추가하기

무대의 주인공 스프라이트 고양이만 있다면 의미가 없을 것이다. 스크래치에서는 다양한 방법으로 스프라이트를 추가할 수 있다. 지금부터 각각의 방법을 살펴볼 것이다.

이 아이콘을 클릭하면 '저장소'에서 스프라이트를 선택할 수 있다. 즉, 스크래치 프로그램에서 미리 저장해 둔 여러 가지 그림을 불러와서 사용하는 것이다. 각각의 그림들은 주제별, 유형별로 분류되어 있어서 필요한 이미지를 손쉽게 찾을 수 있다. 마음에 드는 그림을 찾았다면 해당 그림을 더블 클릭하거나 그림을 한 번 클릭하고 확인 버튼을 누르면 스프라이트로 사용할 수 있다.

또 저장소에서 가져온 파일은 그대로 사용하는 것이 아니라 [모양]탭의 [그림판] ✎ 을 이용해 원본 그림을 편집해서 더욱 다양하게 그림을 활용할 수도 있다.

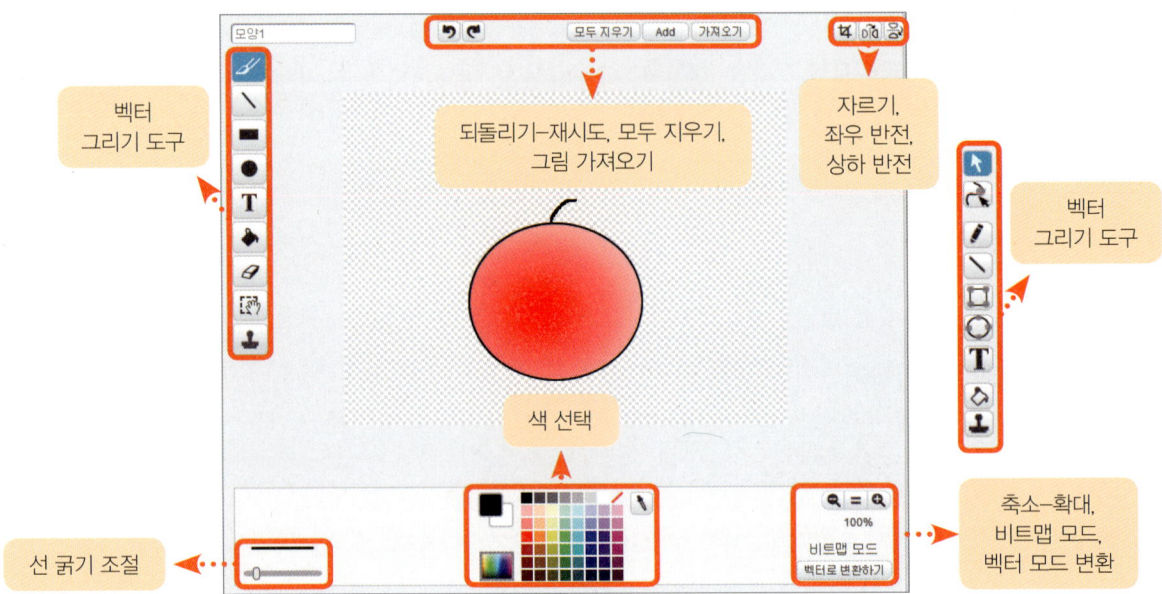

벡터 그리기 도구

되돌리기-재시도, 모두 지우기, 그림 가져오기

자르기, 좌우 반전, 상하 반전

벡터 그리기 도구

색 선택

선 굵기 조절

축소-확대, 비트맵 모드, 벡터 모드 변환

이 아이콘을 클릭하면 그림판이 등장하고 그림판을 이용해서 스프라이트를 직접 그릴 수 있다. 그리기 방식은 비트맵 방식과 벡터 방식이 있다. 각 방식에 따라 그리기 도구가 조금 다르기 때문에 주의해서 살펴보아야 한다.

· 속닥속닥 ·

비트맵 방식과 벡터 방식

컴퓨터에서 그림을 나타내는 방식은 크게 '비트맵 방식'과 '벡터 방식'으로 구분할 수 있다. 비트맵의 경우 점의 배열을 이용해서 그림을 나타내고, 벡터는 수학적인 공식을 이용해서 나타내는 방식이다. 그림을 표현하는 근본적인 방법이 다르기 때문에 그림을 편집하는 과정에서도 차이가 나타난다. 그림을 확대해 보면 그 차이를 확실하게 알 수 있다.

비트맵 방식

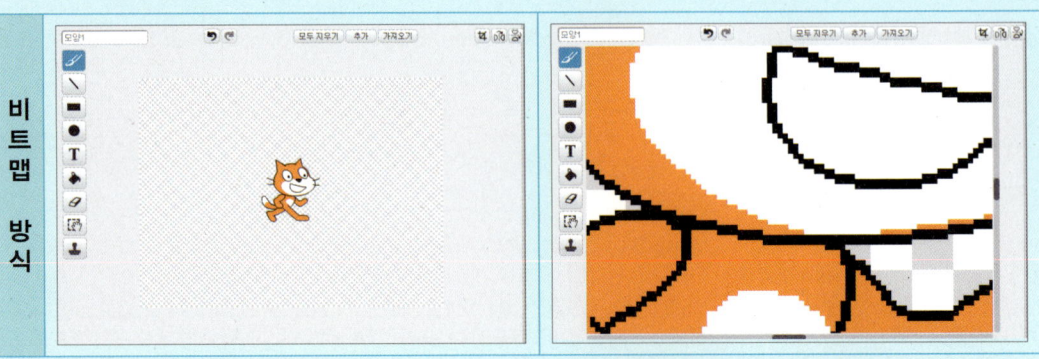

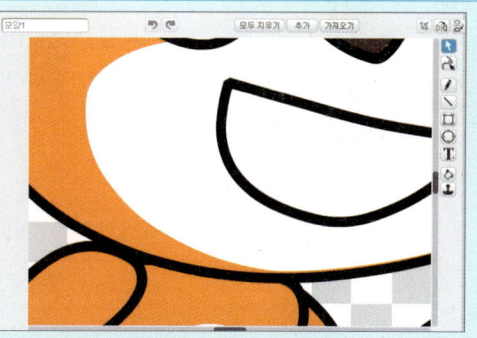

벡터 방식

    표에서 확인할 수 있듯이 같은 그림을 확대했을 때 '비트맵 방식'의 경우 그림이 손상된 것을 확인할 수 있다. 반면 '벡터 방식'의 경우에는 확대를 했을 때도 경계선을 매끄럽게 나타낼 수 있다. 그리고 벡터 방식의 경우 형태 고치기(🔃) 도구를 이용하여 그림의 형태를 자유롭게 편집할 수 있다는 장점도 가지고 있다.

    각 형식의 특징을 잘 생각해서 원하는 그림을 그리고 이것을 스프라이트나 배경으로 사용해보자.

    📤 내가 원하는 그림이 스프라이트 저장소에는 없고, 그림판으로 그리려고 하니 마우스로 그림을 그리기는 너무 어려울 때 어떻게 하면 좋을까? 이 때 이 아이콘을 클릭하면 내 컴퓨터에 저장되어 있는 다양한 형식의 그림파일을 불러와서 사용할 수 있다. 사용 가능한 대표적인 그림 파일 형식으로 '*.BMP, *.PNG, *.JPEG, *.JPG, *.GIF, *.SVG' 등이 있다. 이 방법으로 스프라이트를 추가하며 내가 원하는 그림을 스프라이트로 사용할 수 있다는 장점이 있다. 그리고 불러온 그림을 그대로 사용할 수도 있지만 그림판을 이용해서 재가공해서 사용할 수도 있기 때문에 여러분이 원하는 다양한 캐릭터를 만들어 볼 수 있다.

▶ 내가 좋아하는 만화 캐릭터를 인터넷에서 찾아 스프라이트로 만들어 보자.

    📷 내가 원하는 캐릭터가 인터넷에도 없다면 어떻게 하면 좋을까? 이때 사용할 수 있는 것이 '카메라로 새 스프라이트 만들기' 방식이다. 이 아이콘을 클릭하면 컴퓨터에 장착되어 있는 카메라로 사진을 찍어서 그 사진을 스프라이트로 사용할 수 있다. 이 사진 역시 그림판을 이용해서 편집할 수 있기 때문에 필요한 부분만 자르거나 색깔을 바꾸는 등 다양하게 편집해서 사용할 수 있다.

	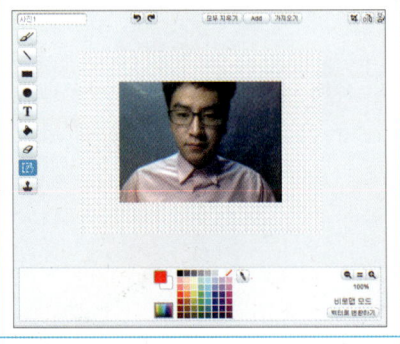	
1단계 : 사진 찍기	2단계 : 편집하기	3단계 : 스프라이트로 사용하기

 **무대 정보**

무대 정보 아이콘을 클릭하면 화면 오른쪽에 배경을 수정할 수 있는 [배경] 탭과 함께 그림판이 나타나는 것을 확인할 수 있다. 또 지금 설정되어 있는 배경이 보이는 창도 있다.

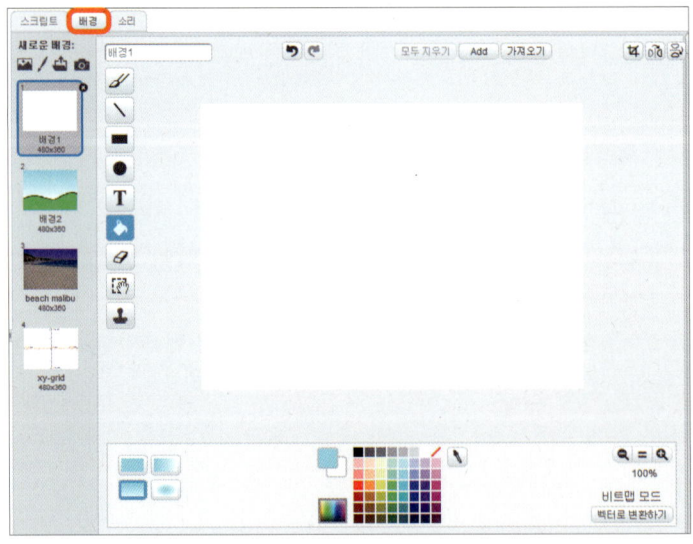

스프라이트와 마찬가지로 이 영역을 이용해서 여러 가지 배경을 추가하고 직접 만들어 볼 수도 있다.

 **배경 추가하기**

배경을 추가하는 방법에는 '저장소에서 배경을 선택하기', '배경 새로 그리기', '컴퓨터에서 가져오기', '카메라로 배경 찍기' 등 네 가지 방법이 있다. 이 방법들은 스프라이트 추가 방법에서 설명했던 방법과 같기 때문에 자세한 설명은 생략한다.

![image](저장소에서 배경 선택)	![image](배경 새로 그리기)	![image](컴퓨터에서 가져오기)	![image](카메라로 배경 찍기)
저장소에서 배경 선택	배경 새로 그리기	컴퓨터에서 가져오기	카메라로 배경 찍기

03 블록 팔레트와 스크립트 영역

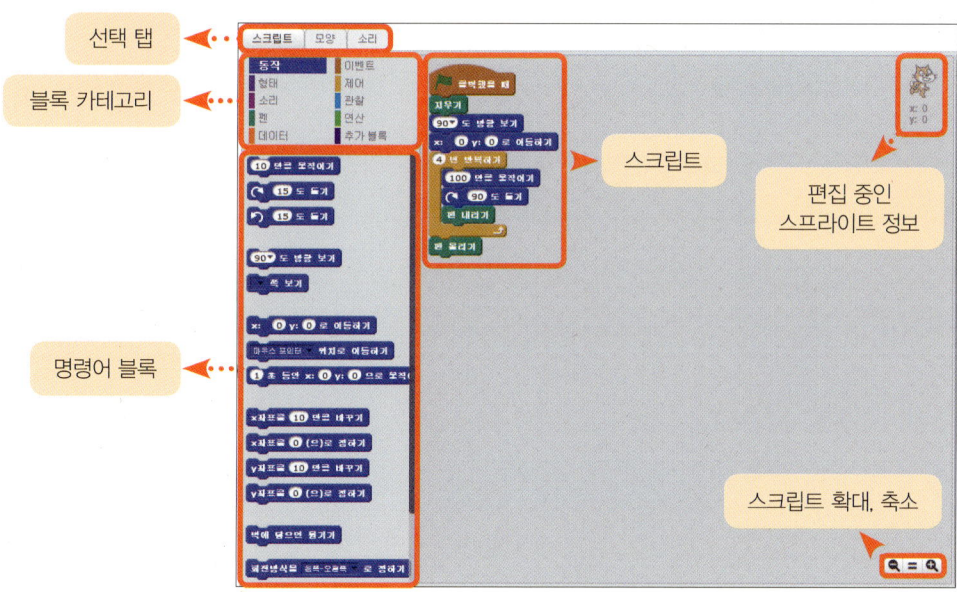

☀ 선택 탭

우리가 선택할 수 있는 탭은 '스크립트', '모양', '소리' 등 모두 세 가지가 있다. 각 탭별로 편집할 수 있는 요소가 다르기 때문에 편집하고자 하는 요소에 맞게 탭을 잘 선택해 주어야 한다.

먼저, '스크립트' 탭은 블록 팔레트와 스크립트를 편집할 수 있는 영역으로 구성되어 있어서 명령어를 조합하여 스크립트를 만들 때 사용하는 탭이다.

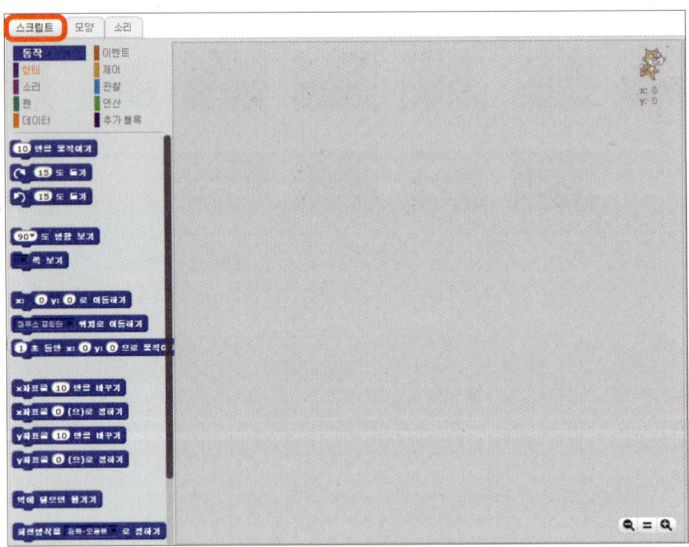

'모양' 탭은 앞에서 살펴본 스프라이트나 배경의 모양을 편집할 때 사용하는 탭으로 '스프라이트', '배경' '목록'과 '그림판'으로 구성되어 있다.

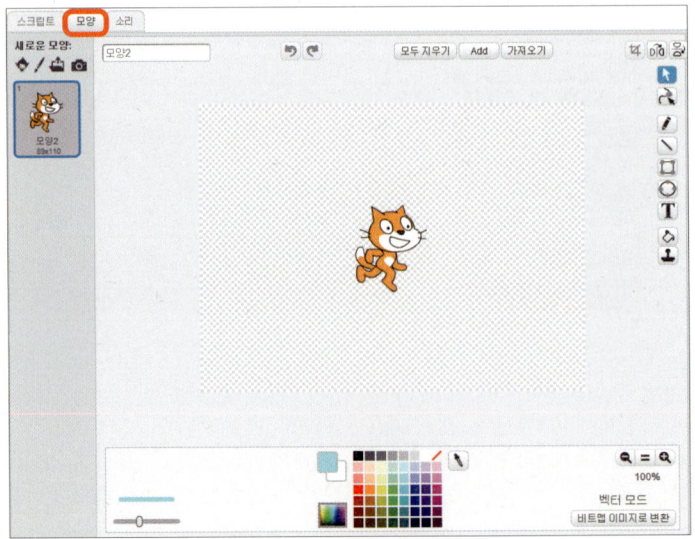

마지막 '소리' 탭은 소리를 편집할 때 사용하는 탭으로서 스프라이트나 배경에 지정되어 있는 '소리 목록'과 '소리 편집' 창으로 구성되어 있다.

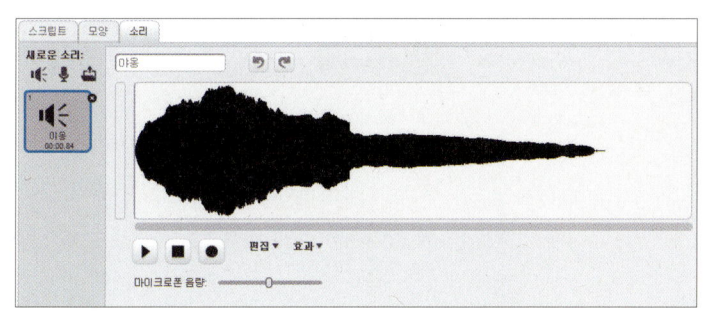

 블록 카테고리

명령어 블록들은 그 특성에 따라 여러 가지 카테고리로 묶을 수 있다. 그 종류로는 '동작', '형태', '소리', '펜', '데이터', '이벤트', '제어', '관찰', '연산', '추가 블록' 등이 있다. 각 카테고리들은 고유의 색깔이 있어서 명령어의 특성을 직관적으로 판단할 수 있게 구성되어 있다.

명령어 블록

명령어 블록은 스크립트를 구성하는 기본 단위이면서 스크래치 프로그래밍의 핵심적인 아이디어를 담고 있다. 낱말이 모여 문장이 되듯이 각각 의미를 가진 블록들이 모여서 하나의 스크립트를 만들고 이 스크립트들을 실행시킴으로써 하나의 프로그램이 완성되는 것이다.

이 명령어 블록들은 실제 우리가 가지고 노는 블록처럼 홈이 파여 있어서 그 부분을 중심으로 서로 붙기도 하고, 빈칸에는 숫자나 문자를 쓸 수 있기도 하며, 빈칸에 다른 블록을 집어넣을 수도 있다. 블록을 조립하여 스크립트를 만드는 방법은 다음에서 더 자세히 알아보도록 할 것이다.

스크립트 영역

스크립트 영역은 블록들을 조립해서 스크립트를 만드는 곳이다. 스크래치 프로그래밍을 그림을 그리는 일에 비유하자면 '블록 팔레트'에 있는 여러 가지 물감(블록)을 가져다가 스크립트 영역이라는 도화지에 그림을 그리는 작업이라고 생각할 수 있다. 블록을 이용해서 스크립트를 만드는 방법은 다음과 같다.

첫째, 블록 팔레트에서 내가 필요한 블록을 골라서 스크립트 영역으로 '드래그 앤 드롭(Drag & Drop)' 한다. 스크립트를 시작할 때 제일 처음에는 '이벤트'에 있는 다음 블록들로 시작하는 습관을 들이도록 한다.

특히, 스크립트를 시작할 때에는 이 블록으로 시작하는 것이 가장 일반적이기 때문에 잘 알아 두어야 한다.

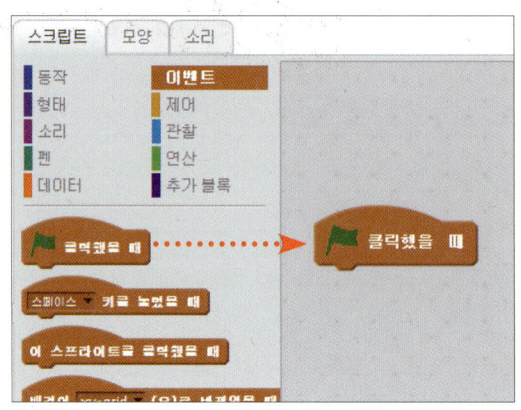

둘째, 블록들끼리는 자석처럼 붙는 성질이 있기 때문에 프로그래밍에 필요한 블록을 골라서 서로 연결하면서 블록을 완성한다. 그리고 블록의 모양과 기능에 따라서 스크립트를 감싸는 형태도 있다.

셋째, 각 블록에서 숫자나 글자가 있는 흰색 칸은 숫자나 문자를 직접 수정할 수 있다. 이때 흰색 칸을 더블 클릭하면 깜빡이는 커서가 나타나고 숫자나 문자를 입력할 수 있다.

넷째, 스크립트를 삭제하는 방법을 알아보자. 스크립트를 삭제하는 방법 중에서 가장 많이 쓰는 방법은 스크립트 영역에 있는 블록을 블록 팔레트 쪽으로 '드래그 앤 드롭'하는 것이다. 다른 방법은 삭제하고자 하는 블록 위에서 마우스 오른쪽을 클릭하고 [삭제]를 선택하면 된다. 이때 스크립트에서 선택한 블록 아래쪽에 있는 블록들이 함께 삭제될 수 있으니 주의한다. 삭제를 취소할 때에는 화면 위쪽에 [편집]에서 [삭제 취소]를 선택하면 삭제되었던 블록들이 다시 나타나는 것을 확인할 수 있다.

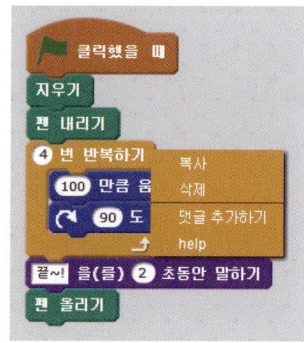

다섯째, 스크립트 영역의 오른쪽 아래쪽에 있는 이 아이콘 ⊖ = ⊕ 을 이용해서 스크립트를 확대하거나 축소할 수 있다. 이것을 이용하면 스크립트를 손쉽게 편집할 수 있다.

04 스크래치 툴바

스크래치 프로그램 위쪽에 있는 메뉴는 프로그램 전체에 대한 사용 환경 설정이나 파일 관리, 편집에 관련된 역할을 맡고 있다. 이제 각 메뉴들이 어떤 기능을 가지고 있는지 알아보자.

스크래치 사이트 바로가기

SCRATCH 이 아이콘을 클릭하면 곧바로 스크래치 공식 사이트(https://scratch.mit.edu/)로 바로 이동하게 되어 인터넷 주소창에서 스크래치 사이트를 따로 검색할 필요 없이 손쉽게 접속할 수 있다.

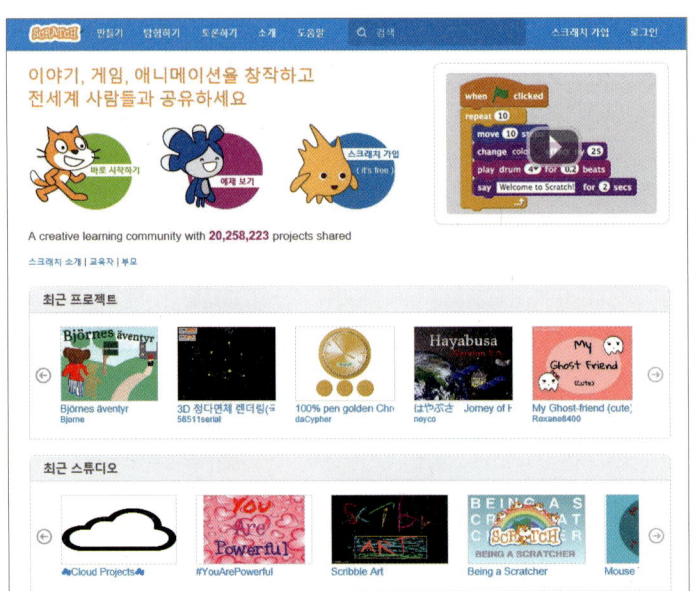

한글 메뉴로 바꾸는 방법

지구본 모양의 아이콘을 클릭하면 스크래치에서 사용하는 언어를 선택할 수 있다. 제일 위에 영어(English)가 있고 한국어를 찾기 위해서는 목록 아래쪽에 '▼'아이콘을 클릭하면 더 많은 언어가 보이는데 그 중에 [한국어]가 있다. 이 메뉴를 선택하면 영어로 된 메뉴가 한글로 바뀐다.

파일 메뉴

파일 메뉴는 스크래치 파일 자체를 관리하는 항목들로 이루어져 있다.

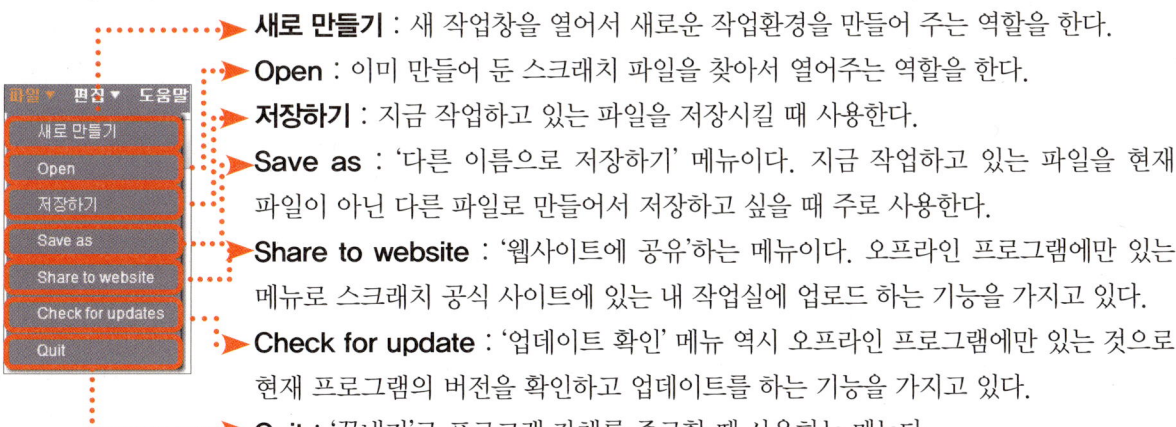

새로 만들기 : 새 작업창을 열어서 새로운 작업환경을 만들어 주는 역할을 한다.

Open : 이미 만들어 둔 스크래치 파일을 찾아서 열어주는 역할을 한다.

저장하기 : 지금 작업하고 있는 파일을 저장시킬 때 사용한다.

Save as : '다른 이름으로 저장하기' 메뉴이다. 지금 작업하고 있는 파일을 현재 파일이 아닌 다른 파일로 만들어서 저장하고 싶을 때 주로 사용한다.

Share to website : '웹사이트에 공유'하는 메뉴이다. 오프라인 프로그램에만 있는 메뉴로 스크래치 공식 사이트에 있는 내 작업실에 업로드 하는 기능을 가지고 있다.

Check for update : '업데이트 확인' 메뉴 역시 오프라인 프로그램에만 있는 것으로 현재 프로그램의 버전을 확인하고 업데이트를 하는 기능을 가지고 있다.

Quit : '끝내기'로 프로그램 자체를 종료할 때 사용하는 메뉴다.

편집 메뉴

편집 메뉴에는 '스크립트 삭제 취소', '무대 크기 줄이기', '터보 모드' 등이 있다.

삭제취소 : 이 메뉴는 삭제된 스크립트를 되돌리는 기능을 가지고 있다. 아쉽게도 바로 직전에 삭제한 부분만 되살릴 수 있다.

무대 크기 줄이기 : 무대 영역의 크기를 줄이는 역할을 하는데 무대 영역이 줄어들면 상대적으로 스크립트 영역이 넓어지기 때문에 편집할 때 편리하게 사용할 수 있다.

터보 모드 : 이 메뉴는 스크래치로 만든 프로그램의 실행 속도를 더 빠르게 만들어 주는 역할을 한다.

도움말 보기

 도움말 메뉴를 클릭하면 스크래치 프로그램 오른쪽에 도움말 창이 나타나고 스크래치 사용에 대한 설명을 볼 수 있다. 하지만 이 부분이 영어로 되어 있기 때문에 우리나라 학생들이 사용하기에는 불편한 점이 있다. 하지만 도움말이 없더라도 걱정 하지 말자. 이 책을 잘 따라 오다 보면 금방 뛰어난 스크래처가 될 수 있다.

편집 도구 모음

편집 도구	사용 방법	사용 예시
	'복사' 도구는 스프라이트나 스크립트를 똑같이 복사하는 역할을 한다. 스프라이트를 복사할 때는 스프라이트에 있는 스크립트까지 함께 복사가 된다.	
	'삭제' 도구는 스프라이트나 스크립트를 삭제하는 역할을 한다.	
	'확대' 도구는 스프라이트의 크기를 단계적으로 확대시키는 역할을 한다. 이 도구를 사용할 때 확대하고자 하는 스프라이트 위에 아이콘을 위치시키고 클릭하면 된다.	
	'축소' 도구는 스프라이트의 크기를 단계적으로 축소시키는 역할을 한다. 이 도구를 사용할 때 축소하고자 하는 스프라이트 위에 아이콘을 위치시키고 클릭하면 된다.	

비슷한 듯, 다른 듯

헷갈리기 쉬운 블록들을 비교해 보자

 **바꾸기(Change) VS 정하기(Set)**

스크래치를 사용하다보면 비슷한 이름을 가진 블록들이 있다. 그중에 가장 많이 등장하고 혼동하기 쉬운 개념이 '바꾸기'와 '정하기'이다. '바꾸기'와 '정하기'라는 말이 들어간 블록들을 정리해 보면 아래와 같다.

바꾸기와 정하기의 개념을 숫자로 생각해 보면 쉽게 이해할 수 있다. '100'이라는 수가 있을 때 '10만큼 바꾸기'와 '10으로 정하기'를 각각 실행시켰다고 생각해보자. 결과는 쉽게 예상할 수 있지 않을까? '10만큼 바꾸기'를 한 쪽은 '100을 10만큼 바꾸어서 110'이 되고, '10으로 정하기'를 한 쪽은 '100이 10으로 정해지므로 결과는 10'이 된다.

	바꾸기(Change)	정하기(Set)
비슷한 점	• 어떠한 값이 바뀌는데 영향을 준다.	
다른 점	• 처음 값에서 설정한 만큼 무조건 바꾸어 주어야 한다. • 처음 값과 결과 값이 다르다.	• 처음 값을 설정한 값으로 바꾸어준다. • 처음 값과 설정한 값을 비교하여 서로 같을 때에는 처음 값이 바뀌지 않는다.

 생각 갈무리

지필문제

★ 다음 중 스크래치 프로그램을 시작할 때 시작하기 신호를 보내는 아이콘은 무엇인가? (   )

①   ②   ③   ④

정답: ②

★ 다음은 스크립트를 삭제하는 방법에 대한 설명이다. 옳지 않은 것은 무엇인가? (   )

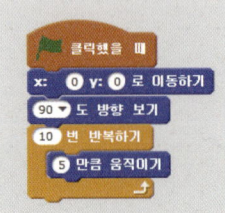

① 삭제하고 하는 스크립트에서 마우스 오른쪽을 클릭하고 삭제를 선택한다.

② 스크립트 영역에 있는 스크립트를 블록 팔레트로 끌어와서 놓는다.

③ 위쪽에 있는 가위 모양으로 생긴 삭제 도구를 이용한다.

④ 삭제 도구를 사용할 경우에 선택한 블록 위쪽에 있는 스크립트가 모두 삭제된다.

정답: ④

실습문제

★ 다음 조건들을 만족시키도록 스크래치를 조작해보자.

조건 1

고양이 스프라이트는 그대로 두고 스프라이트 저장소에 있는 다른 스프라이트 하나를 더 추가한다.

조건 2

배경을 'beach mallibu'로 바꾼다.

조건 3

두 스프라이트가 모래사장 위에서 비슷한 크기로 서로 마주 볼 수 있도록 스프라이트의 위치와 방향, 크기를 조작한다.

스크래치 사이트에 나만의 작업실 만들기

1 스크래치 공식사이트(https://scratch.mit.edu/)에서는 스크래치를 설치하지 않아도 스크래치를 사용할 수 있는 클라우드 환경을 제공하고 있다. 또 회원 가입을 한다면 내가 만든 프로젝트가 자동으로 저장되어서 관리할 수 있고 다른 사용자와 친구를 맺어서 서로의 프로젝트를 공유할 수 있는 공간도 마련되어 있다. 이렇게 편리한 서비스를 사용하기 위해서는 먼저 회원 가입을 해야 하는데 회원 가입을 하기 위해서는 아이디, 비밀번호, 이메일을 입력해야 한다.

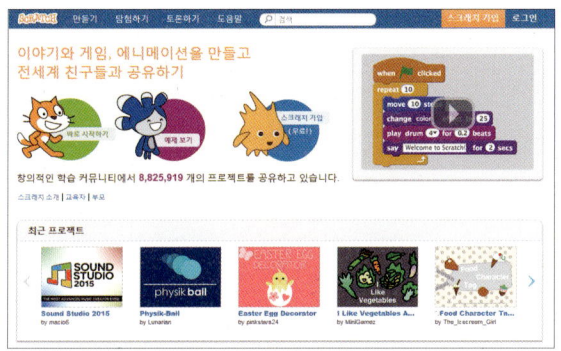 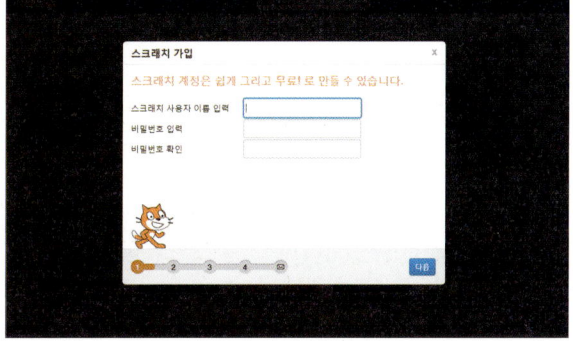

2 회원 가입을 마치고 나면 나만의 공간이 열린다. 먼저 '내 정보'에서 다른 스크래처들에게 나를 소개할 수 있는 이미지와 자기소개 글을 남겨보자.

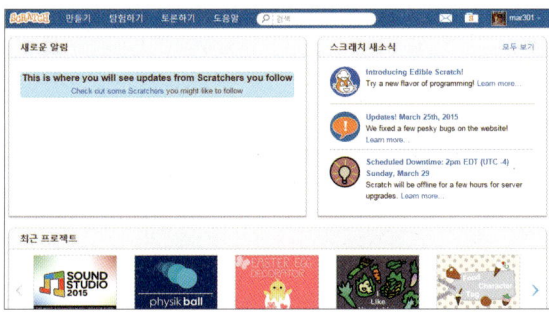 

3 내 정보를 수정했으면 '내 작업실'에서 '내 프로젝트'와 '내 스튜디오'를 만들 수 있다. 프로젝트는 스크래치로 프로그래밍을 하는 화면이 등장하고 스크래치를 따로 설치하지 않아도 스크래치를 사용할 수 있다.

4 스튜디오는 '프로젝트를 모아두는 방'이라고 생각하면 된다. 스크래치를 사용하는 목적에 따라서 방을 만들고 그 방을 다른 사람과 공유해서 사용할 수도 있다.

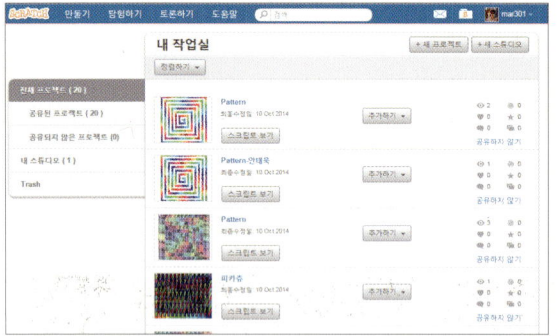 

5 나만의 스튜디오를 만들었다면 마음에 드는 스튜디오를 찾아서 '팔로우'도 해보자. 이제 여러분도 '스크래처'로서 활동할 수 있다.

2장 스프라이트 움직이기 • 동작 블록

학습목표
- 스크래치 동작 블록의 종류와 특징을 알 수 있다.
- 스크래치 동작 블록의 사용 방법을 알 수 있다.

안녕하세요? 전 '동작이'에요. 앞에서 여러 가지 방법으로 스프라이트를 만들어 보면서 무엇을 제일 먼저 해 보고 싶었나요? 혹시 스프라이트를 마음대로 움직일 수 있으면 좋겠다는 생각이 들지는 않나요? 여러분의 이런 바람이 이루어질 수 있도록 지금부터 제가 속해 있는 '동작' 블록에 대해서 설명해 줄게요.

동작 블록에 대해서 배우고 잘 사용할 수 있게 되면 여러분은 스프라이트를 원하는 위치로 보낼 수도 있고 움직이는 방향도 바꿀 수 있어요. 또 스프라이트의 움직임과 관련된 다양한 명령을 내릴 수 있답니다. 아래 그림에 제시되어 있는 동작 블록들을 보면서 각각의 블록들이 어떤 기능을 가지고 있을지 예상해 보세요.

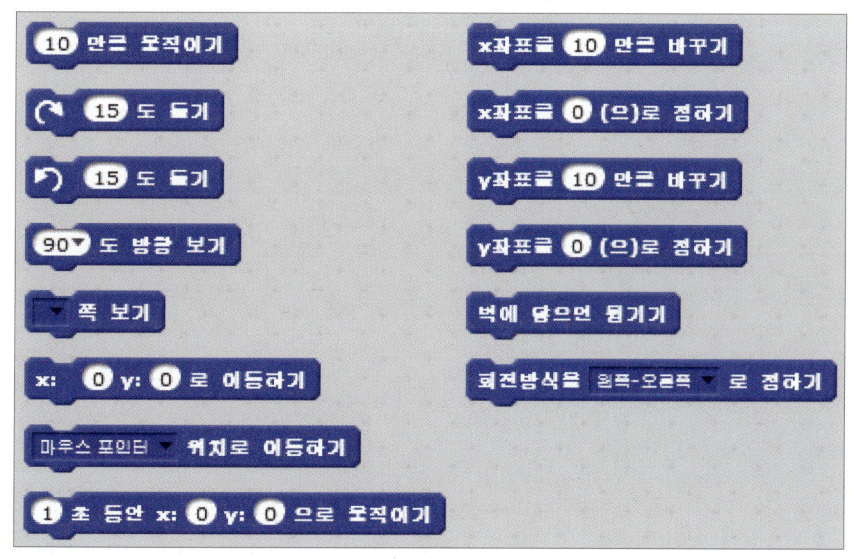

★ 블록들을 살펴보고 블록이 어떤 기능을 가지고 있는지 예상할 수 있는 것에 동그라미 해보자.

각 블록에는 어떤 기능이 있는지 알아보자

이 블록은 스프라이트가 숫자의 크기만큼 움직이게 하는 기능을 가지고 있다. 이 때 스프라이트는 현재 향하고 있는 방향으로 움직이게 되는데 스프라이트의 방향에 대한 것은 아래의 '속닥속닥'을 참고한다. 그리고 '−100'과 같이 음수를 넣으면 스프라이트를 반대 방향으로 움직이게 할 수 있다.

·속닥속닥·

스프라이트의 방향

이 블록에 대해서 정확하게 이해하기 위해서는 스프라이트의 방향에 대해서 알아야 한다.

스프라이트 왼쪽 상단에 'i' 아이콘을 클릭하면 스프라이트에 대한 정보를 볼 수 있다.

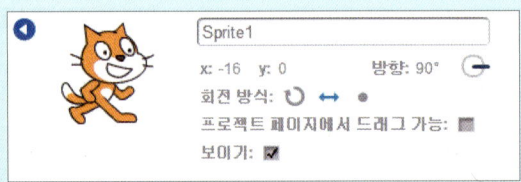

이 정보들 중에서 '방향'은 스프라이트가 보고 있는 방향을 의미한다. 그리고 방향은 각도로 표시할 수 있다.

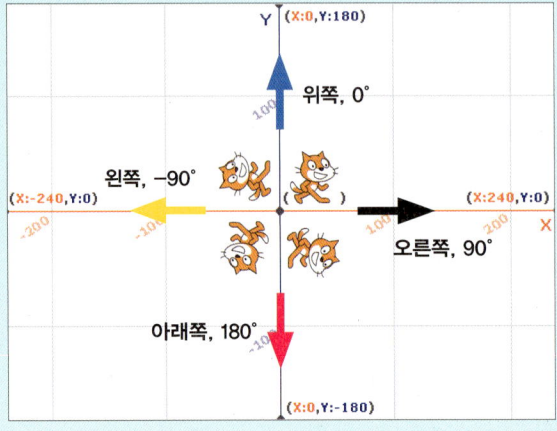

 는 아주 작은 숫자이기 때문에 숫자를 100으로 바꾸면 () 스프라이트의 움직임을 확실하게 관찰할 수 있다.

이 블록들은 스프라이트가 숫자의 크기만큼 오른쪽 또는 왼쪽으로 회전시키는 기능을 가지고 있다. 이 때 스프라이트의 회전 방식을 '회전 방식: ↻ ↔ ●' 이렇게 지정하면 각도에 따라 스프라이트가 회전하는 것을 관찰할 수 있다. 그리고 앞에서와 마찬가지로 '−15'와 같이 음수를 넣으면 반대 방향으로 회전하게 된다.

예를 들어, 아래 그림과 같이 오른쪽을 향하고 있던 스프라이트가 아래쪽을 향하도록 하기 위해서는 '오른쪽으로 90도 돌기(↻ 90도 돌기)' 블록을 실행시키면 된다.

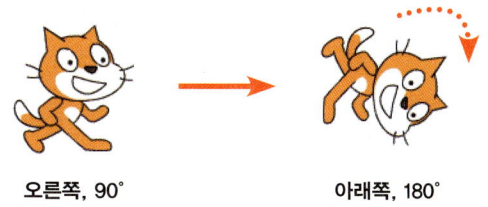

오른쪽, 90°   아래쪽, 180°

반대로 생각하면 오른쪽을 향하고 있던 스프라이트를 위쪽으로 향하게 하려면 '왼쪽으로 90도 돌기(↺ 90도 돌기)'를 실행시키면 된다.

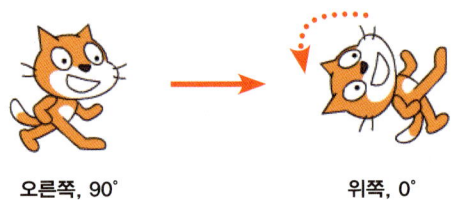

오른쪽, 90°　　　　　　　위쪽, 0°

이 블록들은 스프라이트가 보는 방향을 지정해 주는 기능을 가지고 있다. 스프라이트 정보 보기(ℹ)를 클릭하면 현재 스프라이트가 향하고 있는 방향을 확인할 수 있는데 (방향: 90° ↻) 이 블록을 사용하면 한 번에 방향을 정해줄 수 있다.

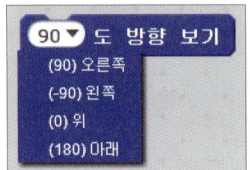

방향을 정할 때에는 '▼'아이콘을 클릭하여 왼쪽 그림과 같이 메뉴에서 오른쪽, 왼쪽, 위, 아래를 선택할 수 있다. 또는 숫자가 있는 부분을 더블 클릭하여 방향을 직접 입력할 수도 있다.

이 블록의 경우에는 '▼'아이콘을 클릭하여 왼쪽과 같이 메뉴에서 선택하는 방법만 사용할 수 있다. 스프라이트가 하나만 있는 상황에서는 '마우스 포인터'만 선택할 수 있지만 스프라이트가 늘어갈수록 선택할 수 있는 폭이 넓어진다. 즉, 한 스프라이트를 '마우스 포인터'나 다른 스프라이트의 움직임에 따라 방향을 바꾸게 할 때 유용하다.

이 블록들은 스프라이트의 위치를 한 번에 이동시킬 수 있는 기능을 가지고 있다. 1장에서 배운 것 같이 스프라이트는 오른쪽과 같은 좌표 범위에서 움직일 수 있다. 스프라이트를 보내고 싶은 곳의 좌표를 확인한 후에 [x: ▢ y: ▢ 로 이동하기] 블록에 그 값을 입력하고 블록을 실행시키면 스프라이트를 이동시킬 수 있다.

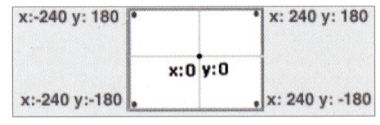

이 블록을 사용할 때에는 '▼'아이콘을 클릭하여 왼쪽과 같은 메뉴 중에서 선택할 수 있다. 스프라이트가 하나일 때는 '마우스 포인터'라는 메뉴만 있고 스프라이트가 추가될 때마다 선택할 수 있는 부분이 늘어난다. 그 중에서 선택하면 된다.

무대 영역에서 좌표 확인하기

스프라이트를 보내고 싶은 위치가 있어도 x, y 좌표값을 몰라서 고민이 되는 사람들도 있을 것이다. 하지만 걱정 하지 말자. 아주 간단하게 확인하는 방법이 있다. 바로 마우스를 이용하는 방법이다.

무대 영역의 아래쪽에는 마우스 포인터의 위치를 표시해 주는 부분이 있다. 이 값은 마우스 포인터가 움직일 때마다 계속해서 변하는 값이다. [x: ◯ y: ◯ 로 이동하기] 블록을 이용하여 스프라이트를 이동시킬 때 다음과 같은 순서로 해보자.

첫째, 무대 영역에서 스프라이트를 이동시키고 싶은 곳으로 마우스를 가져간다.

둘째, 무대 영역 오른쪽 아래에 있는 마우스 포인터의 위치 값을 기억한다.

셋째, 기억한 값을 [x: ◯ y: ◯ 로 이동하기] 에 입력하고 블록을 실행시킨다.

 [1 초 동안 x: 0 y: 0 으로 움직이기]

이 블록은 스프라이트를 일정한 시간 동안 정해진 위치로 이동시키는 기능을 가지고 있다. 얼핏 보기에는 [x: 0 y: 0 로 이동하기] 블록과 비슷해 보이지만 이 블록에 시간을 더했다고 생각하면 된다. 다시 말해 [x: 0 y: 0 로 이동하기] 블록을 실행시키면 순식간에 정해진 위치로 이동하지만 [1 초 동안 x: 0 y: 0 으로 움직이기] 블록은 정해진 시간 동안 이동하기 때문에 이동하는 과정을 관찰할 수 있다.

 [x좌표를 10 만큼 바꾸기] [y좌표를 10 만큼 바꾸기]

이 블록들은 스프라이트를 처음 위치에서 정해진 숫자의 크기만큼 x좌표와 y좌표를 바꾸어 주는 역할을 한다. 예를 들어 어떤 스프라이트의 위치가 x는 10, y는 10 일 때 [x좌표를 0 (으)로 정하기] 를 실행시키면 스프라이트의 위치는 x : 20, y : 10으로 바뀌게 된다. 만약 [y좌표를 10 만큼 바꾸기] 를 실행시킨다면 x : 10, y : 20으로 바뀌게 된다.

이 블록들은 스프라이트를 정해진 좌표로 옮기는 기능을 가지고 있다. 예를 들어서, x가 10, y가 10 일 때 `x좌표를 0 (으)로 정하기` 를 실행시키면 스프라이트의 위치가 x : 0, y : 10으로 바뀌게 되는 것이다. 더 자세한 내용은 '비슷한 듯, 다른 듯'에서 살펴볼 것이다.

벽에 닿으면 튕기기

이 블록은 말 그대로 스프라이트가 계속 움직이다가 벽에 닿으면 반대 방향으로 움직이게 하는 기능을 가지고 있다. 아래 그림과 같이 스프라이트가 계속해서 움직이다가 벽에 닿으면 마치 튕겨져 나가듯이 반대로 방향을 바꾸면서 바뀐 방향으로 계속 움직이는 것을 관찰할 수 있다. 아래와 같은 모양으로 회전하려면 회전 방식을 '회전 방식: ↻ ↔ •' 이렇게 정해준다.

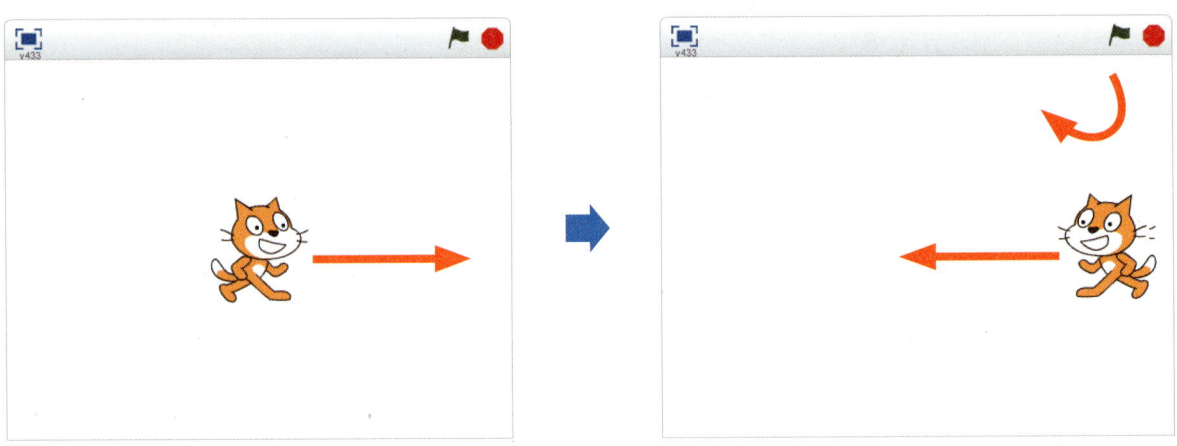

회전방식을 회전하기 로 정하기

이 블록은 스프라이트의 회전 방식을 바꾸어주는 역할을 하는 블록이다. 회전방식은 아래 표와 같이 '회전하기', '왼쪽-오른쪽', '회전하지 않기' 세 가지 방식이 있다.

회전하기	왼쪽-오른쪽	회전하지 않기

비슷한 듯, 다른 듯

각 블록에는 어떤 기능이 있는지 알아보자

 [100 만큼 움직이기] VS [x좌표를 100 만큼 바꾸기]

이 두 블록은 모두 스프라이트를 이동시키는 기능을 가지고 있기 때문에 스프라이트가 오른쪽(90°)을 보고 있을 때에는 차이가 없다. 하지만 다음 그림과 같이 스프라이트가 다른 방향을 보고 있는 경우라면 전혀 다른 결과가 나타난다.

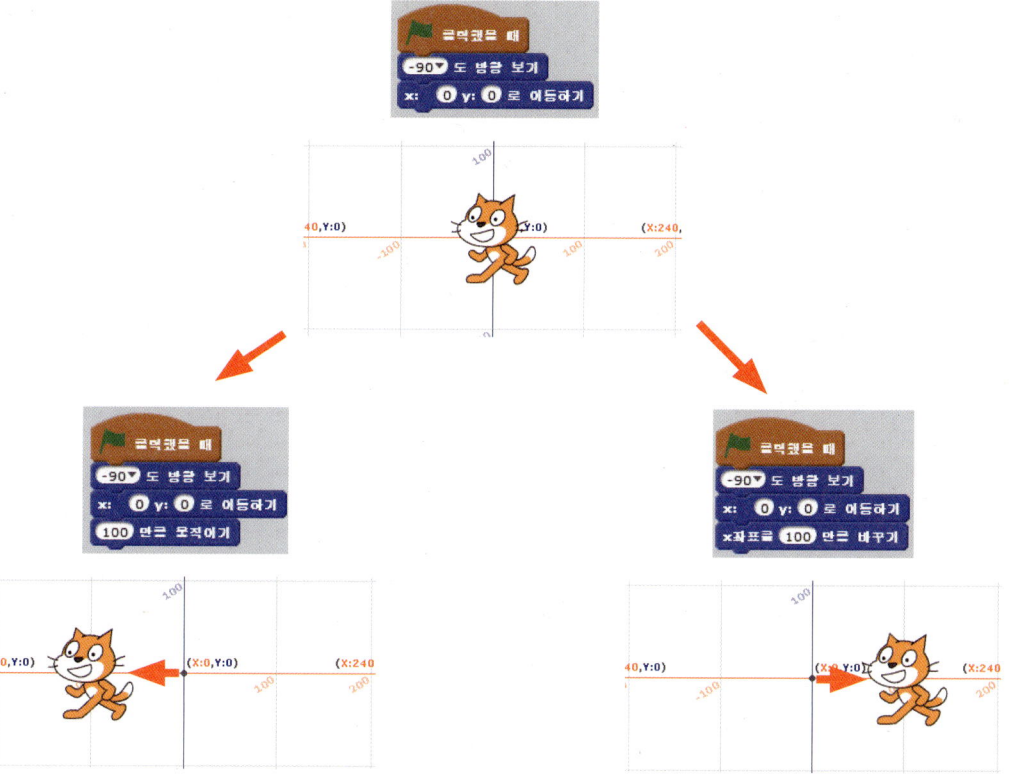

	[100 만큼 움직이기]	[x좌표를 100 만큼 바꾸기]
비슷한 점	• 입력한 숫자만큼 스프라이트를 이동시킨다.	
다른 점	• 스프라이트가 보는 방향으로 이동시킨다. • 방향만 바꾸어 주면 상하좌우 모든 방향으로 이동시킬 수 있다.	• 스프라이트의 방향과 상관없이 스프라이트의 x좌표를 바꾼다. • 스프라이트를 좌우로만 이동시킬 수 있다.

 VS

이 두 블록은 스프라이트의 x좌표와 관련이 있는 블록이다. 1단원에서 '바꾸기'와 '정하기'의 차이점에 대해서 살펴본 바와 같이 `x좌표를 100 만큼 바꾸기` 는 처음 x좌표 값에 100 만큼 더해서 변화시키는 것이고, `x좌표를 100 (으)로 정하기` 는 처음 x좌표 값이 100과 같은 지를 비교하여 x좌표가 100이라면 그대로 있고, 아니라면 x좌표를 100으로 바꾸어 주는 역할을 한다. 아래 개념도를 살펴보면 더 잘 이해할 수 있다.

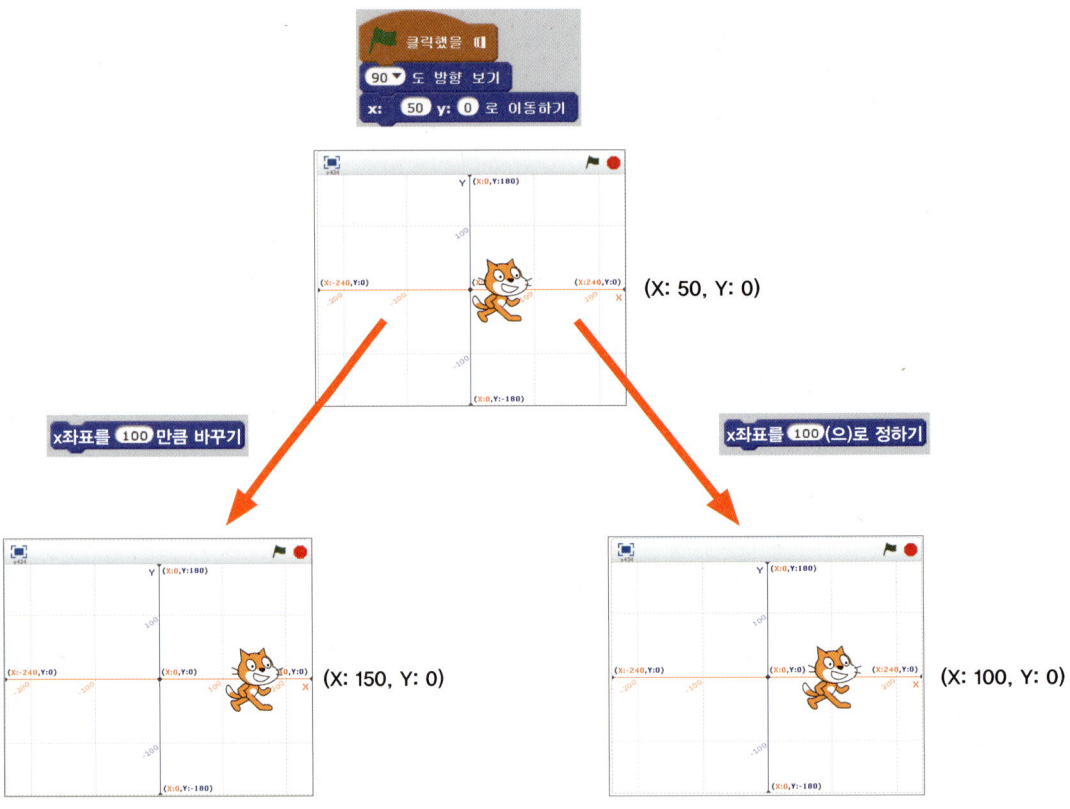

	`x좌표를 100 만큼 바꾸기`	`x좌표를 100 (으)로 정하기`
비슷한 점	• 입력한 숫자만큼 스프라이트를 이동시킨다.	
다른 점	• 스프라이트가 보는 방향으로 이동시킨다. • 방향만 바꿔 주면 상하좌우 모든 방향으로 이동시킬 수 있다.	• 스프라이트 방향과 상관없이 스프라이트의 x좌표를 바꾼다. • 스프라이트를 좌우로만 이동시킬 수 있다.

 **생각 펼치기** : **알고리즘 연습하기**

앞에서 배운 블록을 이용하여 알고리즘을 만들어 보자

시작할 때 스프라이트의 위치와 방향 정하기

깃발이 클릭되었을 때 스크립트가 실행되도록 스크립트에 붙여준다.

스프라이트의 위치를 지정해 준다.

스프라이트가 보는 방향을 지정해 준다.

- 마우스로 스프라이트의 위치를 마음대로 바꾸어 보고 깃발을 클릭하여 보자. 스프라이트의 위치는 어떻게 달라질까?

- 스프라이트의 처음 위치를 (x:100, y:100)으로 바꾸어 보자. 또 다른 좌표를 입력하여 위치 변화를 관찰해보자.

- 깃발이 클릭되었을 때 스프라이트가 왼쪽 방향을 보도록 바꾸어 보자.

정사각형 모양으로 움직이기

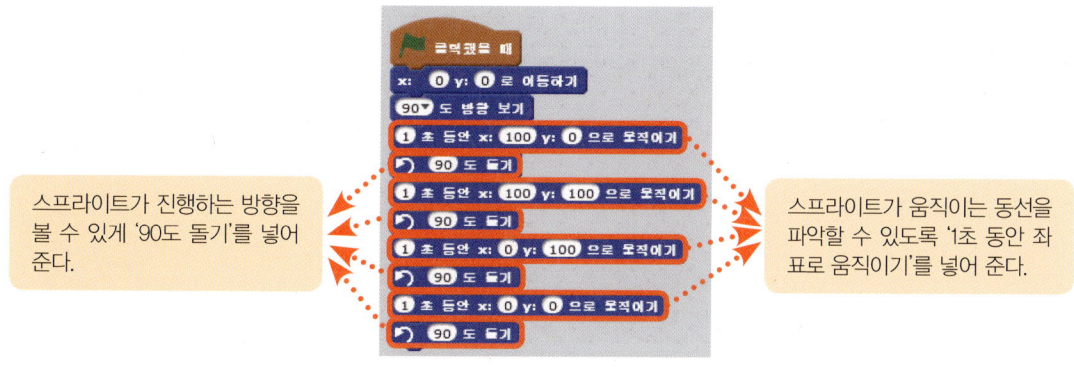

스프라이트가 진행하는 방향을 볼 수 있게 '90도 돌기'를 넣어 준다.

스프라이트가 움직이는 동선을 파악할 수 있도록 '1초 동안 좌표로 움직이기'를 넣어 준다.

- `1초 동안 x: 100 y: 0 으로 모적이기` 를 `x: 100 y: 0 로 이동하기` 블록으로 바꾸어 보고 어떤 차이가 있는지 비교하여 보자.

- `90 도 돌기` 를 `-90 도 돌기` 로 바꾸고 서로 비교하여 보자.

분신술로 무대 채우기

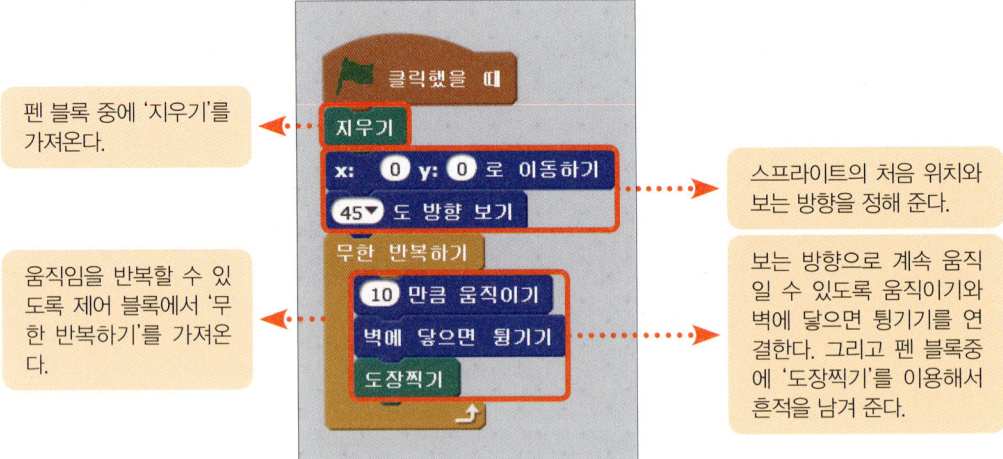

펜 블록 중에 '지우기'를 가져온다.

스프라이트의 처음 위치와 보는 방향을 정해 준다.

움직임을 반복할 수 있도록 제어 블록에서 '무한 반복하기'를 가져온다.

보는 방향으로 계속 움직일 수 있도록 움직이기와 벽에 닿으면 튕기기를 연결한다. 그리고 펜 블록중에 '도장찍기'를 이용해서 흔적을 남겨 준다.

- 스프라이트 정보에서 방향의 변화를 관찰하면서 '벽에 닿으면 튕길' 때 방향이 어떻게 바뀌는지 알아보자.

- 시작할 때 보는 방향을 달리하면서 가장 빨리 화면을 채울 수 있는 각도를 찾아보자.

생각 갈무리

지필문제

★ 다음 상황에서 사용할 수 있는 블록이 아닌 것은 무엇인가? (   )

 왼쪽 그림과 같이 아래 방향을 보고 있는 스프라이트를 더블 클릭 한 번으로 오른쪽 방향을 보게 하려고 한다.

①    ②    ③    ④

정답: ③

실습문제

★ 다음 조건들을 만족할 수 있는 스크립트를 완성하여 실행시켜 보자.

조건 1

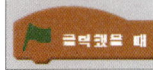 블록 외에 다른 블록은 동작에 있는 것만 사용해야 한다.

조건 2

스프라이트의 처음 위치는 (x:0, y:0), 방향은 오른쪽 방향을 보아야 한다.

조건 3

깃발을 클릭했을 때 스프라이트는 (x:270, y:−100)에 위치하고 보는 방향은 위쪽을 보고 있어야 한다.

촛불 피하기

1 스프라이트가 알아서 촛불을 피하는 프로그램을 만들어 보자.

❶ 스프라이트 준비하기

▶ **주인공 스프라이트 가져오기**

– 새로운 스프라이트를 클릭하여 'Anna'를 선택한다. 이때 모양탭을 클릭하여 'anna-a'와 'anna-b'가 모두 있는지 확인하고 아래와 같이 처음 값을 정해준다.

▶ **촛불 스프라이트 가져오기**

– 새로운 스프라이트를 클릭하여 'Candle'을 선택하고 가운데에 위치시켜 준다.

❷ 주인공이 계속 움직이게 만들기

  ▶ 주인공 스프라이트가 무대를 왔다 갔다 하게 만들기

무한 반복하기
  10 만큼 움직이기
  벽에 닿으면 튕기기

❸ 촛불에 닿으면 점프하여 촛불 피하기

  ▶ 촛불에 닿으면 주인공 스프라이트가 y좌표를 바꾸어서 점프하는 동작 만들기

  ▶ 주인공 스프라이트가 점프할 때 다음 모양으로 바꾸기

  ▶ 주인공 스프라이트가 점프할 때 'zoop'소리 내기

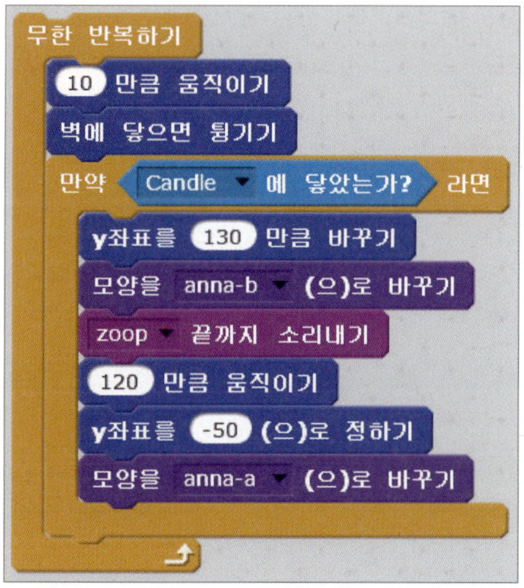

무한 반복하기
  10 만큼 움직이기
  벽에 닿으면 튕기기
  만약 Candle ▼ 에 닿았는가? 라면
    y좌표를 130 만큼 바꾸기
    모양을 anna-b ▼ (으)로 바꾸기
    zoop ▼ 끝까지 소리내기
    120 만큼 움직이기
    y좌표를 -50 (으)로 정하기
    모양을 anna-a ▼ (으)로 바꾸기

3장 다양한 모습의 스프라이트 · 형태 블록

학습목표
- 스크래치 형태 블록의 종류와 특징을 알 수 있다.
- 스크래치 형태 블록의 사용 방법을 알 수 있다.

안녕하세요? 전 '형태'예요. 여러분들 앞 강의에서 스프라이트를 다양한 방법으로 움직여 보았나요? 다양한 스프라이트들을 앞으로 혹은 뒤로, 특정 위치로 보낼 수 있었어요. 그런데 스프라이트가 처음 모습 그대로 움직이기만 해서 아쉽지는 않았나요? 그렇다면 이번에는 스프라이트의 모습을 다양하게 바꿔보도록 할게요.

형태 블록에 대해서 배우고 잘 사용할 수 있게 되면 여러분은 스프라이트에 말풍선을 달 수 도 있고 크기나 색깔의 변화도 줄 수 있어요. 아래 그림에 제시되어 있는 형태 블록들을 보면서 각각의 블록들이 어떤 기능을 가지고 있을지 예상해 보세요.

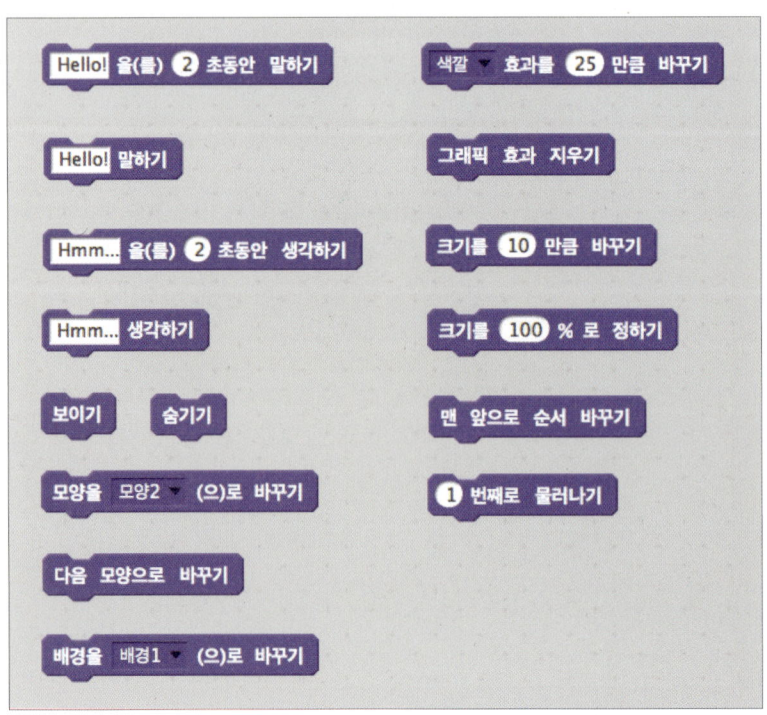

★ 블록들을 살펴보고 블록이 어떤 기능을 가지고 있는지 예상할 수 있는 것에 동그라미 해보자.

각 블록에는 어떤 기능이 있는지 알아보자

이 블록은 스프라이트가 하는 말을 만화처럼 말풍선으로 표현하는 기능을 가지고 있다. 이 블록을 이용하면 자신이 원하는 내용의 말풍선이 입력한 시간 동안 나왔다가 사라지게 할 수 있다. 그리고 말풍선에는 여러분들이 원하는 어떤 단어나 문장, 숫자, 영어 등을 다 넣을 수 있다.

이 블록도 스프라이트 주변에 말풍선이 생기게 하여 말하는 것처럼 해주는 기능을 가지고 있다. 하지만 처음에 본 블록과 다른 점이 있죠? 시간을 입력하는 곳이 없다. 어떤 차이점이 있는지는 뒤에서 더 알아보기로 한다.

이 블록은 스프라이트 주변에 생각 풍선이 나타날 수 있도록 해주는 기능을 가지고 있다. 말하기 블록과 다른 점은 생각 풍선의 모양이다. 이 생각 풍선 블록 또한 말풍선 블록처럼 [Hmm... 을(를) 2 초동안 생각하기] 와 [Hmm... 생각하기] 두 가지 블록이 있다.

아래 그림을 보면서 말풍선과 생각 풍선의 차이점에 대해서 살펴보자.

말풍선	생각 풍선
Hello! (고양이)	Hmm... (고양이)

이 블록은 스프라이트를 보이게 하거나 숨기는 기능이 있다. 이 블록을 이용하면 스프라이트를 보이고, 숨기는 시기를 조절할 수 있다.

이 블록은 스프라이트의 모양을 바꾸는 기능을 가지고 있다. 한 스프라이트에 다양한 모양을 미리 지정해 두고 원하는 모양으로 바꿔줄 수가 있다. 아래 '속닥속닥'을 참고한다.

예를 들어, 아래 그림과 같이 고양이의 다리가 움직이는 모양을 '모양 2'로 정한다면 모양이 바뀔 때마다 걷는 듯 한 효과를 낼 수 있다.

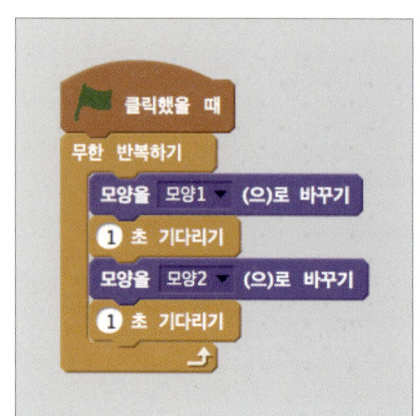

★ 한 스프라이트에 다양한 모양을 넣는 방법은 다음 페이지의 '속닥속닥'에서 더 공부해 보자.

모양 메뉴의 이용

이 모양 바꾸기 블록에 대해 정확히 이해하기 위해서는 모양 메뉴에 대해 알아야 한다.
무대 옆 메뉴에 있는 '모양'을 클릭하면 다양한 모양을 추가하거나 수정할 수 있다.

| 스크립트 | 모양 | 소리 |

아래 그림은 앞으로 여러분들이 스프라이트에 다양한 모양을 저장해둘 수 있는 곳이다.

이름을 수정할 수 있다.

스크래치에 기본적으로 저장
되어 있는 스프라이트를 불
러올 수 있다.

웹캠을 이용하여 사진을 찍어 만들 수도 있다.

스프라이트를 처음 만들 때처럼
여러분이 직접 그림판을 이용해
서 스프라이트를 그리거나 꾸밀
수 있다.

자신의 컴퓨터에 있는 다양한 그림파일을 불러올 수도 있다.

한 스프라이트에 다양한 모양을 넣었다면 모양을 모양2 ▼ (으)로 바꾸기 블록을 스트립트 영역으로 꺼내어 보자.
▼(아래 화살표)를 클릭하면 여러분이 이전에 만든 다양한 모양의 이름이 나오는지 확인한다. 이제 블록을
실행하여 모양을 바꾸어 본다.

 **다음 모양으로 바꾸기**

이 블록은 스프라이트를 다음 모양으로 바꾸는 기능을 가지고 있다. 앞의 모양 바꾸기 블록과의 차이점은
뒤에서 더 알아보기로 한다.

 **배경을 배경1 ▼ (으)로 바꾸기**

이 블록은 배경을 다양하게 저장해두고 바꾸어 줄 수 있는 기능을 가지고 있다. 스프라이트의 모양을
바꿨을 때와 마찬가지로 배경을 클릭한 뒤 모양에 가면 다양한 배경을 불러오거나 여러분이 원하는 배경을
넣을 수 있다.

이 블록은 스프라이트에 다양한 그래픽 효과를 줄 수 있는 기능을 가지고 있다. 색깔, 어안 렌즈, 소용돌이, 픽셀화 등의 효과가 있다. ▼(아래 화살표)를 클릭하여 어떤 효과들이 있는지 살펴보자. 이러한 효과들도 숫자 값으로 표현되고 있다. 이 블록은 실행할 때마다 효과가 누적되어 나타나게 된다. 여러분이 원하는 정도에 따라 원하는 숫자 값을 넣어 보자. −100~100까지 다양한 숫자를 넣어 보자.

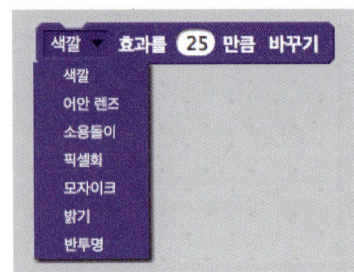

이 블록은 정해진 숫자 값만큼 한 번에 효과를 주는 기능을 가지고 있다. 효과 값이 누적되는 것이 아니라 정해진 한 가지 숫자 값의 효과만 준다. 색깔 효과를 25 만큼 바꾸기 블록과의 차이점은 뒤에 더 살펴보도록 한다.

이 블록은 지금까지 주었던 모든 그래픽 효과를 없애고 스프라이트 원래의 모습대로 되돌리는 기능을 가지고 있다.

이 블록은 스프라이트의 크기를 변화시켜 주는 기능을 가지고 있다. 0보다 큰 숫자 값을 넣으면 스프라이트의 크기가 누적되어서 커지고, 반대로 0보다 작은 숫자 값을 넣으면 계속해서 작아지게 된다. 예를 들어 10이란 숫자를 넣으면 10퍼센트(%)만큼 커지게 된다.

다양한 그래픽 효과들

다양한 효과 값을 주었을 때 나타난 결과를 함께 살펴보도록 한다.

효과들 중에는 범위 밖의 값을 표현할 수 있는 것도 있으니 다양한 숫자 값을 넣어보자(어안 렌즈 효과에 400의 값을 넣어보자).

이름	색깔		어안 렌즈		소용돌이		픽셀화	
범위	−100 ~ 100		−100 ~ 100		−100 ~ 100		0 ~ 100	
값	50	−50	100	−100	100	−100	50	100
결과								

이름	모자이크		밝기		반투명	
범위	0 ~ 100		−100 ~ 100		0 ~ 100	
값	10	100	40	−40	40	90
결과						

크기를 (100) % 로 정하기

이 블록은 스프라이트를 백분율 크기로 변화시켜 주는 기능을 가지고 있다. 원래 스프라이트 크기를 100퍼센트(%)로 하여 100%보다 작은 값에는 스프라이트가 작아지고 100퍼센트(%)보다 큰 값에는 크기가 커지게 된다. 만약 0보다 작은 값을 넣으면 어떠한 값을 넣더라도 정해진 가장 작은 모양으로 변한다.

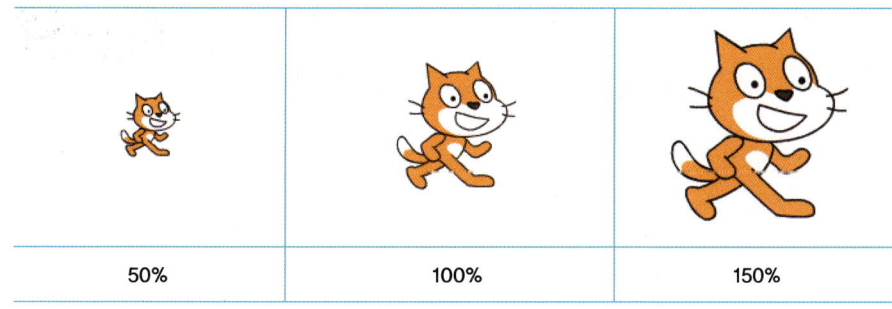

| 50% | 100% | 150% |

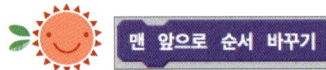

이 블록은 여러 스프라이트들이 겹쳐져 있을 때 가장 앞으로 나올 수 있게 해주는 기능을 가지고 있다.

이 블록은 스프라이트들이 겹쳐져 있을 때 입력한 숫자만큼 뒤로 물러나는 기능을 가지고 있다. 만약 1을 넣고 실행했다면 바로 뒤로 이동하게 되고, 2를 넣었다면 2번째 겹쳐진 스프라이트 뒤로 이동하게 된다.

속닥속닥

겹쳐진 스프라이트

　스프라이트가 아래 그림과 같이 순서대로 쌓여 있을 때, 맨 앞의 고양이 스프라이트가 물러나는 순서를 살펴보자.

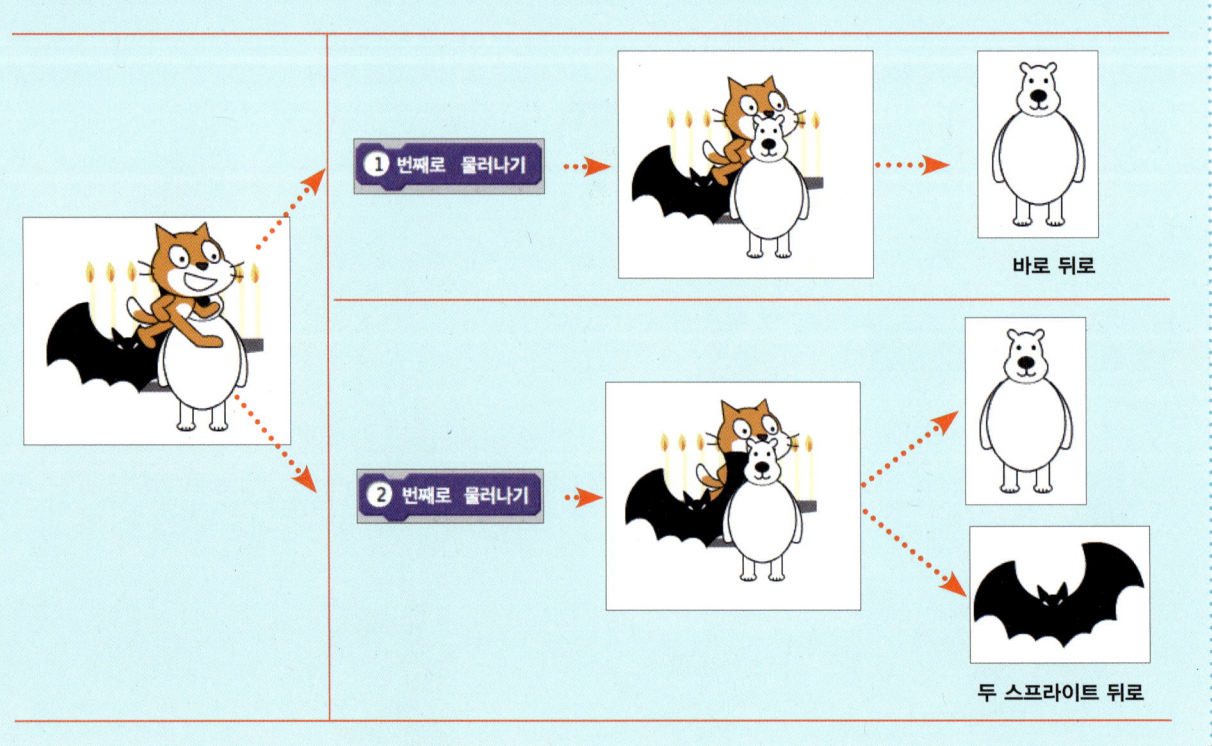

각 블록에는 어떤 기능이 있는지 알아보자

이 두 블록은 말하기 풍선을 보여준다는 공통점을 가지고 있다. 아래 그림과 표를 보면서 차이점에 대해 생각해보자.

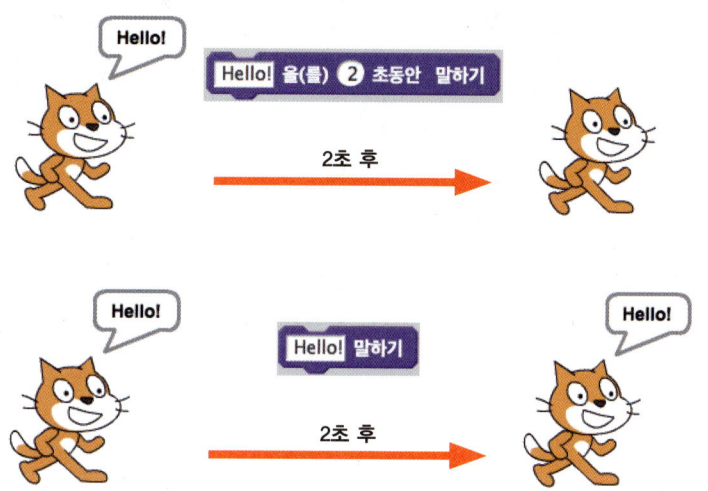

	Hello! 을(를) 2 초동안 말하기	Hello! 말하기
비슷한 점	• 말하기 풍선을 스프라이트 주변에 나타나게 한다.	
다른 점	• 입력한 시간 후에는 사라진다.	• 사라지지 않는다.

이 두 블록은 모두 스프라이트에 그래픽 효과를 주는 것은 똑같다. 계속 누적된 결과를 보여주느냐 정해진 효과만을 나타내느냐의 차이이다.

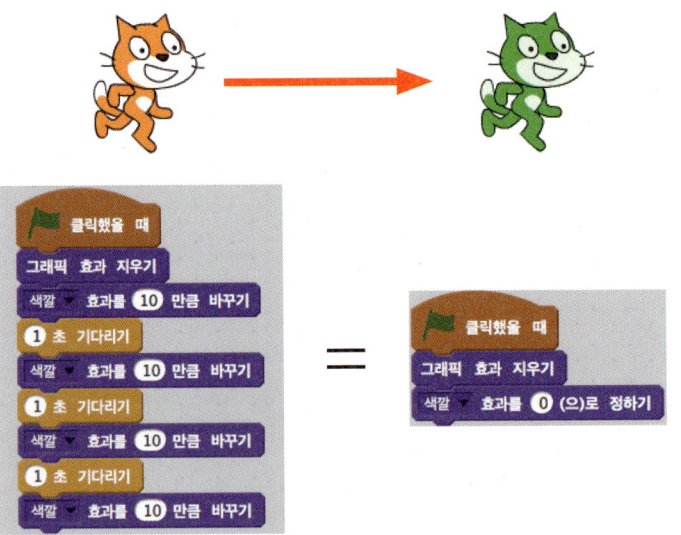

	모양을 모양2 ▼ (으)로 바꾸기	다음 모양으로 바꾸기
비슷한 점	• 스프라이트에 그래픽 효과를 준다.	
다른 점	• 실행을 여러 번 하면 결과가 계속 변한다. • 입력한 숫자 값의 효과가 계속 누적되어 나타난다.	• 여러 번 실행하여도 입력한 효과 값이 한 번만 나타난다. • 원하는 효과 값을 한 번에 나타낼 수 있다.

다음 모양으로 바꾸기 블록은 특정한 모양으로 바꾸어 주는 것이 아니라 저장된 순서대로 바꾸어 준다. 또한 마지막 모양이 나오고 나면 다시 처음 모양으로 돌아간다. 아래와 같이 블록을 쌓고 모양이 변하는 과정을 살펴보도록 한다.

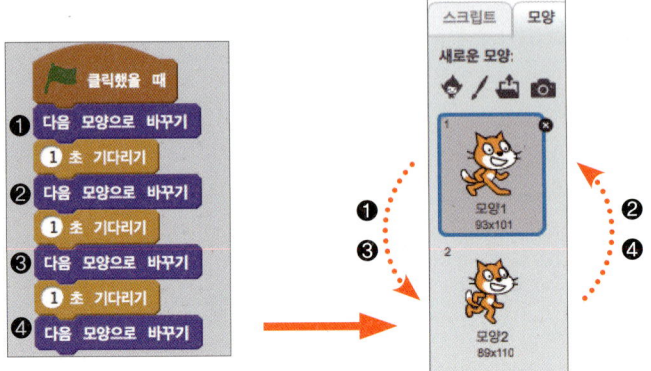

	모양을 모양2 ▼ (으)로 바꾸기	다음 모양으로 바꾸기
비슷한 점	• 스프라이트의 모양을 바꾸어 준다.	
다른 점	• 저장된 모양 중 선택하여 바꿀 수 있다.	• 저장된 모양을 순서대로 바꾸어 준다. • 마지막 모양 다음에는 다시 처음 모양으로 돌아간다.

생각 펼치기 : 알고리즘 연습하기

앞에서 배운 블록을 이용하여 알고리즘을 만들어 보자

말하고 생각하는 스프라이트를 만들어 보기

깃발이 클릭되었을 때, 스크립트가 시작
되도록 블록을 놓아준다.

다음과 같이 '2초 동안 말하기'를 넣어준다.

다음과 같이 '생각하기'를 넣어준다.

• 위와 같이 블록을 쌓은 뒤에 실행하여 보고 스프라이트의 변화를 살펴보자.

• 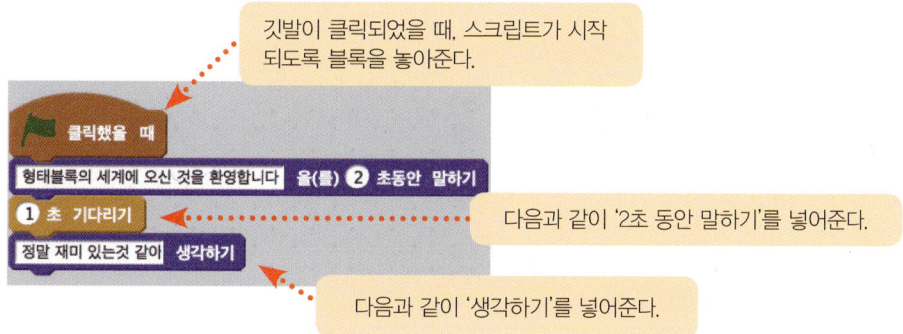 와 같이 쌓았을 때와 차이점을 살펴보자.

• 마지막 블록을  로 바꾸었을 때 생기는 변화를 살펴보자.

스프라이트가 환영하는 말을 하는 애니메이션을 만들어 보기

스프라이트가 나타나기 전에 미리 크기를 정하여 준다.

스프라이트를 등장시킨다.

스프라이트의 위치를 정하여 준다.

다양한 대화 구름 혹은 생각 구름을 넣어 준다.

크기를 변경하여 준다.

인사를 한 뒤에 스프라이트를 숨깁니다.

- 크기를 70 만큼 바꾸기 를 크기를 ○% 로 정하기 블록으로 바꾸어 보고 블록의 빈칸에 적절한 숫자를 넣어 실행하여 보자.

- 크기를 70 만큼 바꾸기 블록 대신에 픽셀화 효과를 ○ 만큼 바꾸기 를 활용하여 새로운 효과를 주어 보자.

생각 갈무리

지필문제

★ 아래 효과는 어떤 블록을 이용한 것인가? (　　)

① 소용돌이 ▾ 효과를 ◯ 만큼 바꾸기　　② 어안 렌즈 ▾ 효과를 ◯ 만큼 바꾸기

③ 밝기 ▾ 효과를 ◯ 만큼 바꾸기　　④ 색깔 ▾ 효과를 ◯ 만큼 바꾸기

정답: ②

실습문제

★ 다음 조건들을 만족할 수 있는 스크립트를 완성하여 실행시켜 보자.

조건 1

[클릭했을 때] 블록과 [1 초 기다리기] 블록 이외에는 동작과 형태에 있는 블록만 사용한다.

조건 2

두 개의 스프라이트와 말풍선 및 생각 풍선 블록을 이용하여 간단한 대화 형식의 애니메이션을 만든다.

조건 3

스프라이트에 그래픽 효과를 주어서 등장 인물의 감정을 표현한다.

축구하는 스프라이트 만들기

1 스프라이트 준비하기

▶ 주인공 스프라이트와 무대 가져오기

– 축구장 무대 'goal2'와 골을 넣고 난 뒤에 바뀔 무대 'light'로 무대를 정하고 축구공 스프라이트도 추가한다.

2 시작 위치와 배경 설정하기

▶ 프로젝트가 시작될 때 주인공 스프라이트의 위치와 크기, 무대 설정하기

```
클릭했을 때
크기를 70 % 로 정하기
배경을 goal2 ▼ (으)로 바꾸기
x: -199 y: -66 로 이동하기
```

3 공으로 달려가서 슛하기

▶ 공으로 이동하기

– 공으로 이동하고 난 뒤에 '슛'이라는 단어를 말할 수 있도록 한다.

```
4 초 동안 x: -44 y: -60 으로 움직이기
슛!! 을(를) 2 초동안 말하기
```

▶ 달려가는 애니메이션 만들기

– 공 가까이 이동할 때까지 다음 모양을 반복해서 달려가는 애니메이션을 만든다.

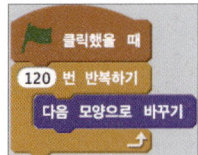

4 축구공 스프라이트 움직이기

▶ 축구공 스프라이트 위치 정하기

– 프로젝트가 시작되었을 때, 축구공 스프라이트가 특정 위치에서 나타나게 해준다.

```
클릭했을 때
보이기
x: -2 y: -80 로 이동하기
```

▶ 축구공 스프라이트 움직이기

– 주인공 스프라이트가 달려올 때까지 기다린 뒤 날아갈 수 있게 블록을 쌓아준다.
– 골대 주변에 도착하면 사라질 수 있게 해준다.

```
4 초 기다리기
1.5 초 동안 x: 187 y: -43 으로 움직이기
숨기기
```

5 sprite1 골 세리모니 하기

▶ 배경 바꾸고 주인공 스프라이트 이동시키기

– 축구공이 날아갈 때까지 기다린 뒤 배경을 'light'로 바꾸고 배경의 중심 쪽으로 스프라이트를 이동시킨다.

```
2 초 기다리기
배경을 light ▼ (으)로 바꾸기
1 초 동안 x: 6 y: -19 으로 움직이기
```

▶ 효과 넣기

– 스프라이트가 커지고 '골'이라는 말을 하며 색깔 효과를 나타낼 수 있도록 블록을 쌓는다.

```
크기를 200 % 로 정하기
골!!! 말하기
무한 반복하기
    색깔 ▼ 효과를 25 만큼 바꾸기
    0.3 초 기다리기
```

4장 스크래치 음악 작업실 · 소리 블록

- 스크래치 소리 블록의 종류와 특징을 알 수 있다.
- 스크래치 소리 블록의 사용 방법을 알 수 있다.

안녕하세요? 전 '소리'에요. 앞에서 동작과 형태 스프라이트를 배우면서 허전함을 느끼진 않았나요? 혹시 효과음을 주거나 스프라이트 캐릭터가 말을 할 수 있으면 좋겠다는 생각을 하지는 않았나요? 여러분의 이런 바람이 이루어질 수 있도록 지금부터 제가 속해 있는 '소리' 블록에 대해서 설명해 줄게요.

소리 블록에 대해서 배우고 잘 사용할 수 있게 되면 여러분은 스프라이트에서 원하는 소리가 나게 할 수도 있고 악기의 소리를 이용하여 연주도 할 수 있어요. 또 소리의 크기와 빠르기도 정할 수 있지요. 아래 그림에 제시되어 있는 소리 블록들을 보면서 각각의 블록들이 어떤 기능을 가지고 있을지 예상해 보세요.

야옹 ▼ 소리내기	60 ▼ 번 음을 0.5 박자로 연주하기
야옹 ▼ 끝까지 소리내기	1 ▼ 번 악기로 정하기
모든 소리 끄기	음량을 -10 만큼 바꾸기
1 ▼ 번 타악기를 0.25 박자로 연주하기	음량을 100 % (으)로 정하기
0.25 박자 쉬기	빠르기를 20 만큼 바꾸기
	빠르기를 60 BPM 으로 정하기

★ 블록들을 살펴보고 블록이 어떤 기능을 가지고 있는지 예상할 수 있는 것에 동그라미 해보자.

각 블록에는 어떤 기능이 있는지 알아보자

이 블록은 스프라이트에서 정해진 소리가 나게 하는 기능을 가지고 있다. 이 블록을 이용하면 소리가 나는 동안 스크립트의 다음 블록도 실행되는 것을 관찰할 수 있다. 또한 다른 소리를 선택하거나 직접 녹음한 소리를 넣어서 사용할 수 있다. 그 방법은 아래의 '속닥속닥'을 참고해 본다.

속닥속닥

소리 메뉴의 이용

이 블록에 대해서 정확하게 이해하기 위해서는 소리 메뉴에 대해서 알아야 한다. 무대 옆 메뉴에 있는 '소리'를 클릭하면 어떤 소리를 낼 지 정할 수 있다.

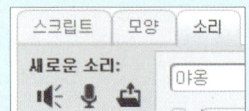

이 소리 메뉴에서 세 가지 아이콘을 통해 다양한 소리를 삽입할 수 있다.

🔊 스크래치 Sound Library에서 제공하는 필요한 소리들을 가져올 수 있다.

🎤 원하는 소리를 직접 녹음하여 사용할 수 있다.

📥 컴퓨터에 저장돼 있는 음악 파일을 불러와서 사용할 수 있다. 이때 사용 가능한 소리 파일은 mp3와 wav 확장자의 파일이다.

이 블록도 스프라이트에서 정해준 소리가 나게 하는 기능을 가지고 있다. 대신에 이 블록을 사용하면 정해진 소리가 끝나기 전까진 다른 스크립트들이 실행되지 않는다. 소리가 멈춘 후에 다음 스크립트가 실행된다.

이 블록은 스프라이트의 모든 소리를 정지하는 기능을 가지고 있다. 이 블록을 사용해서 소리가 원하는 시기에 끝날 수 있도록 설정한다. 특히, 새로운 소리가 나게 설정하기 전에 이 블록을 넣으면 그 전의 소리들이 종료되어 소리가 섞이지 않게 할 수 있다.

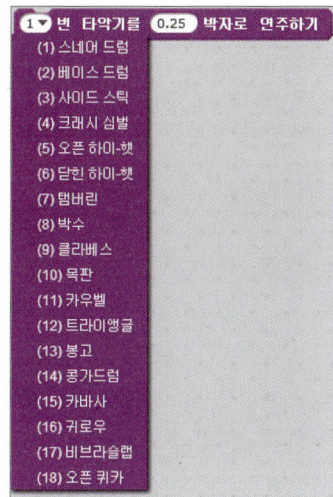

이 블록은 지정된 악기가 입력한 박자대로 연주하는 기능을 가지고 있다. 드럼, 박수, 탬버린, 카바사 등 다양한 타악기 중에서 한 가지를 고를 수 있다. 타악기의 소리를 고를 때, ▼(아래 화살표)를 이용하여 현재 2.0 버전에서 제공하는 18 종류 중 한 가지를 고를 수 있다. 그 후 타악기의 연주 박자를 정해주면 된다.

이 블록은 스프라이트가 입력한 박자 동안 연주를 쉬는 기능을 가지고 있다. 이 블록을 사용해서 소리가 원하는 시기에 멈출 수 있도록 설정할 수 있다. 악보에서 쉼표(예 : 𝄽)를 뜻한다고 볼 수 있다.

예를 들어, 아래 그림과 같이 '1번' 타악기를 '0.25' 박자로 5번 연주한 다음 1박자 쉬고, 스프라이트 1박자에 이어 연주하게 만들기 위해서는 (1 박자 쉬기)를 (1▼번 타악기를 0.25 박자로 연주하기) 사이에 넣어주면 되는 것이다.

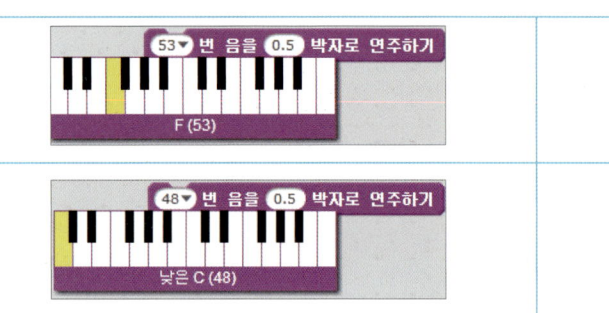

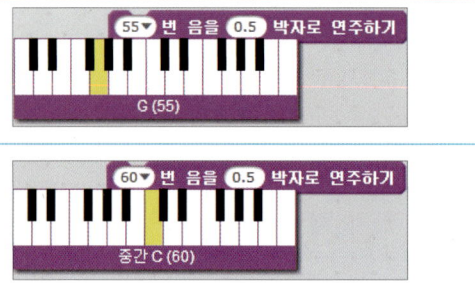

이 블록은 스프라이트가 피아노의 음 중 하나를 지정해 연주하도록 하는 기능을 가지고 있다. 이 블록을 사용할 때에는 음계 번호를 찾아 설정한다. 번호나 코드를 모르더라도 건반의 위치만 안다면 찾을 수 있다. 번호는 0부터 127까지 정할 수 있고, 60이 중간 '도'음이다.

이 블록은 가락을 표현하는 악기를 정하는 기능을 가지고 있다. 이 블록을 사용해서 원하는 악기를 설정한다. 현재 2.0 버전에서는 21가지의 악기가 있다.

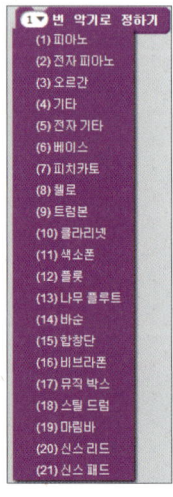

이 블록은 스프라이트의 소리 음량을 입력한 양만큼 바꾸는 기능을 가지고 있다. 이 블록을 사용해서 소리가 원하는 크기로 표현될 수 있도록 설정한다. 여러 소리를 낼 때 소리의 크기를 변화시키며 표현할 수 있다.

음량을 100 % (으)로 정하기

이 블록은 스프라이트의 소리 음량을 백분율로 나타내는 기능을 가지고 있다. 이 블록을 사용해서 소리의 음량을 설정한다. 물론 숫자는 0부터 100까지로 나타낼 수 있다.

빠르기를 20 만큼 바꾸기

이 블록은 스프라이트 소리의 빠르기를 입력한 양만큼 바꾸는 기능을 가지고 있다. 빠르기 숫자를 크게 주면 줄수록 음이나 타악기의 박자는 점점 더 빨라지게 된다.

빠르기를 60 BPM 으로 정하기

이 블록은 스프라이트 소리의 빠르기를 주어진 BPM(Beats per minute의 줄임말)으로 정해주는 기능을 가지고 있다. 음악의 속도를 숫자로 정해주는 것으로, 그 수가 클수록 소리가 빨라진다.

 **생각 다지기** : **비슷한 듯, 다른 듯**

각 블록에는 어떤 기능이 있는지 알아보자

 야옹 소리내기 VS 야옹 끝까지 소리내기

이 두 블록은 모두 스프라이트가 지정된 소리를 내게 하는 기능을 가지고 있기 때문에 소리 나는 것에는 차이가 없다. 하지만 소리가 나는 동안 다른 스크립트가 실행되는가, 기다리는가의 차이가 있다.

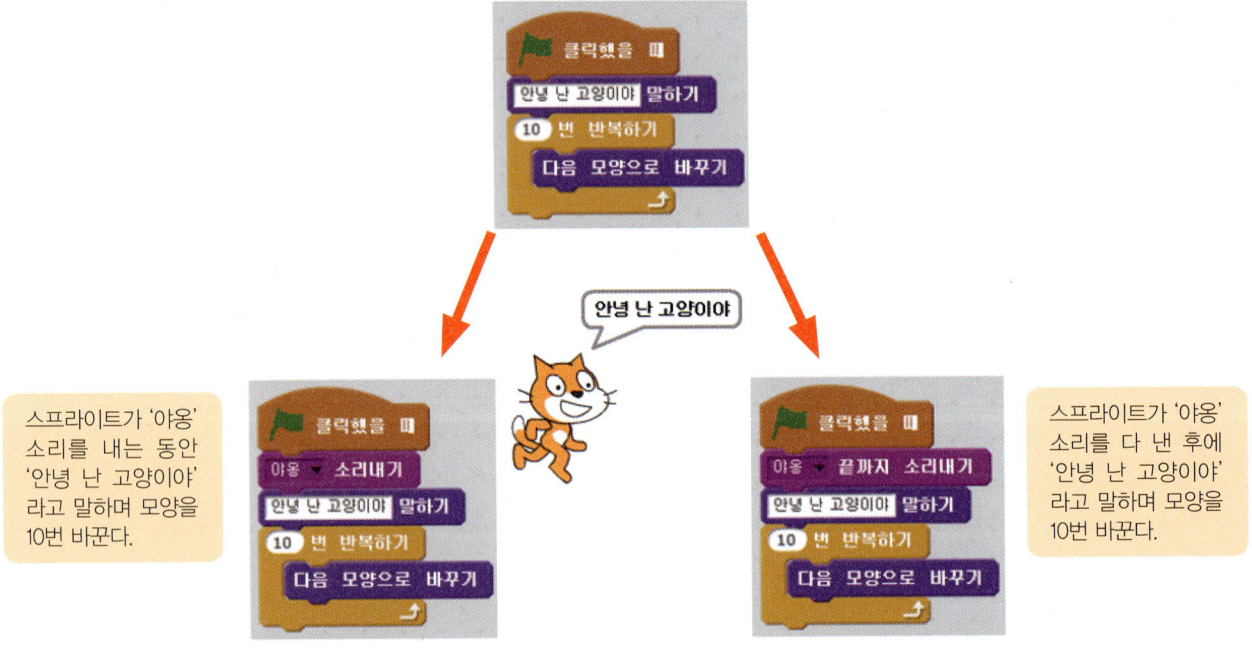

스프라이트가 '야옹' 소리를 내는 동안 '안녕 난 고양이야' 라고 말하며 모양을 10번 바꾼다.

스프라이트가 '야옹' 소리를 다 낸 후에 '안녕 난 고양이야' 라고 말하며 모양을 10번 바꾼다.

	야옹 소리내기	야옹 끝까지 소리내기
비슷한 점	• 스프라이트가 정해진 소리를 낸다.	
다른 점	• 정해진 소리가 나는 동안 스크립트가 진행된다. • 스크립트가 끝나거나 반복이 끝날 때 소리가 중간에 정지된다.	• 정해진 소리가 끝나야 다음 스크립트로 진행된다. • 항상 소리가 끝까지 진행된다.

| **알고리즘 연습하기**

앞에서 배운 블록을 이용하여 알고리즘을 만들어 보자

☀️ **시작할 때 소리 파일 정하기**

진행 중인 소리가 있을 수 있으니 모든 소리는 꺼준다.

깃발이 클릭되었을 때 스크립트가 실행되도록 스크립트에 붙여준다.

원하는 소리를 골라서 정해준다.

- 소리 메뉴에서 소리를 마음대로 골라 보고 깃발을 클릭하여 보자. 스프라이트는 어떤 소리를 낼까?
- 스프라이트에 직접 녹음한 소리를 이용해보자. 소리 메뉴의 '녹음' 아이콘을 이용하여 녹음해 보도록 한다.
- [야옹 소리내기] 블록과 [야옹 끝까지 소리내기] 블록을 번갈아 사용해보며 차이점을 확인하도록 한다.
- [모든 소리 끄기] 블록의 위치를 변경하면 어떤 효과가 나타날까?

· 속닥속닥 ·

 **블록의 이용**

'제어' 메뉴에 있는 이 블록을 이용하면 이 블록 안에 있는 블록들을 주어진 횟수만큼 반복해서 진행하게 할 수 있다. 스크립트를 짧고 정확하게 표현할 수 있을 것이다.

노래하는 스프라이트 만들기

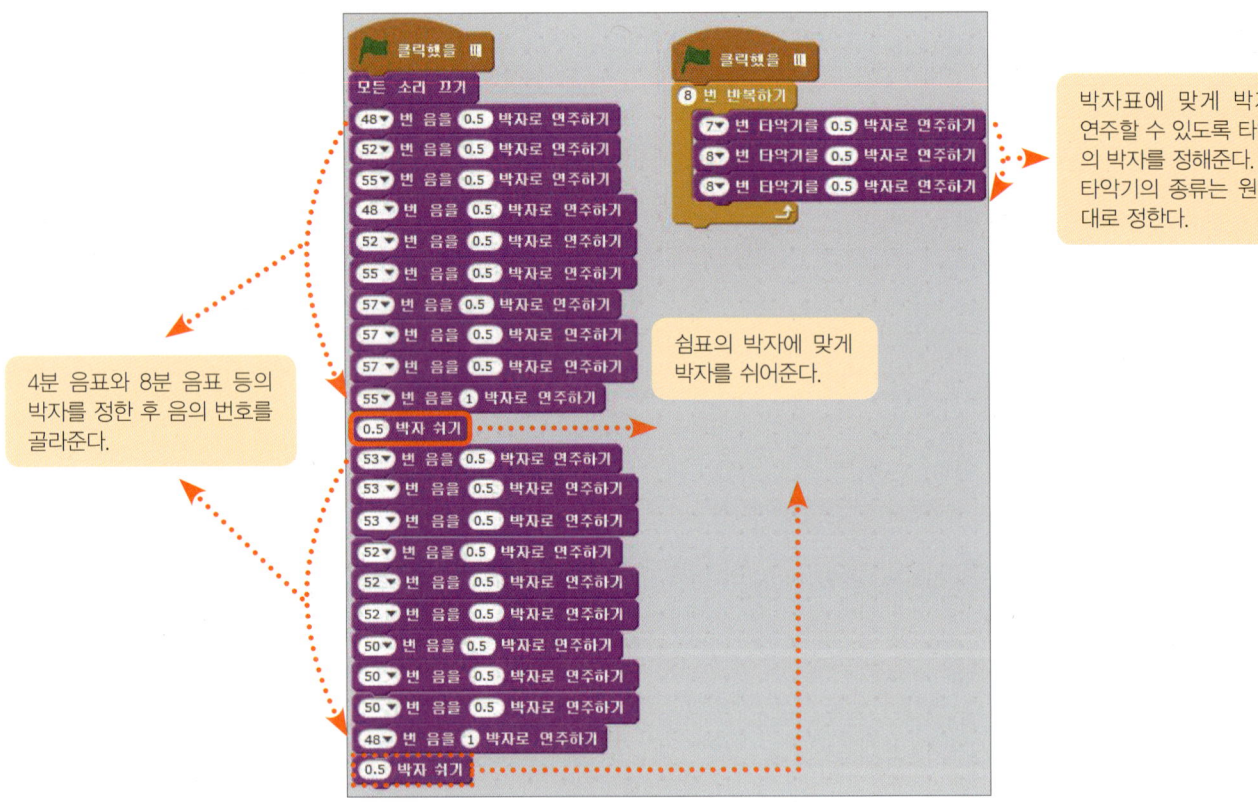

박자표에 맞게 박자를 연주할 수 있도록 타악기의 박자를 정해준다.
타악기의 종류는 원하는 대로 정한다.

쉼표의 박자에 맞게 박자를 쉬어준다.

4분 음표와 8분 음표 등의 박자를 정한 후 음의 번호를 골라준다.

- 60▼ 번 음을 0.5 박자로 연주하기 블록과 0.25 박자 쉬기 블록을 이용하여 다양한 동요를 연주해보자.

- 1▼ 번 악기로 정하기 블록을 이용하여 연주 중간에 다른 악기로 바꾸어 정하여 보자.

- 1▼ 번 타악기를 0.25 박자로 연주하기 블록을 이용하여 반주를 표현해보자.

- 음량을 -10 만큼 바꾸기 블록과 음량을 100 % (으)로 정하기 블록을 이용하여 소리의 음량을 조절해보자.

- 빠르기를 60 BPM 으로 정하기 블록과 빠르기를 20 만큼 바꾸기 블록을 이용하여 박자의 빠르기를 조절해본 뒤, 비교하여 보자.

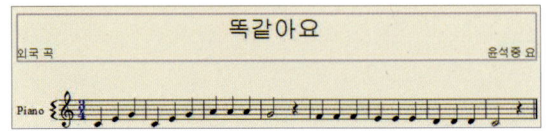

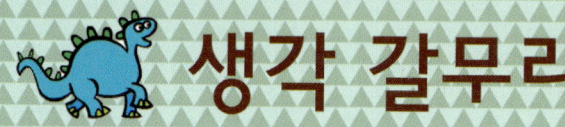

생각 갈무리

지필문제

★ 다음 중 더블 클릭했을 때 소리가 나는 블록이 아닌 것은 무엇인가? (   )

① 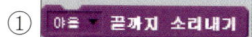   ②    ③    ④

정답: ④

실습문제

★ 다음 조건들을 만족할 수 있는 스크립트를 완성하여 실행시켜 보자.

조건 1

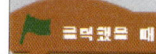 블록 외에 다른 블록은 소리에 있는 것만 사용해야 한다.

조건 2

깃발을 클릭했을 때 스프라이트는 '학교 종이 땡땡땡'을 0.5 박자로 연주할 수 있도록 한다.

조건 3

꼭 [0.25 박자 쉬기] 블록을 사용하도록 한다.

피아노 건반 만들기

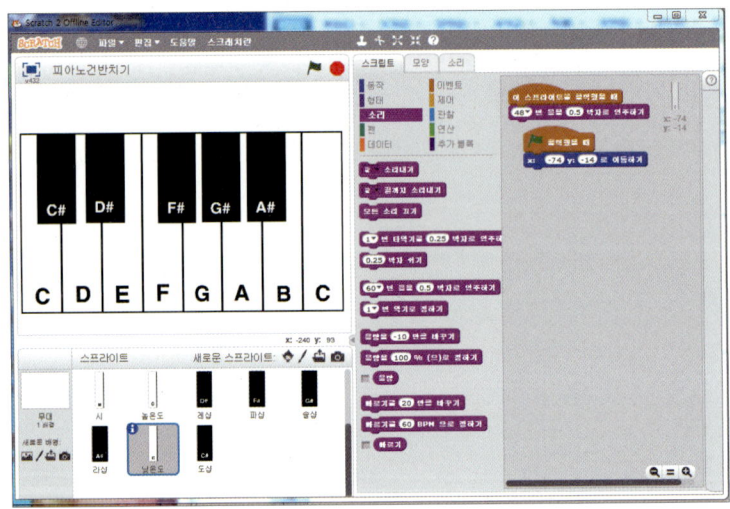

1 피아노 건반을 스프라이트로 만들어 보자.

❶ 스프라이트 준비하기

▶ 건반 그림 그리기

• 새로운 스프라이트를 직접 그려 추가한다.이때 색이 채워진 도형으로 그려야 한다.

❷ 위치 정하기

▶ 건반 스프라이트의 위치 정해주기

• 건반 스프라이트들은 피아노의 느낌을 나타내기 위해 위치가 매우 중요하다. 아래와 같이 위치의 처음 값을 반드시 정해주어야 한다.

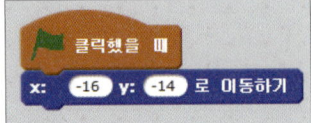

❸ 몇 번 음으로 몇 박자 연주할지 결정하기

▶ 각각의 스프라이트가 몇 번 음인지, 몇 박자로 연주할 것인지 정하기

• 소리 탭에서 각각의 스프라이트에 각각의 음을 정해준다. 그 후, 몇 박자로 연주하게 할지 정해준다. 이 때의 박자가 나중에 연주할 때 4분음표, 8분음표 등의 박자를 정해주게 된다.

5장 그림 그리는 스프라이트 – 펜 블록

- 스크래치 펜 블록의 종류와 특징을 알 수 있다.
- 스크래치 펜 블록의 사용 방법을 알 수 있다.

안녕하세요? 전 '펜'이에요. 앞에서 동작 스프라이트를 배워 보면서 아쉬움을 느끼진 않았나요? 혹시 글씨를 쓰거나 스프라이트가 그림을 그리면 좋겠다는 생각을 하지는 않았나요? 여러분의 이런 바람이 이루어질 수 있도록 지금부터 제가 속해 있는 '펜' 블록에 대해서 설명해 줄게요. 펜 블록에 대해서 배우고 잘 사용할 수 있게 되면 스프라이트를 이용해 다양한 색깔과 굵기의 선을 그을 수 있고, 도장도 찍을 수 있어요. 또 펜의 명암도 정할 수 있어요.

아래 그림에 제시되어 있는 펜 블록들을 보면서 각 블록들이 어떤 기능을 가지고 있을지 예상해 보세요.

지우기	펜 명암을 10 만큼 바꾸기
도장찍기	펜 명암을 50 (으)로 정하기
펜 내리기	펜 굵기를 1 만큼 바꾸기
펜 올리기	펜 굵기를 1 (으)로 정하기
펜 색깔을 █ (으)로 정하기	
펜 색깔을 10 만큼 바꾸기	
펜 색깔을 0 (으)로 정하기	

★ 블록들을 살펴보면서 어떤 기능들이 있는지 예상할 수 있는 것에 동그라미 해보자.

각 블록에는 어떤 기능이 있는지 알아보자

이 블록은 무대 위 스프라이트가 그린 선과 [도장찍기] 를 통해 찍은 도장을 지우는 기능을 가지고 있다. 이 블록은 매우 중요하다. [클릭했을 때] 블록 등을 이용하여 스프라이트를 실행했을 때, 그 전에 그렸던 모든 선들을 지워준다. 이 블록을 사용했을 때와 사용하지 않았을 때의 차이는 아래의 '속닥속닥'을 참고해 본다.

· 속닥속닥 ·

[지우기] **의 이용**

이 블록에 대해서 정확하게 이해하기 위해서 직접 스크립트를 나타내어 보자.

❶ 이 블록을 사용하고 깃발을 두 번 클릭한 경우

 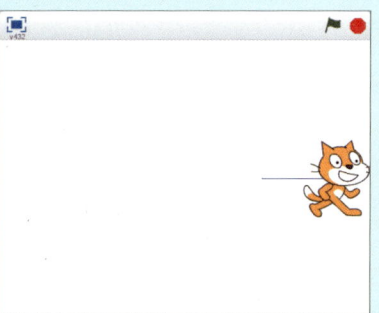

이 블록을 사용하면, 두 번째 깃발 클릭 때 처음에 100만큼 움직이는 동안 그려진 펜 선이 지워지게 된다.

❷ 이 블록을 사용하지 않고 깃발을 두 번 클릭한 경우

이 블록을 사용하지 않으면, 두 번째 깃발 클릭 때 처음에 100만큼 움직이는 동안 그려진 펜 선과 그 다음에 그려진 펜 선까지 모두 볼 수 있다.

 **도장찍기**

이 블록은 스프라이트의 모양을 무대 위에 찍어내는 기능을 가지고 있다. 도장을 찍고 싶은 위치에 그림을 갖다놓고 이 블록을 사용하면 그 위치에 스프라이트 그림을 콕 찍을 수 있다. 이 블록을 이용해 찍은 도장은 **지우기** 블록을 이용해 지울 수 있다.

블록 사용 전	블록 한 번 사용 후	블록 두 번 사용 후

도장을 한 번 찍고 스프라이트의 위치를 옮긴 뒤, 한 번 더 도장을 찍으면 새로 옮긴 자리에 도장이 찍힌다. 첫 번째에 찍은 도장은 마우스로 끌어도 움직이지 않는다.

 **펜 내리기**

이 블록은 스프라이트의 움직임을 선으로 표현할 수 있도록 하는 기능을 가지고 있다. 이 블록을 사용하는 것은 여러분이 공책에 연필을 대는 것과 똑같다고 보면 된다. 이 블록을 사용해야만 여러분이 표현하고자 하는 그림이나 선을 무대 위에 그릴 수 있다. 이 블록을 사용하지 않으면 스프라이트가 움직여도 선이 그려지지 않는다.

 **펜 올리기**

이 블록은 스프라이트의 펜을 들어 올려서 스프라이트의 움직임이 그려지지 않게 하는 기능을 가지고 있다. 원하는 것을 선으로 표현한 후, 다른 위치에서 새로운 표현을 하는 경우에 사용할 수 있다.

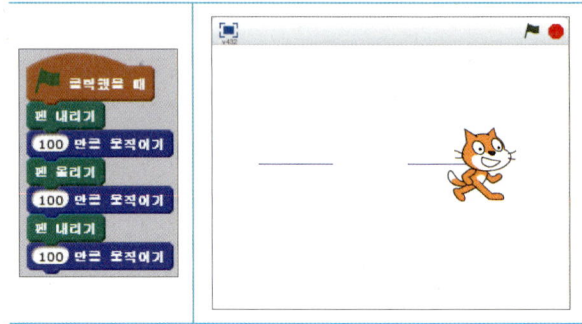

이 블록은 펜의 색깔을 정하는 기능을 가지고 있다. 색깔이 들어가 있는 네모 부분을 누른 후에 원하는 색깔을 화면에서 찾아 마우스로 클릭하면 그 색깔로 정해진다.

이 블록은 펜의 색깔을 지정한 숫자만큼 바꾸는 기능을 가지고 있다.

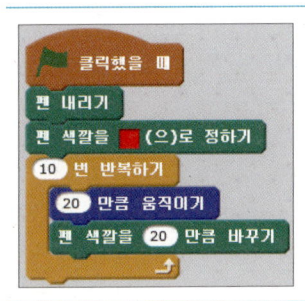

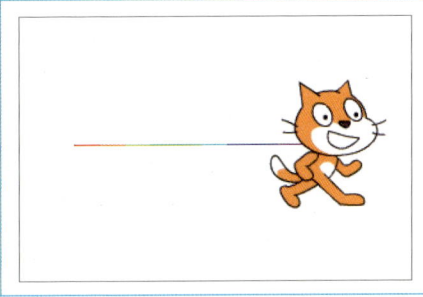

이 블록은 펜의 색깔을 숫자로 나타내는 기능을 가지고 있다. 예를 들면, 숫자 0의 색은 빨강, 숫자 70의 색은 초록, 숫자 130의 색은 파랑이다.

이 블록은 스프라이트의 펜 명암을 입력한 수만큼 바꾸는 기능을 가지고 있다.

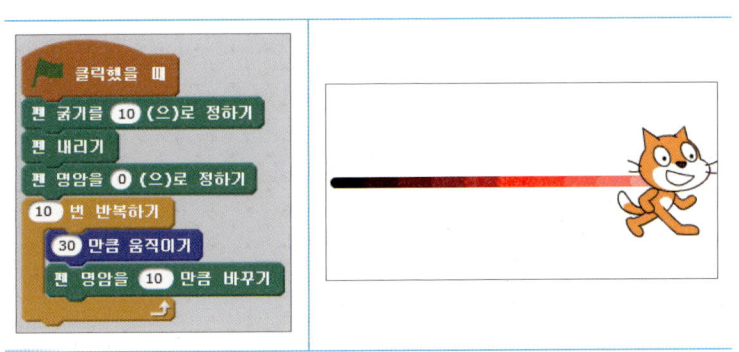

이 블록은 펜의 명암을 입력한 숫자로 정하는 기능을 가지고 있다. 펜 명암은 0부터 100까지의 숫자를 이용해 정해줄 수 있다. 펜의 명암이 0에 가까우면 펜의 색이 검은색에 가깝고, 펜의 명암이 100에 가까울수록 흰색에 가까워진다.

이 블록은 글자 그대로 펜의 굵기를 바꾸는 기능을 가지고 있다. 숫자가 커지면 커질수록 펜의 굵기가 굵어져요.

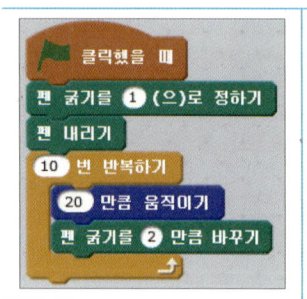 

이 블록은 펜의 굵기를 주어진 숫자로 정해주는 기능을 가지고 있다. 숫자가 커지면 커질수록 펜의 굵기가 굵어진다.

각 블록에는 어떤 기능이 있는지 알아보자

 VS 펜 색깔을 0 (으)로 정하기

   이 두 블록은 모두 스프라이트의 펜 색깔을 정하는 기능을 가지고 있다. 하지만 펜의 색깔을 정하는 방법에 차이가 있다.

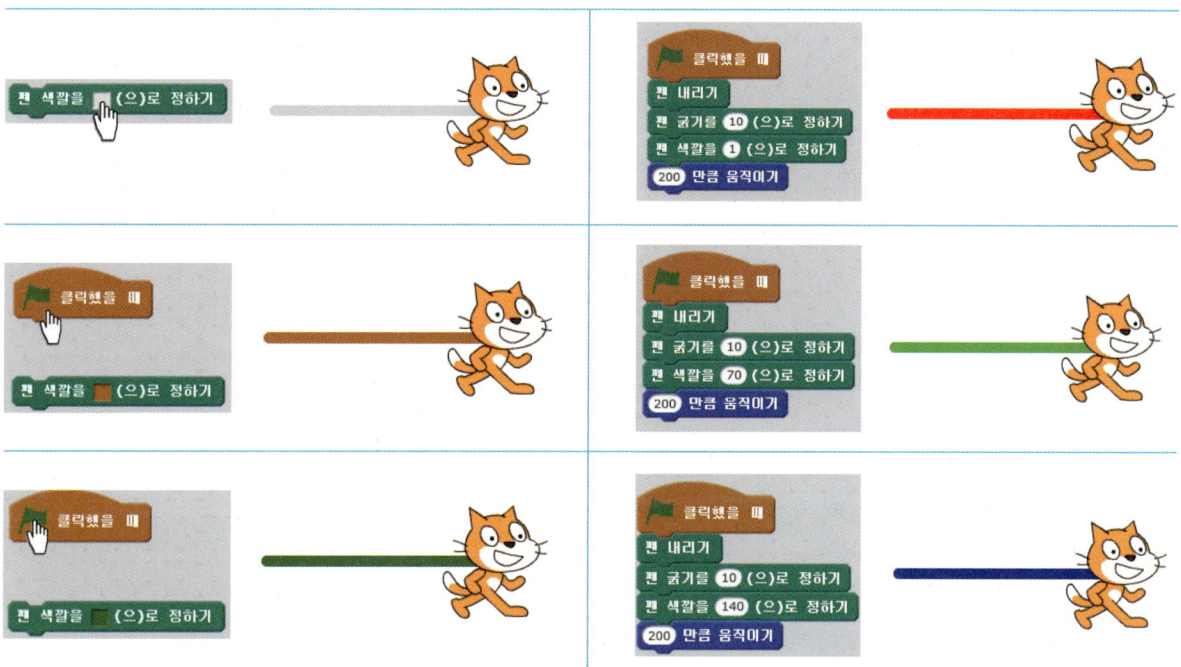

	펜 색깔을 ■ (으)로 정하기	펜 색깔을 0 (으)로 정하기
비슷한 점	• 스프라이트의 펜 색깔을 정해준다.	

다른 점	• 화면에 있는 색깔을 뽑아서 정한다.
	• 색깔을 정해주는 칸을 클릭한 후 컴퓨터 화면에서 원하는 색을 클릭하면 정할 수 있다.
		• 숫자를 이용해서 펜 색깔을 정한다.
		• 숫자 0 : 빨강
		   숫자 70 : 초록
		   숫자 130 : 파랑

각 블록에는 어떤 기능이 있는지 알아보자

이 두 블록은 모두 펜의 명암에 영향을 준다. 계속 누적된 결과를 보여주느냐 정해진 효과만을 나타내느냐의 차이가 있다.

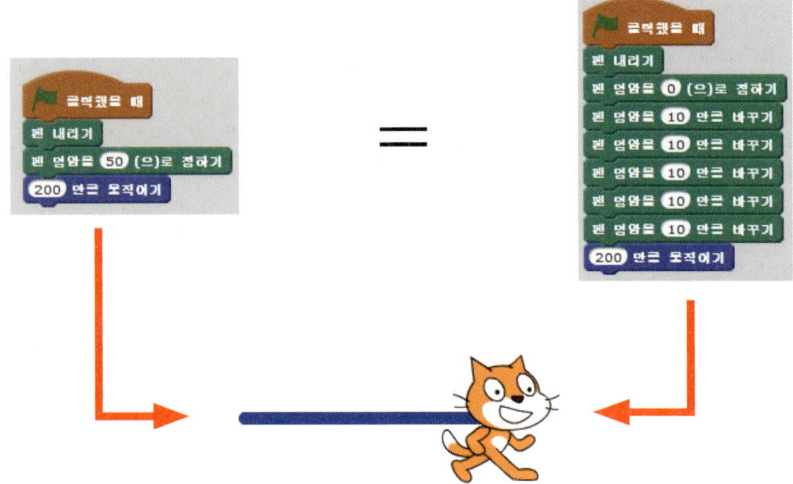

	펜 명암을 10 만큼 바꾸기	펜 명암을 50 (으)로 정하기
비슷한 점	• 펜의 명암을 조절한다.	
다른 점	• 실행을 여러 번하면 결과가 계속 바뀐다. • 입력한 숫자 값의 효과가 계속 누적되어 나타난다.	• 여러 번 실행하여도 입력한 명암 값만 나타난다. • 원하는 명암 값을 한 번에 나타낼 수 있다.

각 블록에는 어떤 기능이 있는지 알아보자

 VS 펜 굵기를 ① (으)로 정하기

이 두 블록은 모두 펜의 굵기에 영향을 준다. 계속 누적된 결과를 보여주느냐 정해진 효과만을 나타내느냐의
차이가 있다.

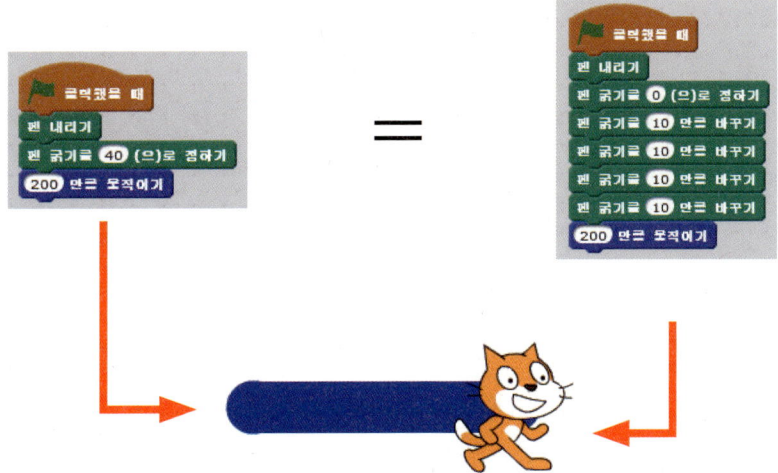

	펜 굵기를 ① 만큼 바꾸기	펜 굵기를 ① (으)로 정하기
비슷한 점	• 펜의 굵기를 조절한다.	
다른 점	• 실행을 여러 번하면 결과가 계속 변한다. • 입력한 숫자 값의 효과가 계속 누적되어 나타 난다.	• 여러 번 실행하여도 입력한 굵기 값만 나타난다. • 원하는 굵기 값을 한 번에 나타낼 수 있다.

앞에서 배운 블록을 이용하여 알고리즘을 만들어 보자

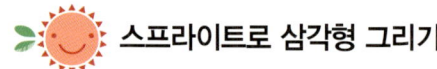 스프라이트로 삼각형 그리기

선을 그리기 위해 펜 내리기 블록을 넣어준다.

선을 그릴 펜의 굵기를 정해 준다.

선을 그릴 펜의 색깔을 정해 준다.

삼각형을 만들기 위해 스프 라이트를 돌려준다.

삼각형 선분의 길이를 정해 준다.

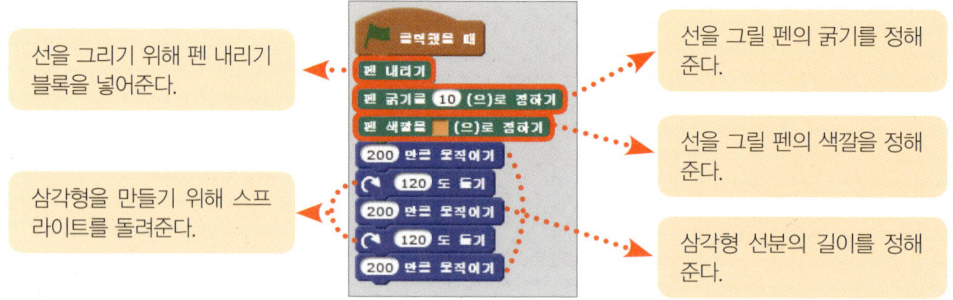

- 펜 색깔을 마음대로 정하고 깃발을 클릭하여 보자. 어떤 색의 선이 나오는가?

- 펜의 명암, 굵기를 마음대로 조절해보고 깃발을 클릭하여 보자. 어떤 효과가 나오는가?

- 지우기 블록을 사용해 보고, 사용하지 않은 경우와의 차이점을 확인하도록 한다.

- 200 만큼 움직이기 블록과 120 도 돌기 블록의 숫자를 변경하면 어떤 다각형이 나타날까?

스프라이트 도장으로 모양 만들기

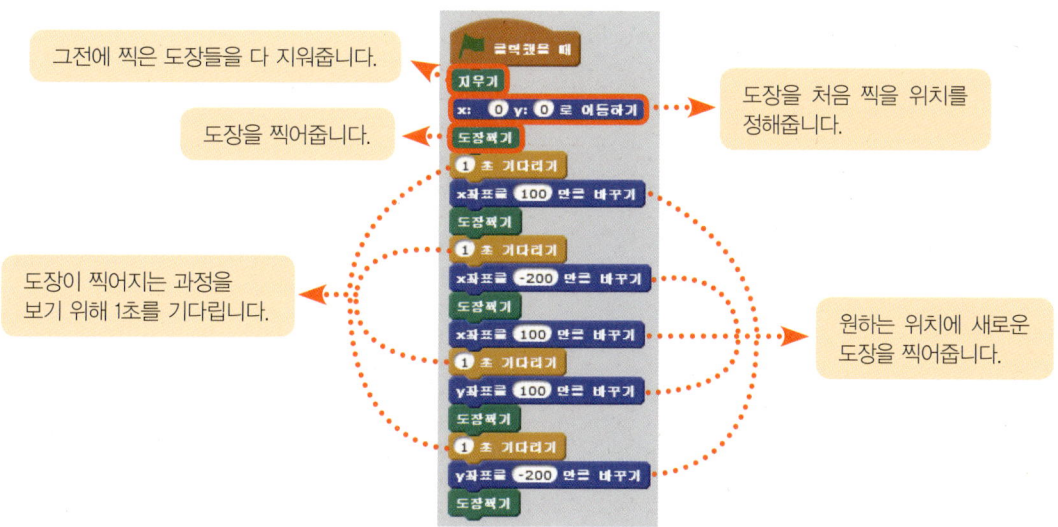

그전에 찍은 도장들을 다 지워줍니다.

도장을 찍어줍니다.

도장이 찍어지는 과정을
보기 위해 1초를 기다립니다.

도장을 처음 찍을 위치를
정해줍니다.

원하는 위치에 새로운
도장을 찍어줍니다.

- `x좌표를 10 만큼 바꾸기` 블록과 `y좌표를 10 만큼 바꾸기` 블록을 이용하여 다양한 위치에 도장을 찍어보자.

- 형태 메뉴의 `색깔 효과를 25 만큼 바꾸기` 블록을 이용하여 그래픽 효과가 있는 도장을 찍어보자.

- 형태 메뉴의 `크기를 10 만큼 바꾸기` 블록을 이용하여 그래픽 효과가 있는 도장을 찍어보자.

생각 갈무리

지필문제

★ 다음 중 실행 결과가 다른 하나는 무엇인가?

〈현재상태〉

ㅡ 펜 색은 빨간색입니다.

①
②
③
④

정답: ④

실습문제

★ 다음 조건들을 만족할 수 있는 스크립트를 완성하여 실행시켜 보자.

조건 1

클릭했을 때 블록과 1 초 기다리기 블록 이외에는 동작과 펜에 있는 블록만 사용한다.

조건 2

두 개의 스프라이트를 사용한다.

조건 3

깃발을 클릭했을 때 두 스프라이트는 펜의 굵기와 색깔이 다른 다각형을 그린다.

펜이랑 놀기(색깔, 명암, 굵기)

색깔과 굵기와 명암을 바꿔 펜 놀이하기

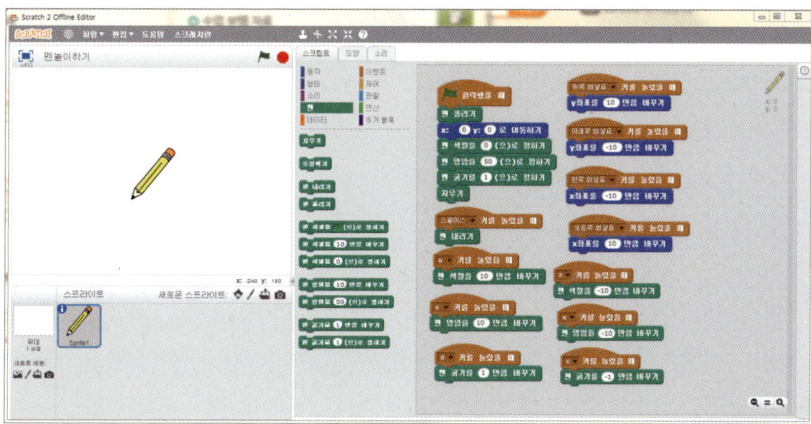

1 스프라이트 준비하기

▶ 연필 스프라이트 가져오기

• 새로운 스프라이트를 클릭하여 'Pencil'을 선택한다. 그 후 아래와 같이 처음 값을 정해준다.

2 펜의 명암과 색깔, 굵기에 변화를 주는 방법 정하기

▶ 특정 키보드 키를 눌렀을 때, 펜의 색깔, 명암, 굵기가 변하게 하기

• 특정 키보드 키에 펜 색깔, 명암, 굵기를 바꾸는 블록을 결합한다.

3 화살표 키를 이용해 펜 움직이기

▶ 키보드의 화살표 키를 눌렀을 때, x좌표와 y좌표가 바뀌게 하기

6장 스크립트의 시작 · 이벤트 블록

● 스크래치 이벤트 블록의 종류와 특징을 알 수 있다.
● 스크래치 이벤트 블록의 사용 방법을 알 수 있다.

안녕하세요? 전 '이벤트'에요. 여러분들 앞에서 스프라이트를 이용하여 다양한 그림을 그려 보았나요? 우리는 지금까지 스프라이트를 이동시키고 모양을 바꾸고 그림을 그릴 수 있었어요. 그렇다면 스프라이트에 포함된 블록(스크립트)를 실행시키는 방법은 어떤 것들이 있을까요? 맞아요! 우린 블록을 더블 클릭 했었어요. 또 어떤 방법이 있었나요? 이벤트에서 ▣ 클릭했을 때 블록을 사용했어요. 이와 같이 이벤트 블록은 그 밑에 쌓아둔 블록들(스크립트)를 어떤 특정한 조건이 발생되었을 때 순차적으로 실행시켜 주는 역할을 해요. 아래 그림에 제시되어 있는 이벤트 블록들을 보면서 각각의 블록들이 어떤 기능을 가지고 있을지 예상해 보세요.

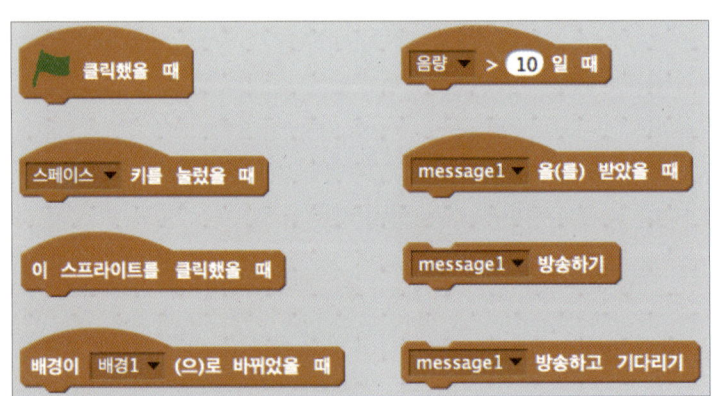

★ 블록들을 살펴보고 블록이 어떤 기능이 있을지 예상할 수 있는 것에 동그라미 해보자.

하나하나 꼼꼼하게!

각 블록에는 어떤 기능이 있는지 알아보자

이 블록은 무대 위의 초록색 깃발이 클릭되었을 때 아래에 달린 블록들을 순서대로 실행시켜 주는 기능을 가지고 있다. 우리가 만든 프로젝트를 가장 먼저 실행시키는 스위치와 같은 역할을 한다고 할 수 있다.

· 속닥속닥 ·

블록(스크립트) 단위의 이해

스크래치에서는 쌓아둔 블록을 명령어의 모음 단위로 보고 있다. 따라서 이벤트의 다양한 블록을 이용하여 블록들을 실행시킬 때에는 그 밑에 달린 블록들만 실행된다는 사실을 꼭 기억해야 한다.

아래와 같이 스프라이트에 블록이 쌓여 있을 때 무대 위의 초록색 깃발이 클릭되면,

아래의 블록들 중 왼쪽의 블록들만 실행이 된다.

이 블록은 키보드의 특정키가 눌렸을 때 아래 달린 블록들을 순서대로 실행시켜 주는 기능이 있다. 선택 가능한 키보드 키는 총 4종류가 있다. 스페이스 바, 방향키(오른쪽, 왼쪽, 위, 아래), 영어 알파벳(a~z), 숫자(0~9)가 있으니 화살표(▼)를 클릭하여 다양한 키로 바꾸어 실행하여 보자.

이 블록은 무대 위의 스프라이트를 직접 클릭했을 때 아래 달린 블록들을 순서대로 실행시켜 주는 기능을 가지고 있다. 마우스를 이용하여 블록이 아닌 스프라이트를 직접 클릭해 주어야 한다.

이 블록은 여러분이 설정해 둔 배경으로 바뀌었을 때, 아래 달린 블록들을 순서대로 실행시켜주는 기능을 가지고 있다. 스프라이트 무대를 여러 개 설정해두면 화살표(▼)를 클릭하여 원하는 배경으로 바뀌었을 때로 바꿀 수 있다.

이 블록은 마이크를 통해 컴퓨터로 들어가는 소리나 시간 움직임을 조건으로 하여 특정 값 이상이 되었을 때 블록을 실행하게 해주는 기능을 가지고 있다. 화살표(▼)를 클릭하면 음량, 타이머, 비디오 동작으로 바꿀 수 있다. 자세한 내용은 '속닥속닥'을 참고해보자.

·속닥속닥·

블록의 이해

블록은 스크래치 프로그램이 시작되었을 때부터 흐르는 시간을 이야기한다. 즉, 위의 블록은 스크래치 프로그램이 실행된 지 10초가 지났을 경우 아래 있는 블록을 실행한다. '스크래치 프로그램이 시작된 후'라는 사실을 꼭 기억한다.

블록은 스크래치 프로그램이 시작되었을 때부터 시간이 흐르는 '타이머'를 이야기한다. 즉 위의 블록은 스크래치 프로그램이 시작된 지 10초가 지났을 때 아래 있는 블록을 실행한다. 타이머의 값은 뒤의 관찰 파트에서 초기화할 수 있으니 관찰 파트에서 더 알아보도록 한다.

컴퓨터는 모든 것을 숫자로 판단한다. 따라서 마이크를 통해 컴퓨터로 들어가는 소리의 크기, 시간, 움직임 등도 모두 숫자로 이해를 하고 있다.

▨ 블록은 소리가 10보다 클 때 아래 있는 블록을 실행한다.

▨ 블록은 스크래치 프로그램이 시작되었을 때부터 흐르는 시간을 이야기한다. 즉, 위의 블록은 스크래치 프로그램이 실행된 지 10초가 지났을 경우 아래 있는 블록을 실행한다. '스크래치 프로그램이 시작된 후'라는 사실을 꼭 기억한다.

▨ 블록은 컴퓨터에 달려있는 웹캠을 이용하여 움직임 정도를 숫자로 이해하여 아래 블록을 실행한다. 움직임이 클수록 큰 숫자 값을 갖는다.

이 블록은 리모컨처럼 다른 블록들을 실행시키도록 명령을 내리거나 명령을 받는 기능을 가지고 있다.
두 블록 중 한 블록을 선택하여 화살표(▼)를 클릭하고 새 메시지를 클릭한 뒤, 원하는 이름을 넣으면 새로운 방송을 만들 수 있다.

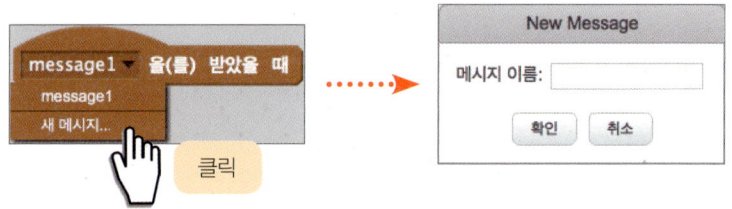

예를 들어 '이동말하기' 라는 방송을 만들면 ▨ 로 블록이 바뀌게 되고 다른 방송하기 블록의 화살표(▼)를 클릭하여 '이동말하기'를 선택하여 한 쌍의 블록으로 만들 수 있다.

한 쌍의 블록이 생겼다면 어떻게 쓰일 수 있는지 알아보자.

▨ 블록은 한 스프라이트 안의 다른 블록이나 다른 스프라이트 안의 블록들에게 실행하라는 명령을 줄 수 있다. 물론 그 명령을 받을 블록들 맨 위에는

▨ 블록이 있어야 할 것이다. 다음의 '속닥속닥'을 보며 자세히 알아보자.

❶ 한 스프라이트 안에서 명령을 주고받을 때

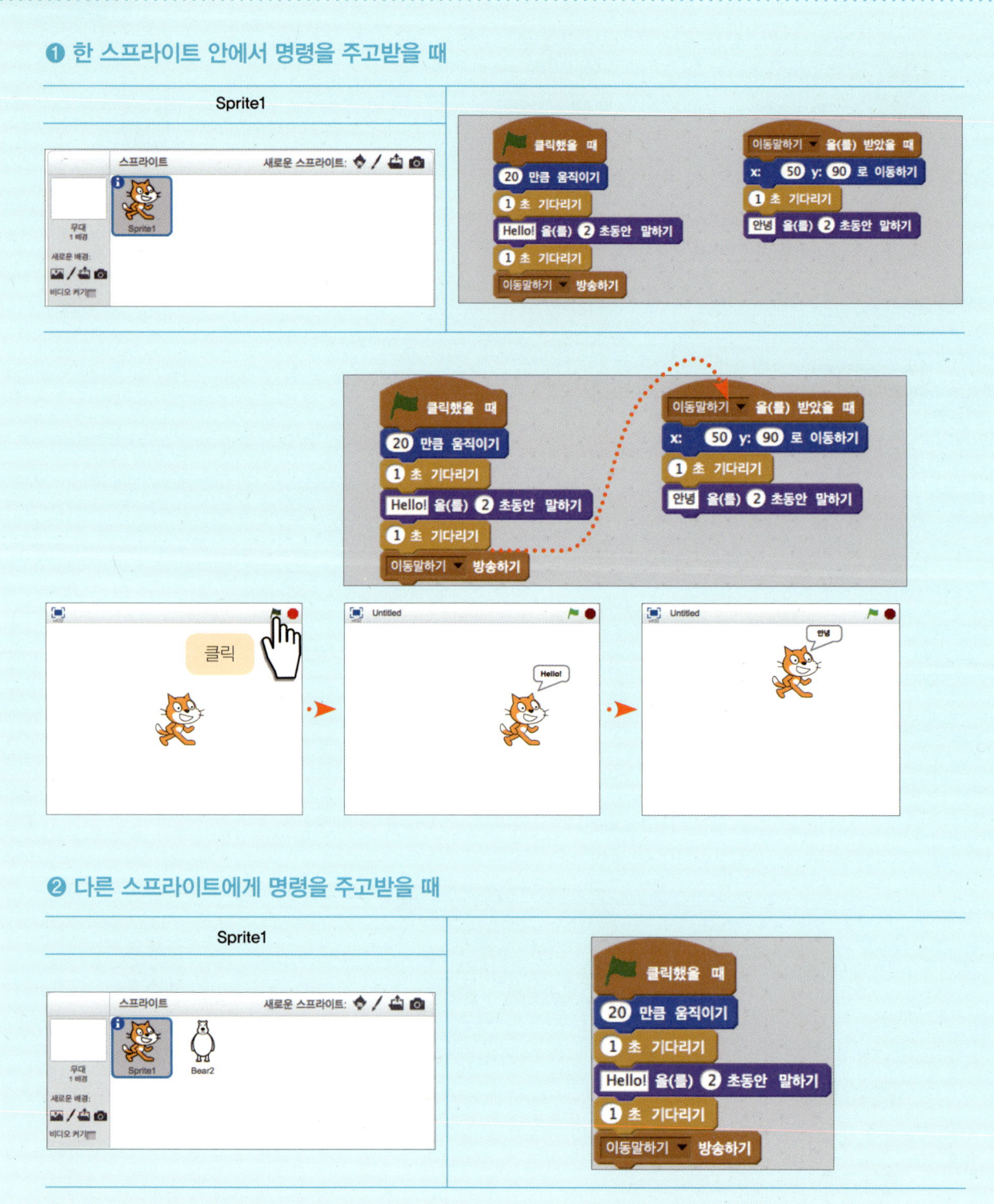

❷ 다른 스프라이트에게 명령을 주고받을 때

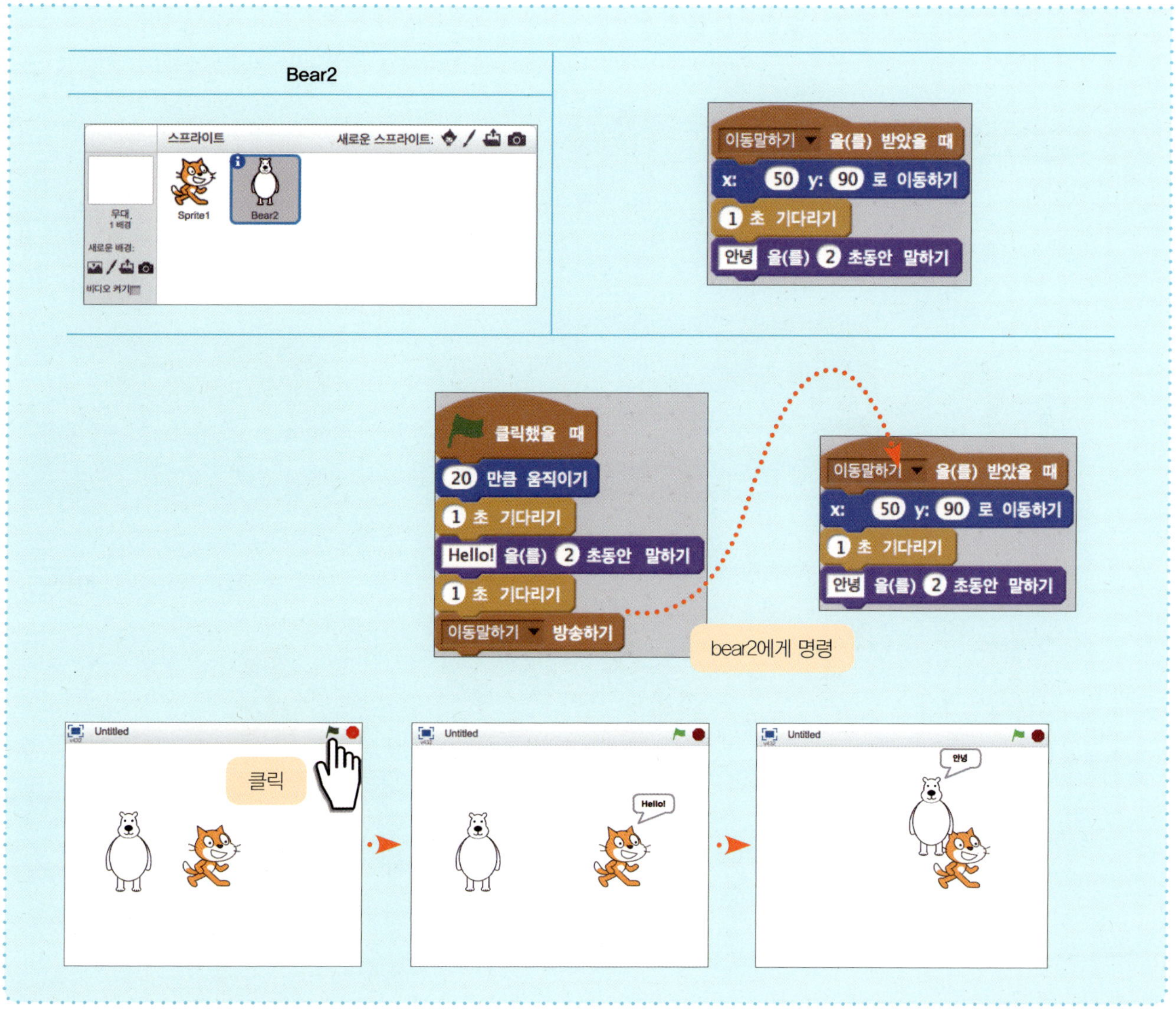
Bear2
스프라이트
새로운 스프라이트:
무대
1 배경
새로운 배경:
비디오 켜기
Sprite1
Bear2
이동말하기 을(를) 받았을 때
x: 50 y: 90 로 이동하기
1 초 기다리기
안녕 을(를) 2 초동안 말하기
클릭했을 때
20 만큼 움직이기
1 초 기다리기
Hello! 을(를) 2 초동안 말하기
1 초 기다리기
이동말하기 방송하기
이동말하기 을(를) 받았을 때
x: 50 y: 90 로 이동하기
1 초 기다리기
안녕 을(를) 2 초동안 말하기
bear2에게 명령
Untitled
클릭
Untitled
Hello!
Untitled
안녕

message1 방송하고 기다리기

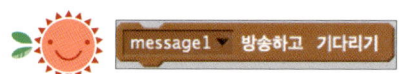

이 블록은 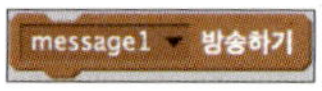
message1 방송하기
블록과 마찬가지로 명령을 내리는 기능을 가지고 있다. 차이점은 명령을 받은 블록이 끝까지 실행될 때까지 기다린다는 점이다. 뒤에서 좀 더 자세히 알아보도록 한다.

비슷한 듯, 다른 듯

각 블록에는 어떤 기능이 있는지 알아보자

이 두 블록은 다른 블록들이 실행되도록 명령을 내려준다는 공통점을 가지고 있다. 아래 그림과 표를 보면서 차이점에 대해 생각해보자.

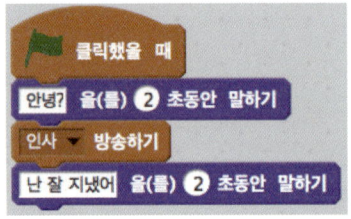  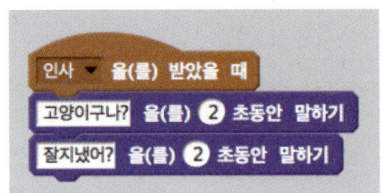

고양이	곰	고양이	곰	고양이	곰
안녕 2초 말하기 인사 방송		인사 방송 후 바로 난 잘 지냈어, 2초 말하기	인사를 받은 곰의 고양이구나? 2초 말하기		곰의 잘 지냈어? 2초 말하기

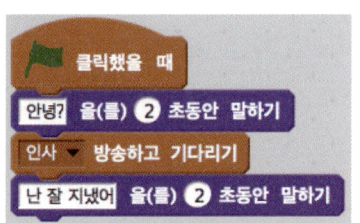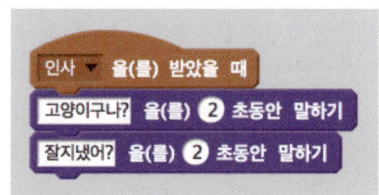

고양이	곰	고양이	곰	고양이	곰	고양이	곰
안녕 2초 말하기 인사 방송		인사 방송 후 곰의 블록 실행이 끝날 때까지 기다리기	인사를 받은 곰이 고양이구나? 2초 말하기		잘 지냈어, 2초 말하기	곰의 블록이 끝난 후 난 잘 지냈어, 2초 말하기	

	message1 ▾ 방송하기	message1 ▾ 방송하고 기다리기
비슷한 점	• 다른 블록들이 실행되도록 명령을 내려준다	
다른 점	• 명령을 내려준 뒤에 밑에 있는 블록들을 바로 실행한다.	• 명령을 내려준 뒤에 명령을 받은 블록들이 다 실행이 될 때까지 기다렸다가 아래 블록을 실행한다.

앞에서 배운 블록을 이용하여 알고리즘을 만들어 보자

 키보드를 이용해 움직이는 스프라이트를 만들어 보자.

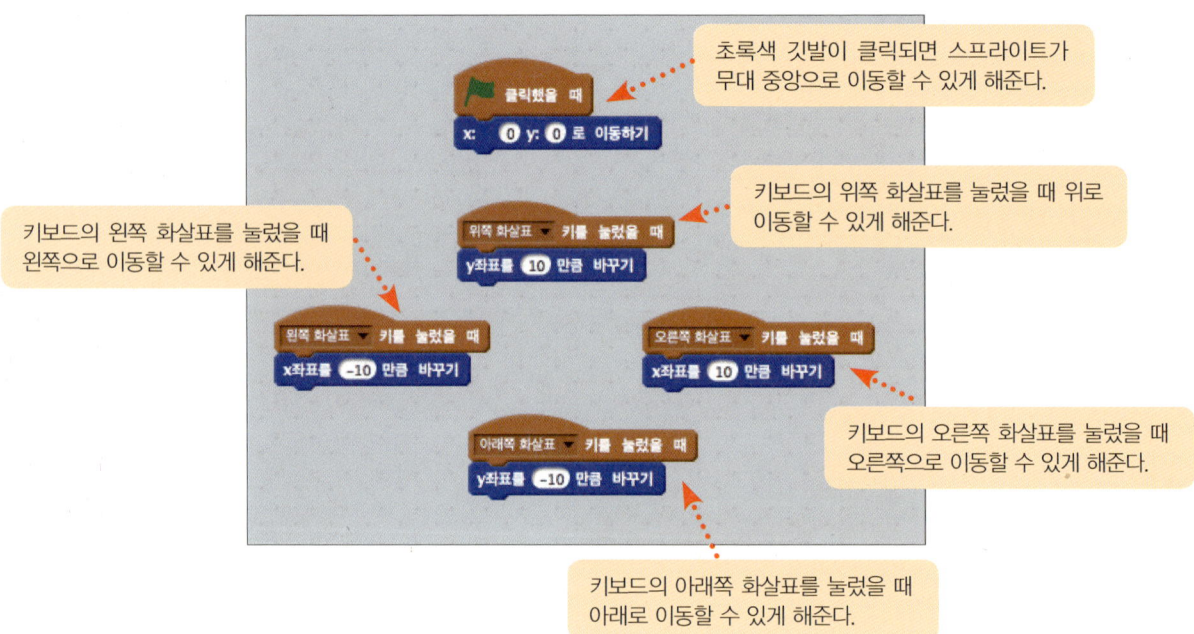

- 위와 같이 블록을 쌓은 뒤에 키보드의 방향키를 눌러 보고 스프라이트의 변화를 살펴보자.

- 의 이동 블록에 다양한 숫자 값을 넣어보고 변화를 관찰해보자.

- 스프라이트를 하나 더 추가하여 키보드의 다른 키들로 움직이는 스프라이트를 만들어 보자.

 무대에 스프라이트를 이동시키는 가상의 버튼을 만들어 보자.

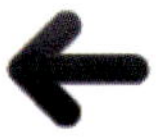 ←	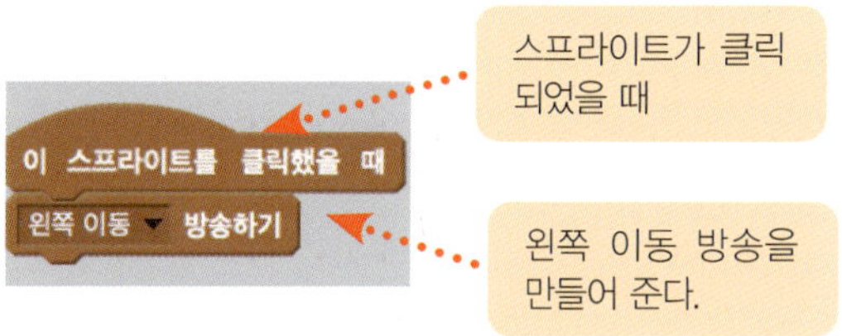 **이 스프라이트를 클릭했을 때** / **왼쪽 이동 ▼ 방송하기** · · · · 스프라이트가 클릭 되었을 때 · · · · 왼쪽 이동 방송을 만들어 준다.
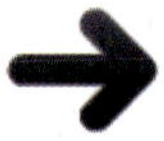 →	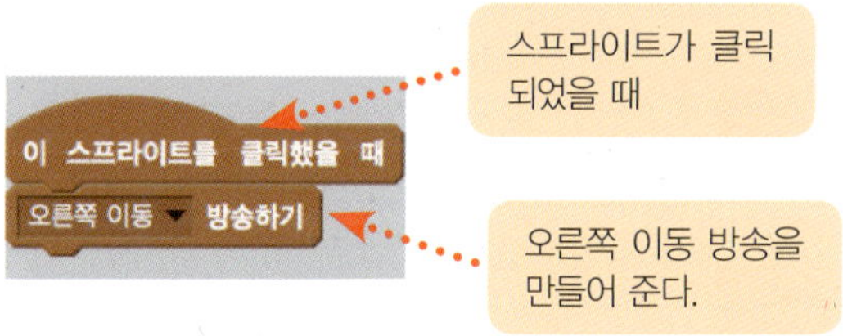 **이 스프라이트를 클릭했을 때** / **오른쪽 이동 ▼ 방송하기** · · · · 스프라이트가 클릭 되었을 때 · · · · 오른쪽 이동 방송을 만들어 준다.
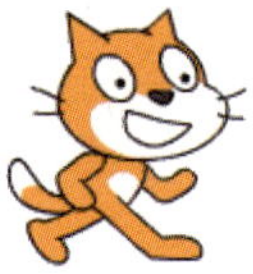	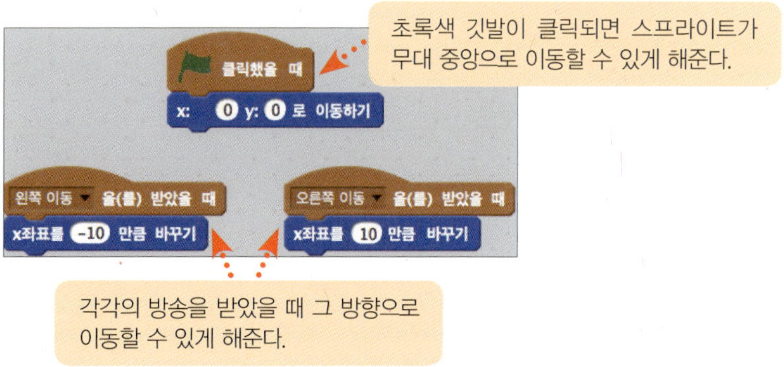 **🏴 클릭했을 때** / **x: 0 y: 0 로 이동하기** · · · · 초록색 깃발이 클릭되면 스프라이트가 무대 중앙으로 이동할 수 있게 해준다. 〈왼쪽 이동 ▼ 을(를) 받았을 때 / x좌표를 -10 만큼 바꾸기〉 〈오른쪽 이동 ▼ 을(를) 받았을 때 / x좌표를 10 만큼 바꾸기〉 · · · · 각각의 방송을 받았을 때 그 방향으로 이동할 수 있게 해준다.

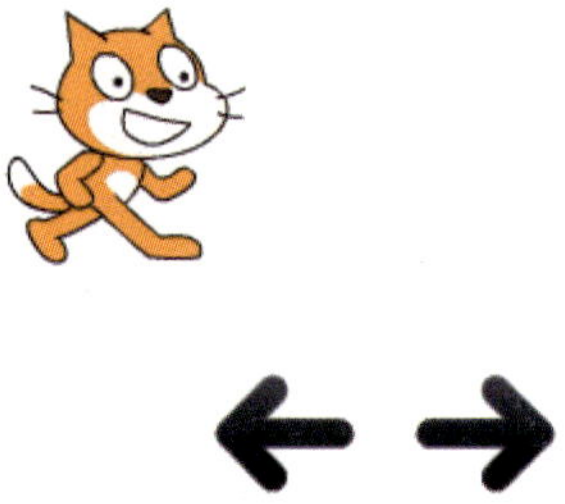

· 무대 위의 화살표를 클릭해 보고 고양이 스프라이트가 어떻게 이동하는지 살펴보자.

· 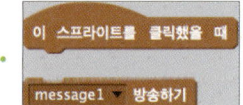 블록을 이용하여 스프라이트를 위 아래로 움직이게 하는 가상의 버튼을 만들어 보자.

생각 갈무리

지필문제

★ 사용할 수 없는 키보드 키는 무엇인가? (   )

① 숫자 9   ② 알파벳 C   ③ 화살표 왼쪽 ←   ④ tab

정답: ④

실습문제

★ 다음 조건들을 만족할 수 있는 스크립트를 완성하여 실행시켜 보자.

조건 1
동작, 형태, 소리, 펜, 이벤트에 있는 블록만 사용한다.

조건 2
키보드 키를 이용해서 스프라이트가 상하좌우로 이동하게 만든다.

조건 3
이동할 때마다 형태, 소리, 펜 효과 중 하나는 사용한다.

강아지 집으로 초대받은 고양이

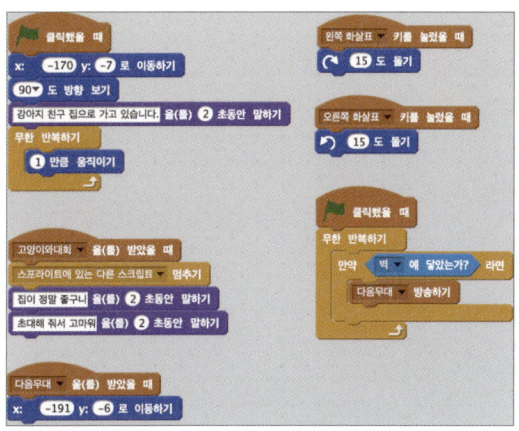

```
클릭했을 때
x: -170 y: -7 로 이동하기
90 도 방향 보기
강아지 친구 집으로 가고 있습니다. 을(를) 2 초동안 말하기
무한 반복하기
  1 만큼 움직이기

왼쪽 화살표 키를 눌렸을 때
  15 도 돌기

오른쪽 화살표 키를 눌렸을 때
  15 도 돌기

클릭했을 때
무한 반복하기
  만약 벽 에 닿았는가? 라면
    다음무대 방송하기

고양이와대회 을(를) 받았을 때
스프라이트에 있는 다른 스크립트 멈추기
집이 정말 좋구나 을(를) 2 초동안 말하기
초대해 줘서 고마워 을(를) 2 초동안 말하기

다음무대 을(를) 받았을 때
x: -191 y: -6 로 이동하기
```

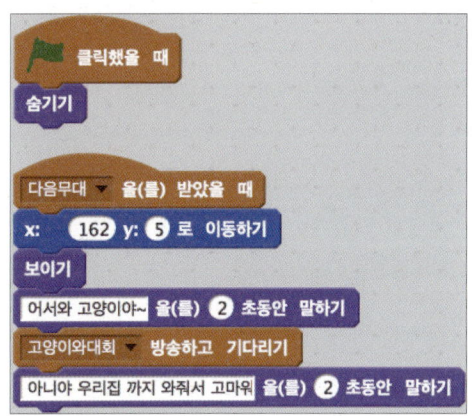

```
클릭했을 때
숨기기

다음무대 을(를) 받았을 때
x: 162 y: 5 로 이동하기
보이기
어서와 고양이야~ 을(를) 2 초동안 말하기
고양이와대회 방송하고 기다리기
아니야 우리집 까지 와줘서 고마워 을(를) 2 초동안 말하기
```

```
클릭했을 때
배경을 castle3 (으)로 바꾸기

다음무대 을(를) 받았을 때
배경을 castle4 (으)로 바꾸기
```

1 스프라이트와 무대 준비하기

▶ 스프라이트 추가하기

• 기본 스프라이트 Sprite1에 Dog2 스프라이트를 추가한다.

▶ 무대 추가하기

• Castle3 과 Castle4 무대를 추가한다.

2 스프라이트 첫 번째 무대 설정하기

▶ 스프라이트 및 무대 처음 상태 정하기

Sprite1	클릭했을 때 / x: -170 y: -7 로 이동하기 / 90 도 방향 보기 / 강아지 친구 집으로 가고 있습니다. 을(를) 2 초동안 말하기 / 무한 반복하기 / 1 만큼 움직이기	스프라이트의 처음 위치를 정하고 움직일 수 있도록 한다.
	왼쪽 화살표 키를 눌렀을 때 / 15 도 돌기 / 오른쪽 화살표 키를 눌렀을 때 / 15 도 돌기	키보드를 통해 스프라이트 방향을 바꿔준다.
Dog2	클릭했을 때 / 숨기기	첫 번째 무대에서는 dog2를 숨긴다.
무대 2 배경	클릭했을 때 / 배경을 castle3 (으)로 바꾸기	첫 번째 무대를 castle3으로 설정한다.

3 무대 변경하기 방송하기

▶ 벽에 닿으면 무대 변경하기 방송하기

• 프로젝트가 시작된 뒤 벽에 Sprite1이 닿으면 '다음무대' 방송을 한다.

▶ '다음무대' 방송을 받을 때

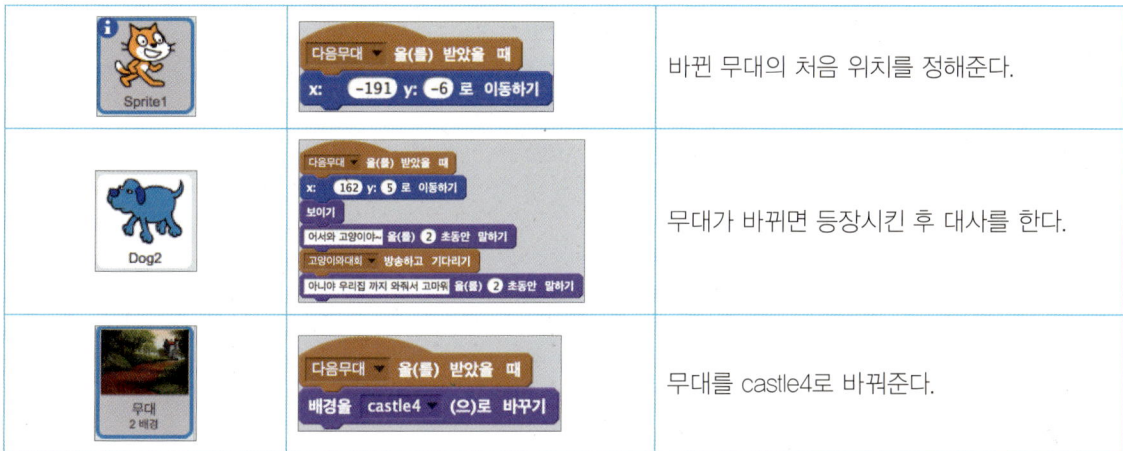

Sprite1	다음무대 ▼ 울(를) 받았을 때 x: -191 y: -6 로 이동하기	바뀐 무대의 처음 위치를 정해준다.
Dog2	다음무대 ▼ 울(를) 받았을 때 x: 162 y: 5 로 이동하기 보이기 어서와 고양이야~ 울(를) 2 초동안 말하기 고양이와대회 ▼ 방송하고 기다리기 아니야 우리집 까지 와줘서 고마워 울(를) 2 초동안 말하기	무대가 바뀌면 등장시킨 후 대사를 한다.
무대 2 배경	다음무대 ▼ 울(를) 받았을 때 배경을 castle4 ▼ (으)로 바꾸기	무대를 castle4로 바꿔준다.

4 **고양이와 대화 방송하고 기다리기**

▶ Dog2 스프라이트가 방송하기
• 다음 이어질 대사 연결을 위해 방송하고 기다리기 블록을 쌓는다.

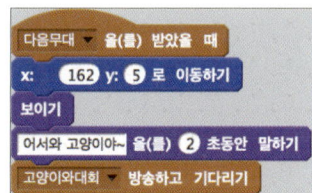

```
다음무대 ▼ 울(를) 받았을 때
x: 162 y: 5 로 이동하기
보이기
어서와 고양이야~ 울(를) 2 초동안 말하기
고양이와대회 ▼ 방송하고 기다리기
```

▶ 고양이와 대화 방송 받기
• Sprite1이 방송을 받으면 멈추고 대사를 한다.

```
고양이와대회 ▼ 울(를) 받았을 때
스프라이트에 있는 다른 스크립트 ▼ 멈추기
집이 정말 좋구니 울(를) 2 초동안 말하기
초대해 줘서 고마워 울(를) 2 초동안 말하기
```

▶ Dog2 남은 대사하기
• Sprite1의 대사가 끝나면 Dog2가 남은 대사를 한다.

```
다음무대 ▼ 울(를) 받았을 때
x: 162 y: 5 로 이동하기
보이기
어서와 고양이야~ 울(를) 2 초동안 말하기
고양이와대회 ▼ 방송하고 기다리기
아니야 우리집 까지 와줘서 고마워 울(를) 2 초동안 말하기
```

7장 반복, 조건, 복제·제어 블록

학습목표
- 스크래치 제어 블록의 종류와 특징을 알 수 있다.
- 스크래치 제어 블록의 사용 방법을 알 수 있다.

안녕하세요? 전 '제어'예요. 여러분은 지금까지 많은 블록들을 배웠습니다. 그 블록들을 이용해서 스크립트를 만들 때 너무 길어져서 답답하지 않았나요? 혹시 반복되는 부분을 묶을 수 있으면 좋겠다는 생각을 하지는 않았나요? 또 상황에 따라 다른 행동을 하게 만들고 싶은 마음은 없었나요? 여러분의 이런 바람이 이루어질 수 있도록 지금부터 제가 속해 있는 '제어' 블록에 대해서 설명해 줄게요. 제어 블록에 대해서 배우고 잘 사용할 수 있게 되면 여러분은 블록들을 여러 번 실행시킬 수 있고, 스프라이트를 복제할 수 있어요. 또 조건에 맞는 행동을 정할 수 있지요. 아래 그림에 제시되어 있는 제어 블록들을 보면서 각각의 블록들이 어떤 기능을 가지고 있을지 예상해 보세요.

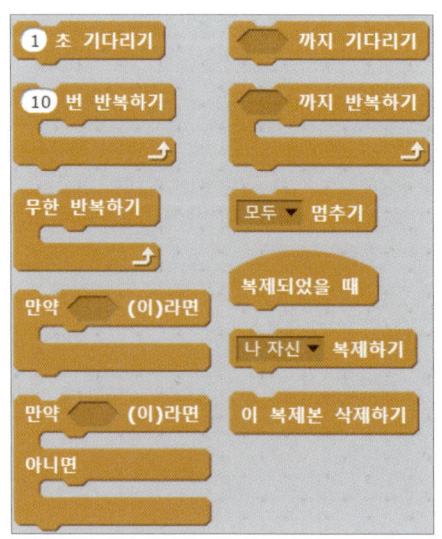

★ 블록들을 살펴보고 블록이 어떤 기능이 있는지 예상할 수 있는 것에 동그라미 해보자.

생각 열기 : 하나하나 꼼꼼하게!

각 블록에는 어떤 기능이 있는지 알아보자

1 초 기다리기

이 블록은 무대 위 스프라이트의 진행을 정해준 시간동안 기다리게 해주는 기능을 가지고 있다. 그 후에 다음 블록부터 다시 진행된다. 이 블록을 사용하면 스크립트의 진행 단계를 눈으로 직접 확인할 수 있다. 이 블록을 사용했을 때와 사용하지 않았을 때의 차이는 아래의 '속닥속닥'을 참고해보자.

·속닥속닥·

1 초 기다리기 의 이용

이 블록에 대해서 정확하게 이해하기 위해서 직접 스크립트를 나타내어 보자.

❶ 이 블록을 사용했을 때의 무대 모습

이 블록을 사용하면, '1 말하기'를 보여준 후에
다음 블록이 진행되어 '2 말하기'가 보이게 된다.

❷ 이 블록을 사용하지 않았을 때의 무대 모습

이 블록을 사용하지 않으면, '1 말하기'가 진행된 후 바로
다음 블록이 진행되어 '1 말하기'가 보이지 않고 '2 말하기'만 보이게 된다.

이 블록은 블록 안의 스크립트를 정해진 횟수만큼 반복하게 하는 기능을 가지고 있다. 이 블록을 사용하면 여러 번 반복하고 싶은 블록을 한 번만 사용하고도 반복할 수 있다. 정해진 횟수만큼 반복한 후 다음 블록이 진행된다.

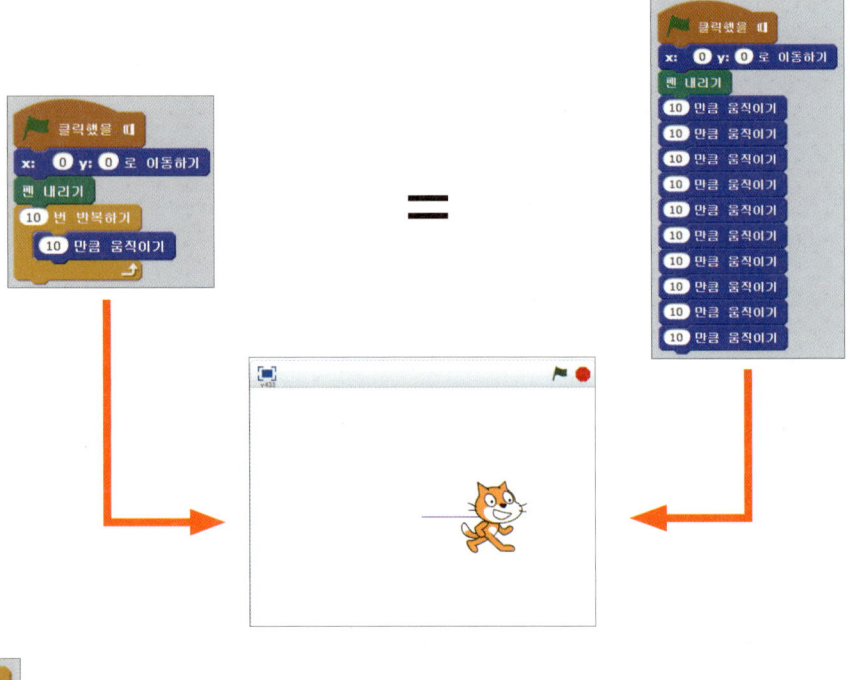

이 블록은 블록 안의 스크립트를 무한 반복하게 해주는 기능을 가지고 있다. 그렇기 때문에 이 블록은 밑에 다른 블록을 연결할 수 없게 만들어져 있다.

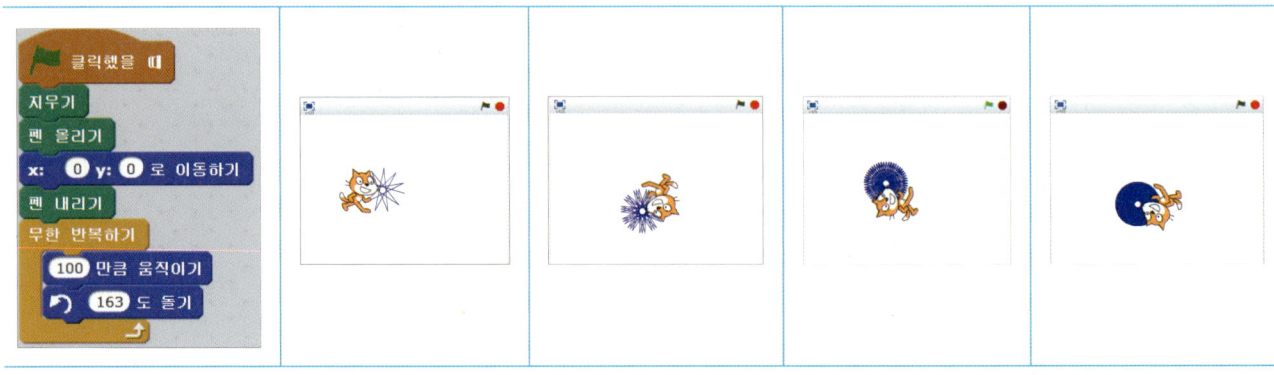

이 블록은 '만약 ~라면'이라는 조건이 맞을 경우 블록 안의 스크립트를 실행하는 기능을 가지고 있다. 예를 들어, '만약 수학 점수가 100점이라면 "만세"라고 외치기'와 같은 상황에서 사용할 수 있다. 그리고 조건이 맞지 않을 경우에는 이 블록 안의 스크립트는 실행되지 않는다.

 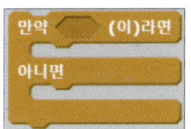

이 블록은 '만약 ~라면'이라는 조건이 맞을 경우, 첫 번째 빈칸 안의 스크립트를 실행하고, '만약 ~라면'이라는 조건이 맞지 않을 경우, 두 번째 빈칸 안의 스크립트를 실행하는 기능을 가지고 있다. 예를 들어, '만약 수학 점수가 50점 이상이라면 "합격"이라고 외치고, 아니면 "실패"라고 외치기'와 같은 상황에서 사용할 수 있다.

이 블록은 조건의 상황이 사실이 될 때까지 기다리게 하는 기능을 가지고 있다. 그리고 조건의 상황이 참(true)이 되면 다음 블록들이 실행된다. '~까지 기다리기'를 계속 체크하고 있다가, 조건의 상황이 참(true)이 되는 경우마다 다음 블록들이 실행되는 것이다.

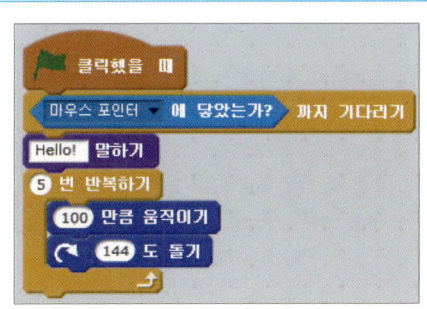 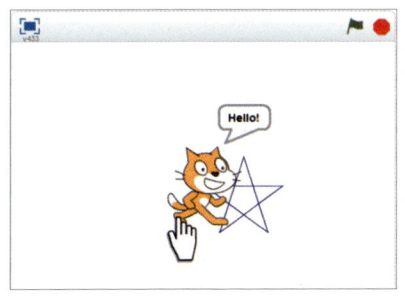

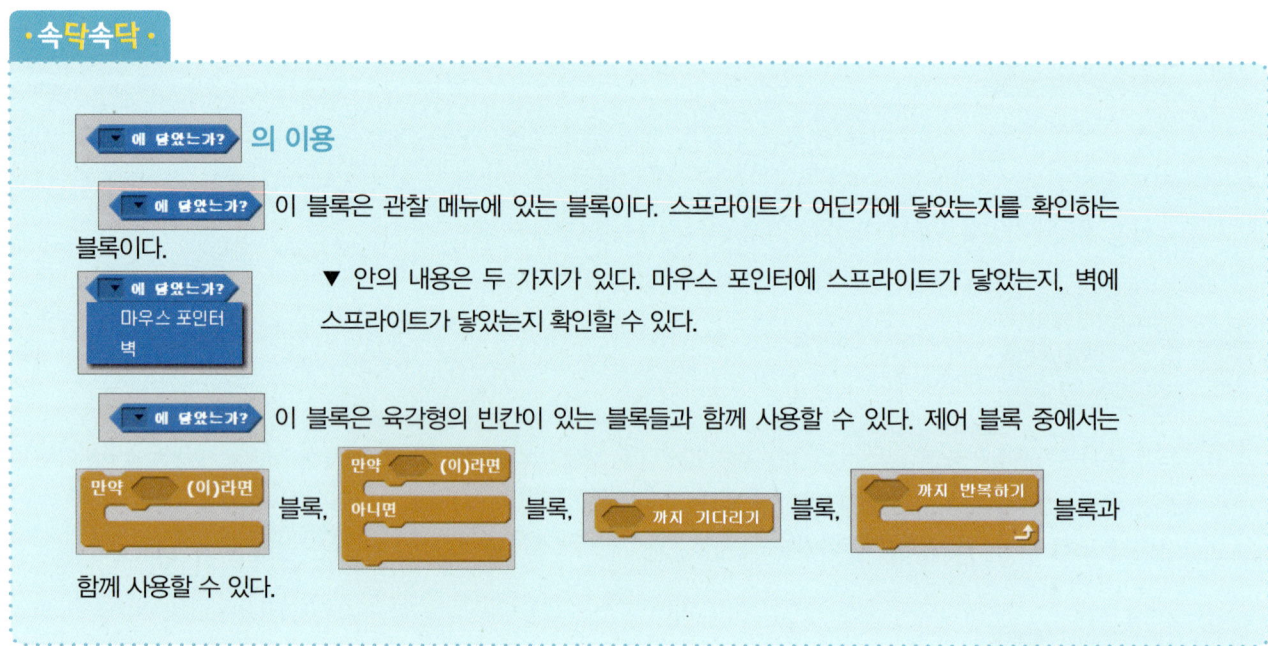

에 닿았는가?의 이용

이 블록은 관찰 메뉴에 있는 블록이다. 스프라이트가 어딘가에 닿았는지를 확인하는 블록이다.

▼ 안의 내용은 두 가지가 있다. 마우스 포인터에 스프라이트가 닿았는지, 벽에 스프라이트가 닿았는지 확인할 수 있다.

이 블록은 육각형의 빈칸이 있는 블록들과 함께 사용할 수 있다. 제어 블록 중에서는

만약 (이)라면 블록, 만약 (이)라면 아니면 블록, 까지 기다리기 블록, 까지 반복하기 블록과

함께 사용할 수 있다.

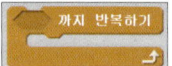

이 블록은 정해진 조건의 상황까지 반복하게 하는 기능을 가지고 있다. 정해진 조건이 성립하는지, 안하는지를 계속 확인한다. 그리고 그 조건이 될 때까지 이 블록 안의 블록들을 진행하게 된다. 그러다가 조건이 성립하면 다음 블록을 진행하게 된다. 예를 들어, '점수가 50점 이상이 될 때까지 공부하기'와 같은 상황을 만들 수 있지 않을까?

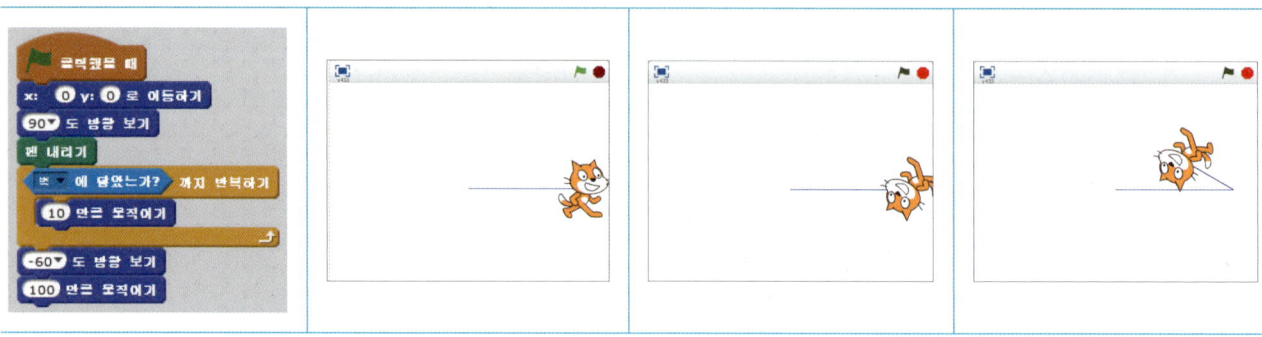

이 블록은 스프라이트의 모든 스크립트들을 멈추는 기능을 가지고 있다. 스크립트의 진행이 무한 반복되는 걸 원치 않을 때 사용하면 좋을 것이다. ▼ 안에는 '모두', '이 스크립트', '스프라이트에 있는 다른 스크립트'의 세 가지 메뉴가 들어있다.

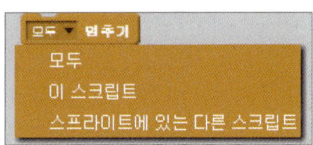

이 블록은 제어 스프라이트를 복제했을 때, 복제품에게 명령을 내리는 기능을 가지고 있다. 이 스크립트는 스프라이트가 복제되면 바로 다음 블록들을 진행시킨다.

이 블록은 스프라이트의 복제품을 만드는 기능을 가지고 있다. 나 자신을 복제할 수도 있고, 다른 스프라이트의 복제품을 만들 수도 있다.

이 블록은 현재의 복제품을 삭제하는 기능을 가지고 있다. 이 블록을 행동을 모두 다 마친 복제품의 스크립트 가장 밑에 두면, 복제품이 본인의 스크립트에 맞게 행동한 후에 사라지게 된다. 모든 복제품들은 프로그램이 멈추면 모두 자동으로 삭제된다.

각 블록에는 어떤 기능이 있는지 알아보자

 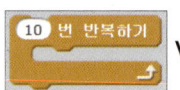 VS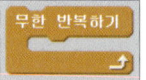

이 두 블록은 모두 블록 안에 들어있는 블록들을 반복 실행하게 하는 기능을 가지고 있다. 하지만 반복 횟수에 차이가 있다. 뿐만 아니라 블록의 모양을 잘 보면 모양이 다르다. 블록은 아래쪽에 다른 블록을 계속해서 연결할 수 있다. 하지만 블록은 이 동작을 계속해서 반복해야 하기 때문에 더 이상 밑에 다음 동작을 할 블록을 연결할 수가 없다.

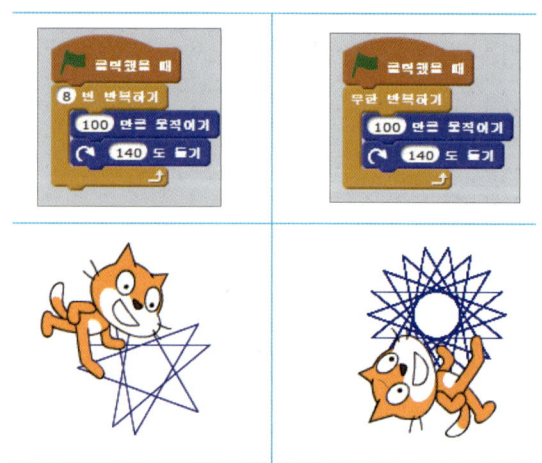

	10 번 반복하기	무한 반복하기
비슷한 점	• 블록 안의 블록들을 반복 실행한다.	
다른 점	• 정한 반복 횟수만큼 반복한다. • 이 블록 밑에 다른 블록을 연결할 수 있다.	• 무한 반복한다. • 이 블록 밑에 다른 블록을 연결할 수 없다.

각 블록에는 어떤 기능이 있는지 알아보자

이 두 블록은 모두 '만약 ~라면'이라는 조건이 맞을 경우, 이 블록 안의 블록들을 실행하는 기능을 가지고 있다. 그렇지만 두 번째 블록의 경우, 그 조건이 아닐 경우의 행동까지 지정해줄 수 있다. 조건이 성립하지 않을 경우, 두 번째 블록은 '아니면' 안에 들어있는 블록을 실행하게 되는 것이다.

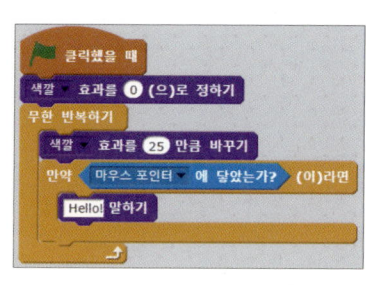 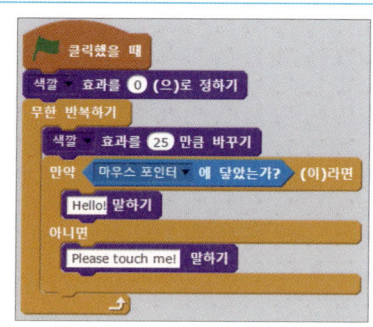

	만약 (이)라면	만약 (이)라면 / 아니면
비슷한 점	• 만약 ~라면'이라는 조건이 맞을 경우, 이 블록 안의 블록들을 실행한다.	
다른 점	• 조건이 성립하지 않을 경우, 이 블록과 상관이 없는 행동을 한다.	• 조건이 성립하지 않을 경우, '아니면'에 들어 있는 행동을 한다.

앞에서 배운 블록을 이용하여 알고리즘을 만들어 보자

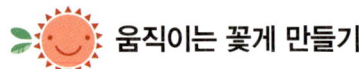 움직이는 꽃게 만들기

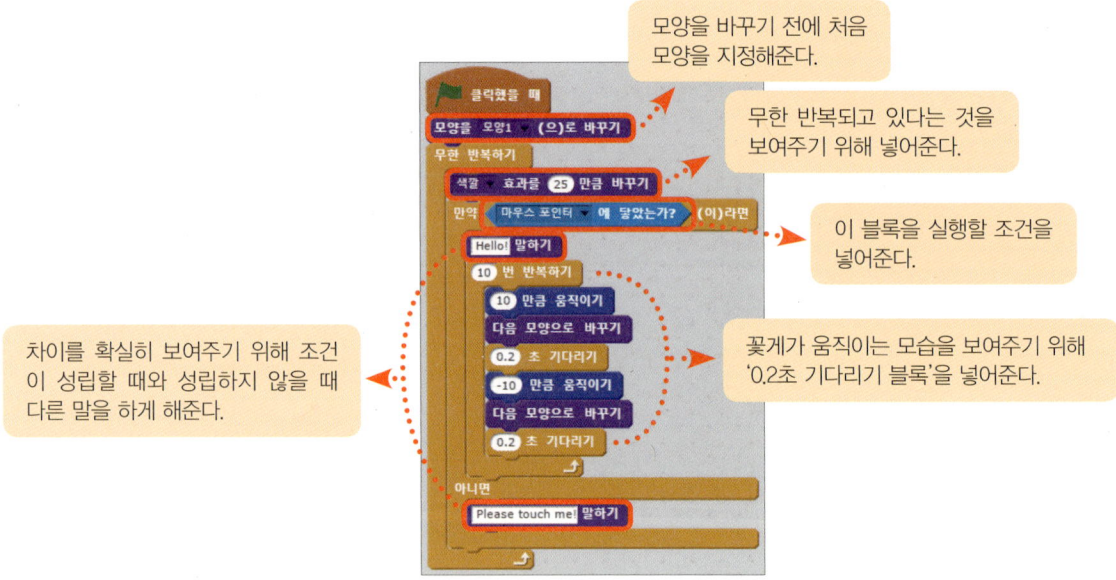

모양을 바꾸기 전에 처음 모양을 지정해준다.

무한 반복되고 있다는 것을 보여주기 위해 넣어준다.

이 블록을 실행할 조건을 넣어준다.

차이를 확실히 보여주기 위해 조건이 성립할 때와 성립하지 않을 때 다른 말을 하게 해준다.

꽃게가 움직이는 모습을 보여주기 위해 '0.2초 기다리기 블록'을 넣어준다.

- 스프라이트의 모양을 원하는 대로 바꿔 보자. 스프라이트의 모양은 어떻게 바꿀까?

- **무한 반복하기** 블록을 사용하여 계속해서 변화하는 모습을 표현해보자.

- **1 초 기다리기** 블록을 사용해보고, 사용하지 않은 경우와의 차이점을 확인하도록 한다.

- **만약 (이)라면 아니면** 블록을 사용하여 조건이 성립할 때와 성립하지 않을 때의 움직임을 다르게 해보자. 또한 **에 닿았는가?** 블록이나 **마우스를 클릭했는가?** 블록 등을 이용하여 조건을 정해보자.

- **만약 (이)라면** 블록을 사용하면 어떤 차이점이 있는지 직접 느껴 보자.

☀ 스프라이트 복제로 쌍둥이 만들기

첫 시작의 위치를 정해준다.

나를 복제한다.

원래의 스프라이트와 복제된 스프라이트가 같은 행동을 하도록 만들어준다.

복제된 스프라이트의 행동을 명령한다.

복제된 스프라이트를 삭제한다.

- 복제되었을 때 블록과 나 자신 ▼ 복제하기 블록을 이용하여 스프라이트의 복제품을 만들고 명령을 내려 보자.

- 이 복제본 삭제하기 블록을 이용하여 스프라이트의 복제품을 삭제해보자.

- 연산 메뉴의 1 부터 10 사이의 난수 블록을 이용하여 복제품의 위치가 무작위로 나올 수 있도록 해보자.

 생각 갈무리

지필문제

★ 아래 그림과 같이 가운데 있던 스프라이트가 오른쪽 끝까지 이동하고 동작을 멈추고자 한다. 가장 적절한 스크립트는 무엇인가? (   )

①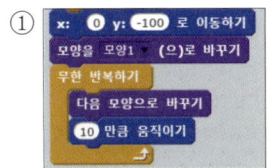

②

③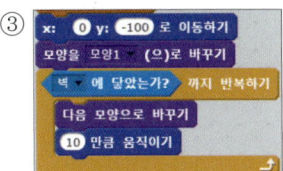

④

정답: ③

실습문제

★ 다음 조건들을 만족할 수 있는 스크립트를 완성하여 실행시켜 보자.

조건 1
스프라이트를 클릭하면 스프라이트가 복제되게 한다.

조건 2
복제된 스프라이트는 벽 쪽으로 이동하다가 벽에 닿으면 사라지게 한다.

조건 3
이때 효과음이나 그래픽 효과를 추가한다.

박테리아 잡기

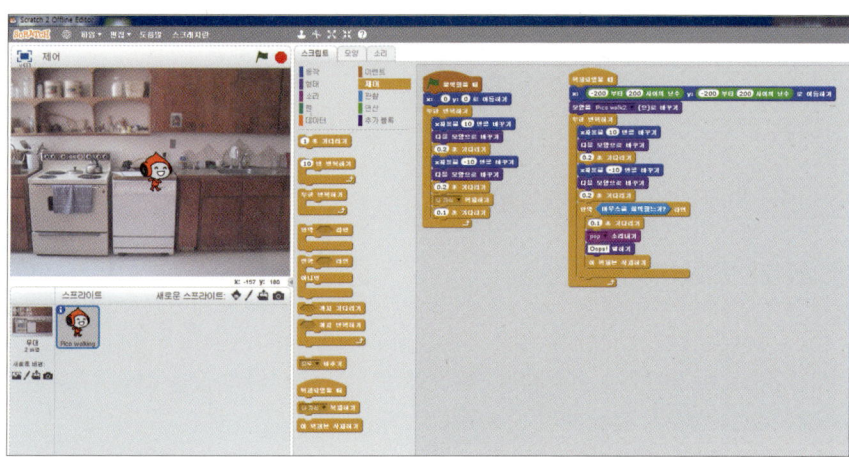

1 스프라이트와 무대 준비하기

▶ pico 스프라이트와 kitchen 무대 가져오기

• 새로운 스프라이트를 클릭하여 'pico'를 선택한다. 무대도 실내에서 'kitchen'을 골라준다.

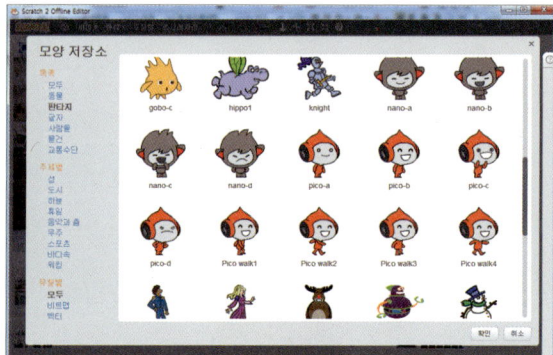

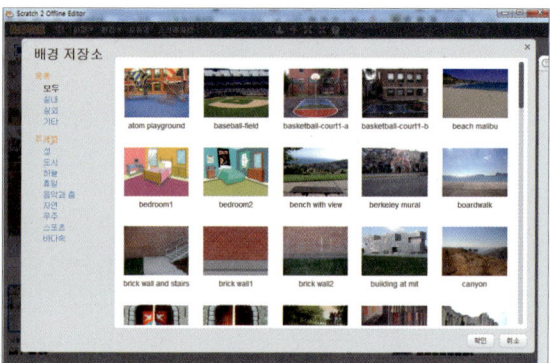

2 스프라이트 기본 움직임 설정하기

▶ 중심이 되는 스프라이트의 기본 값을 설정해주고, 움직임을 만들어준다. 그 후에 복제하기를 넣어준다.

• 스프라이트가 0.2초씩 기다려가며 모양을 바꾸는 것을 '무한 반복' 설정을 해준다.
또한 스프라이트가 0.1초에 한 번씩 복제품을 만들 수 있도록 설정한다.

3 스프라이트 복제품 움직임 설정하기

▶ 복제된 스프라이트들이 기본 스프라이트처럼 계속되는 움직임을 가질 수 있도록 설정한다.

• 복제된 스프라이트의 x좌표와 y좌표가 −200부터 200까지의 난수 중 하나의 값을 갖도록 설정한다. 그리고 기본 스프라이트처럼 모양을 바꾸는 것을 무한 반복하도록 해준다.

4 만약 마우스로 클릭한다면 사라지기

▶ 마우스를 클릭했을 때 스프라이트 복제품 삭제하기

• 마우스를 클릭했을 때 스프라이트의 복제품이 0.1초 기다렸다가 'pop'소리를 내고 'Oops!'라고 말한 후에 삭제될 수 있도록 해준다. 그리고 복제품의 '무한 반복하기' 블록 안에 넣으면 된다.

8장 달라진 점 알아차리기 • 관찰 블록

학습목표
- 스크래치 관찰 블록의 종류와 특징을 알 수 있다.
- 스크래치 관찰 블록의 사용 방법을 알 수 있다.

안녕하세요? 전 '관찰'이에요. 우리는 제어를 통해서 반복하거나 조건문을 만들어서 스프라이트를 조작할 수 있었어요. 조건문을 만들기 위해서는 특정 조건을 입력해 주어야 하죠? 이러한 조건이나 스프라이트의 상태에 대한 내용은 관찰 블록에서 같이 다뤄 보도록 할 거예요. 관찰 블록에 대해서 배우고 잘 사용할 수 있게 되면 여러분은 스프라이트의 현재 다양한 상태나 모습을 동작, 형태, 펜, 소리 등 다른 모든 블록에 조건이나 특정 값으로 활용할 수 있어요. 아래 그림에 제시되어 있는 형태 블록들을 보면서 각각의 블록들이 어떤 기능을 가지고 있을지 예상해 보세요.

★ 블록들을 살펴보고 블록이 어떤 기능을 가지고 있는지 예상할 수 있는 것에 동그라미 해보자.

각 블록에는 어떤 기능이 있는지 알아보자

이 블록은 '스프라이트가 마우스 포인터, 벽, 다른 스프라이트 등에 닿았을 때'라는 조건을 만들어 주는 기능을 가지고 있다. ▼(아래 화살표)를 클릭하면 마우스 포인터, 벽, 스프라이트를 선택할 수 있다.

·속닥속닥·

스크래치에서 사용되는 블록의 모양

- 스크래치에는 총 4종류의 블록이 있다. 각 블록의 모양과 쓰임새에 대해서 공부해보도록 한다.
- 각각의 블록은 서로 결합할 수 있는 모양이 있다.

블록 모양	쓰임새	결합되는 블록
클릭했을 때	이벤트 블록으로 스크립트를 시작하는 역할을 한다.	10 만큼 움직이기 위가 오목하고 아래가 볼록한 일반적인 블록과 결합된다.
10 만큼 움직이기	가장 일반적인 모양의 블록으로 위아래 서로 연결되어 순차적으로 명령어를 실행시킨다.	10 만큼 움직이기 위가 오목하고 아래가 볼록한 일반적인 블록과 결합된다. x좌표 타원형 모양의 블록을 숫자 값이나 문자 대신에 넣을 수 있다.
▼ 에 닿았는가?	조건을 나타내는 블록으로 주로 제어의 블록과 결합해서 조건문을 나타낸다.	만약 ⬡ 라면 양끝이 뾰족한 빈칸에 넣을 수 있다.
대답	특정한 값을 입력하는 대신에 블록을 넣어 그 값을 대신할 수 있다.	▼ 위치로 이동하기 10 만큼 움직이기 타원형의 블록은 네모 칸이나 같은 타원형 빈칸에 넣을 수 있다.

[■ 색에 닿았는가?]   [■ 색이 ■ 색에 닿았는가?]

이 블록은 '스프라이트가 특정 색깔에 닿았을 때'라는 조건을 만들어주는 기능을 가지고 있다. 두 블록은 '스프라이트가 특정 색에 닿았느냐?' '스프라이트의 특정 색깔이 다른 색에 닿았느냐?'라는 차이점을 가지고 있다. 뒤에서 더 자세히 살펴보도록 한다.

[▼ 까지 거리]

이 블록은 이 블록이 포함된 스프라이트와 마우스 포인터까지의 거리 혹은 다른 스프라이트와의 거리를 숫자 값으로 바꾸어 넣어주는 기능을 가지고 있다. ▼(아래 화살표)를 클릭하여 마우스 포인터나 다른 스프라이트로 바꾸어 보자.

[What's your name? 묻고 기다리기]   [대답]

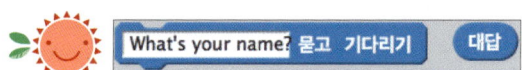 블록은 스프라이트가 질문을 하고 대답을 써 넣을 수 있는 창을 만들어 주는 기능을 가지고 있다. 이 블록을 실행시키면 아래 '속닥속닥'과 같이 블록에 입력된 문장을 스프라이트가 말을 하며 아래에 써 넣을 수 있는 대화창이 나타난다.

이 대화창에 숫자 값이나 문자를 넣으면 그 값이 [대답] 블록에 저장된다.

[대답] 블록은 위의 대화창에 써넣은 값을 다른 블록에서 문자나 숫자 값으로 나타내는 기능을 한다.

아래 '속닥속닥'을 보면서 다양한 사용 방법을 생각해보자.

·속닥속닥·

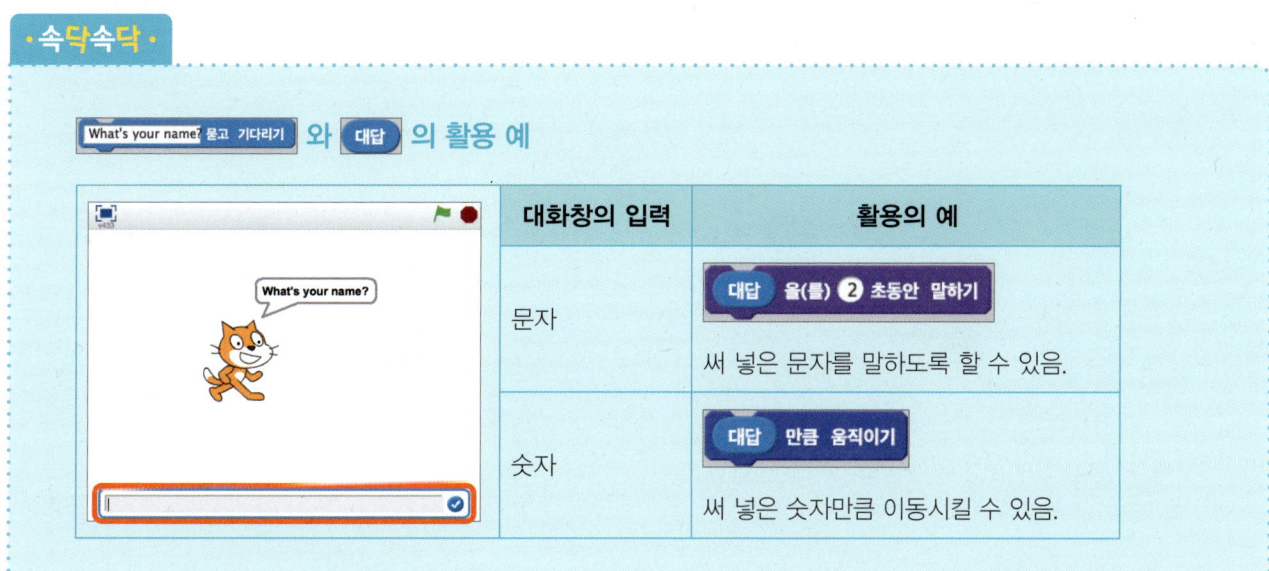

[What's your name? 묻고 기다리기] 와 [대답] 의 활용 예

대화창의 입력	활용의 예
문자	[대답 을(를) ② 초동안 말하기] 써 넣은 문자를 말하도록 할 수 있음.
숫자	[대답 만큼 움직이기] 써 넣은 숫자만큼 이동시킬 수 있음.

체크 박스의 활용

❶ □ 대답 대답 블록 앞의 체크 박스의 용도는 무엇일까?

이 체크 박스는 아래 그림처럼 동작에 3개, 형태에 3개, 소리에 2개, 그리고 관찰에 4개가 있다.

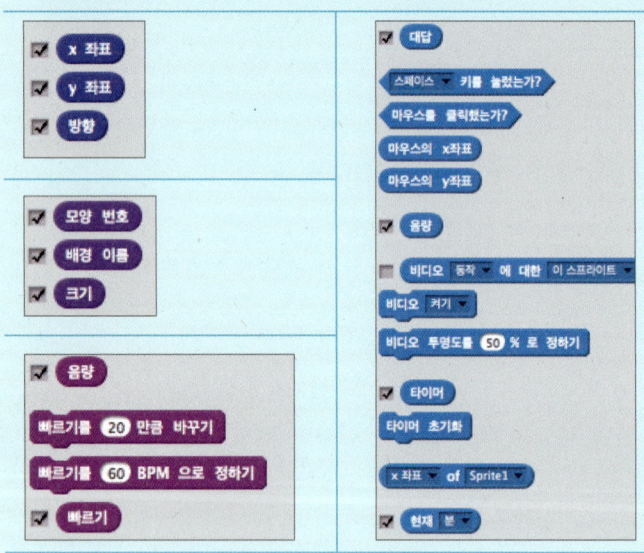

❷ 체크 박스를 클릭해보자. 무대에 대답 [   ]이 생기는 것을 확인할 수 있다.

각 체크 박스를 클릭하면 무대에 나와 있는 창에 어떤 값이 저장되어 있는지 실시간으로 보여준다. 예를 들어 What's your name? 묻고 기다리기 를 실행했을 때 나오는 대화창에 아래와 같이 이름을 쓰면 그 값이 대답 에 저장되고 저장된 값은 아래 그림과 같이 실시간으로 무대에 나타나게 된다.

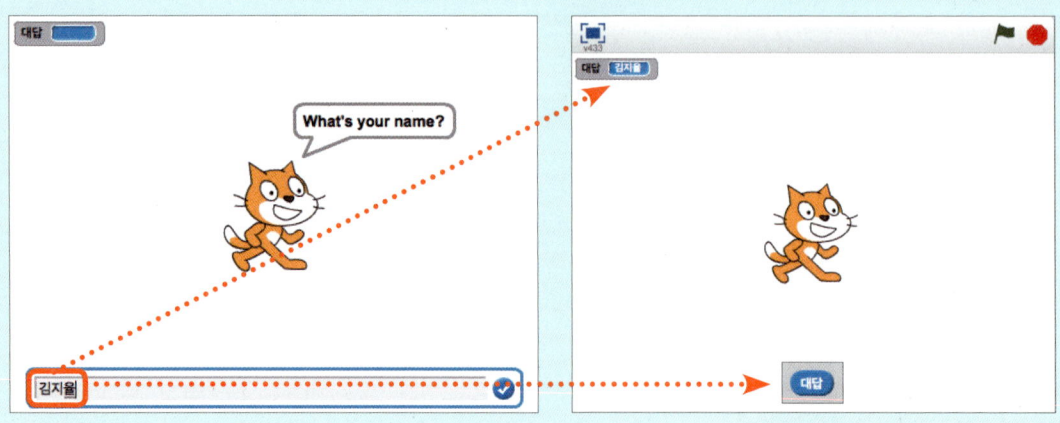

이 블록은 '키보드의 다양한 키를 눌렀을 때'라는 조건을 만들어 주는 기능을 가지고 있다. 위, 아래, 좌, 우 방향키와 스페이스 키, a~z 까지 알파벳, 0~9까지의 숫자 키들을 설정할 수 있다. ▼(아래 화살표)를 클릭하여 확인해보자.

마우스를 클릭했는가?

이 블록은 '마우스를 클릭했을 때'라는 조건을 만들어 주는 기능을 가지고 있다. 마우스 포인터가 무대 위 어디 있든지 클릭을 하면 조건이 실행된다.

마우스의 x좌표   마우스의 y좌표

이 블록은 마우스 포인터 위치의 좌표 값을 나타내는 기능을 가지고 있다.
x좌표는 −240~240까지, y좌표는 −180~180까지 숫자 값을 갖는다.

음량

이 블록은 컴퓨터의 마이크를 통해 들어가는 소리의 크기를 숫자 값으로 바꾸어 나타내는 기능이 있다. 앞서 배운 소리 블록과의 공통점과 차이점은 아래 표를 통해 확인해보자.

블록	공통점	차이점
음량	소리를 숫자 값으로 바꾸어 나타낸다.	스프라이트, 즉 컴퓨터가 밖으로 내는(out−put) 소리의 크기를 숫자 값으로 나타낸다.
음량		외부에서 마이크를 통해 컴퓨터로 들어가는(in−put) 소리의 크기를 숫자 값으로 나타낸다.

이 블록은 컴퓨터에 달려 있는 웹캠을 이용하여 스프라이트나 배경 화면 안에서 물체의 움직임과 방향을 숫자 값으로 나타내는 기능을 가지고 있다. ▼(아래 화살표)를 클릭해 보면  과 같이 값을 움직임으로, 혹은 방향으로 정할 수 있고 를 통해 관찰 범위를 스프라이트로 할 지, 무대로 할 지 정할 수 있다.

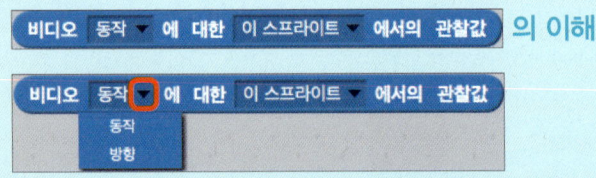 의 이해

• 앞의 ▼(아래 화살표)는 측정하고자 하는 값을 선택할 수 있다.
• 동작은 움직임의 정도를 나타내는 것이다. 카메라 안의 모든 사물이 멈춰있을 때 0의 값을 가지고, 움직임의 정도가 많고 커질수록 큰 숫자 값을 갖는다. 0~100까지의 숫자 값이 있다.
• 방향은 웹캠으로 감지되는 움직임의 방향을 나타내는 것이다. 아래 그림과 같이 스프라이트나 무대 속에서 화살표 방향으로 움직일 경우 움직임의 방향을 감지해서 −180~180 사이에 숫자 값을 갖게 된다.

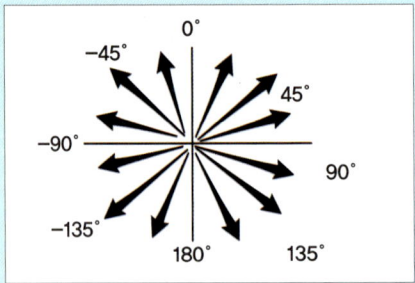

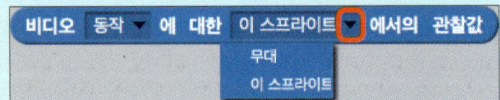

• 뒤의 ▼(아래 화살표)는 관찰하는 범위를 나타낸다.
• 이 스프라이트로 하는 경우, 스프라이트 안에서의 동작과 방향에 대해서 숫자 값을 갖는다. 스프라이트 밖 무대에서의 움직임에 대해서는 아무 값도 가지지 않는다.
• 무대로 하는 경우에는 위와 반대로 스프라이트 밖 무대에서의 움직임에 대해서 숫자 값을 가지게 된다.

　이 블록은 컴퓨터에 달려 있는 웹캠을 켜거나 끌 수 있고 화면을 좌우로 반전시킬 수 있는 기능을 가지고 있다. ▼(아래 화살표)를 클릭해 확인해 보자.

　이 블록은 웹캠을 통해서 스크래치 무대에 나오는 화면의 투명도를 바꿔주는 기능을 가지고 있다. 0~100까지의 숫자를 인식하고 숫자가 커질수록 카메라를 통해 무대에 나오는 화면이 투명해진다.

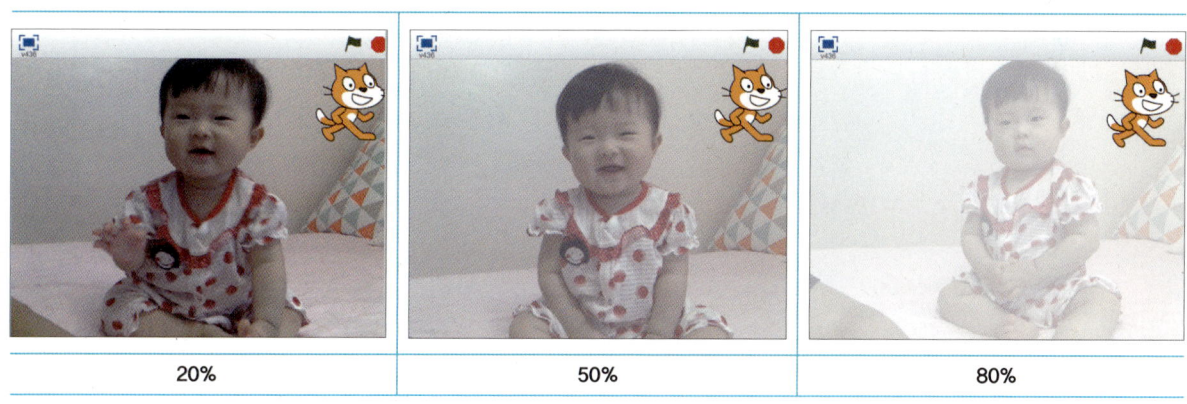

| 20% | 50% | 80% |

　이 블록은 스크래치 프로그램이 실행되고 난 뒤부터의 시간을 나타내 주는 기능을 가지고 있다. 이 클릭되거나 타이머 초기화 블록이 클릭되면 시간이 0부터 다시 시작된다.

　이 블록은 타이머 의 값을 0으로 바꿔주고 처음부터 다시 시간을 나타내 주는 기능을 가지고 있다.

이 블록은 스프라이트나 무대의 다양한 상태(xy좌표, 방향, 모양번호, 모양이름, 크기, 음량)을 나타내 주는 기능을 가지고 있다. ▼(아래 화살표)를 클릭해 확인해보자.

이 블록은 현재의 년, 달, 일, 요일, 시, 분, 초를 숫자 값으로 나타내 주는 기능을 가지고 있다. ▼(아래 화살표)를 클릭한 다음 확인해보자. 한 가지 궁금한 사항이 생길 것이다. 요일은 어떻게 숫자로 나타낼 수 있을까? 아래 표를 참고한다.

요일	월	화	수	목	금	토	일
숫자 값	2	3	4	5	6	7	1

이 블록은 2000년 이후로부터의 날짜수를 나타내 주는 기능을 가지고 있다. 소수점은 시간을 나타내는 것이다.

이 블록은 스크래치 웹 사이트(www.scratch.com/mit.edu)에 로그인한 아이디를 보여주는 기능을 가지고 있다. 오프라인 에디터에서는 동작하지 않고 웹 사이트 안에서만 작동한다.

비슷한 듯, 다른 듯

각 블록에는 어떤 기능이 있는지 알아보자

이 두 블록은 색이라는 같은 조건을 가지고 있지만 서로 기준이 다르다는 차이점을 가지고 있다. 아래 그림과 표를 보면서 차이점에 대해 생각해보자.

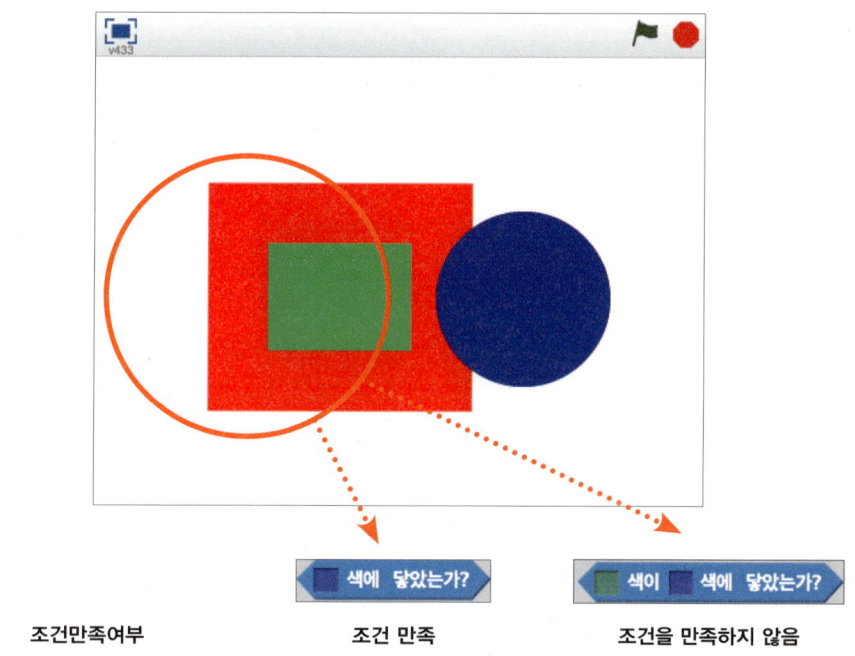

	🔹 색에 닿았는가?	🔹 색이 🔹 색에 닿았는가?
비슷한 점	• 스프라이트의 색을 기준으로 조건을 만든다.	
다른 점	• 스프라이트 전체가 기준이 되어 스프라이트의 일부분이라도 설정한 색에 닿으면 조건을 만족한다.	• 스프라이트 속 색의 일부분을 기준으로 하여 그 색이 설정한 다른 색에 닿았을 경우에만 조건을 만족한다.

앞에서 배운 블록을 이용하여 알고리즘을 만들어 보자

 스크래치 스프라이트와 대화하여 보자.

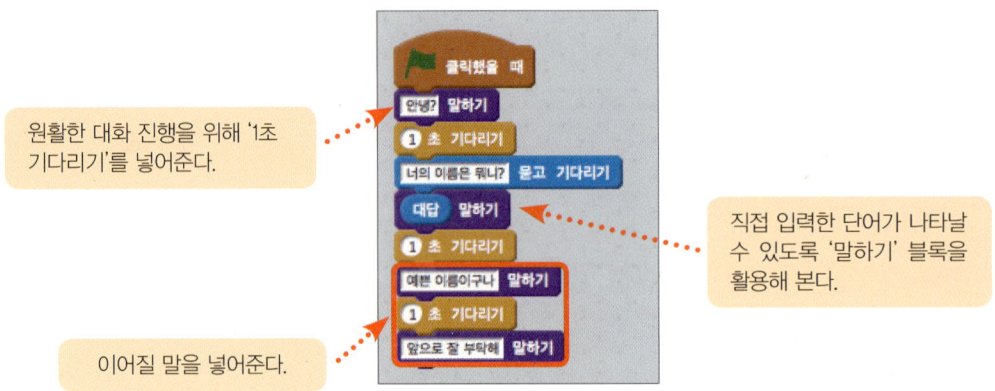

원활한 대화 진행을 위해 '1초 기다리기'를 넣어준다.

직접 입력한 단어가 나타날 수 있도록 '말하기' 블록을 활용해 본다.

이어질 말을 넣어준다.

- 묻고 기다리기 블록을 활용할 수 있는 다양한 방법에 대해 생각해보자.
- 이름을 묻는 질문 대신에 다른 문장을 넣어 보고 대화를 구상해보자.
- 묻고 기다리기를 활용하여 스프라이트를 이동시켜 보자.

 간지럼 타는 스프라이트를 만들어 보자.

스프라이트 안에서 움직임 값을 이용해보자.

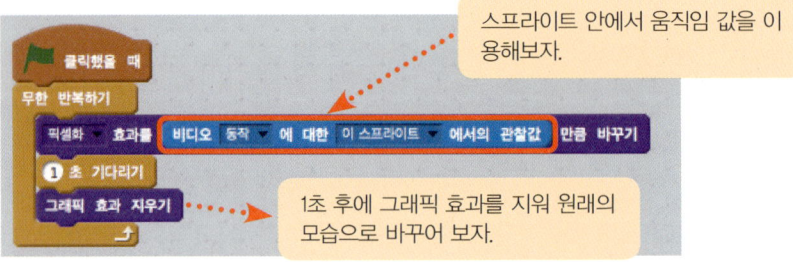

1초 후에 그래픽 효과를 지워 원래의 모습으로 바꾸어 보자.

- 위와 같이 스크립트를 구성하고 웹캠을 이용하여 스프라이트를 간지럽혀 보자.
- 비디오 동작 에 대한 이 스프라이트 의 체크 박스를 클릭하여 숫자 값이 어떻게 변하는지 알아보자.
- 만약 컴퓨터의 웹캠이 실행되지 않는다면 비디오 켜기 블록을 실행해보자.
- 위의 그림과 같이 스크립트를 구성하고 스프라이트 주변에서 손을 움직여 보자. 그리고 어떻게 변화하는지 살펴보자.
- 스프라이트 크기를 크게 혹은 작게 해보고 다시 실행해보자.

생각 갈무리

지필문제

★ | 마우스 포인터 ▼ 까지 거리 | 블록과 결합되지 않는 블록은 어느 것인가? (　　)

① | 모양을 모양2 ▼ (으)로 바꾸기 | ② | 0.25 박자 쉬기 | ③ | 90▼ 도 방향 보기 | ④ | 만약　　라면 |

정답: ④

실습문제

★ 다음 조건들을 만족할 수 있는 스크립트를 완성하여 실행시켜 보자.

조건 1

제어 블록과 관찰 블록을 결합하여 특정한 조건이 충족되면 이동하는 스프라이트를 만든다.

조건 2

2개의 스프라이트를 만들어서 이동하는 스프라이트가 서로 만났을 때, 대사가 나오도록 만든다.

쥐를 잡자

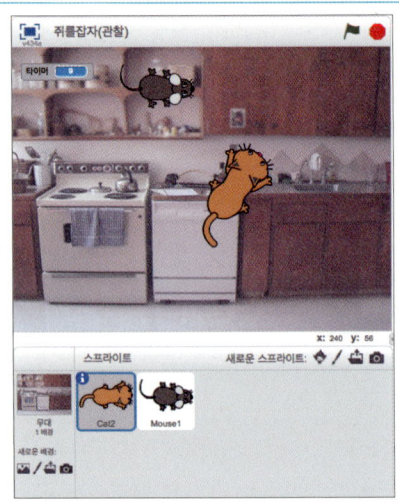

1 스프라이트 준비하기

▶ 스프라이트와 무대 가져오기

- 주인공 스프라이트로 사용할 Cat2와 Mouse1 배경으로는 Kitchen을 가져오도록 한다.

2 마우스를 따라 움직이기

▶ cat2 스프라이트 움직이기

• 마우스 쪽으로 움직일 수 있도록 이동하기에 마우스의 x 좌표, y좌표를 넣어 준다.

> ① 초 동안 x: 마우스의 x좌표 y: 마우스의 y좌표 으로 움직이기

▶ 마우스 방향 보기 및 움직임 완성하기

• '마우스 포인터 쪽 보기'를 쌓아 항상 마우스 방향으로 보고 움직일 수 있도록 해준다.

3 시간 제한 만들기

▶ 타이머를 이용해 시간 제한 만들기

• 연산의 [> 30] 블록을 이용해 30초가 지나면 time over와 함께 스프라이트가 멈출 수 있게 해준다.

> 만약 타이머 > 30 라면
> time over 을(를) ③ 초동안 말하기
> 모두 ▼ 멈추기

4 고양이 움직임 마무리 하기

▶ 스크립트 마무리

• 프로젝트가 시작될 때 타이머를 초기화 하여 스크립트를 마무리 해준다.

> 🏴 클릭했을 때
> 타이머 초기화
> 무한 반복하기
>   마우스 포인터 ▼ 쪽 보기
>   ① 초 동안 x: 마우스의 x좌표 y: 마우스의 y좌표 으로 움직이기
>   만약 타이머 > 30 라면
>   time over 을(를) ③ 초동안 말하기
>   모두 ▼ 멈추기

5 쥐를 잡기

▶ 쥐 잡는 스크립트 만들기

 Cat2	클릭했을 때 무한 반복하기 　만약 〈 Mouse1 ▼ 에 닿았는가? 〉 라면 　　meow2 ▼ 재생하기 　　catch 을(를) 1 초동안 말하기	Cat2 스프라이트가 Mouse1에 닿으면 사라질 수 있게 해 준다. 효과음과 대사를 넣어 준다.
 Mouse1	클릭했을 때 무한 반복하기 　만약 〈 Cat2 ▼ 에 닿았는가? 〉 라면 　　숨기기	Mouse1 스프라이트가 Cat2 스프라이트를 만나면 사라지게 해준다.

6 쥐 스프라이트 등장 시키기

▶ 무작위로 등장시키기

• 연산의 [-240 부터 240 사이의 난수] 블록을 이용해 쥐가 무작위의 위치에서 나타날 수 있게 해준다.

```
클릭했을 때
무한 반복하기
    보이기
    x: -240 부터 240 사이의 난수  y: -160 부터 160 사이의 난수 로 이동하기
    2 초 기다리기
```

9장 계산해서 사용하기 • 연산 블록

학습목표

- 스크래치 연산 블록의 종류와 특징을 알 수 있다.
- 스크래치 연산 블록의 사용 방법을 알 수 있다.

안녕하세요? 전 '연산'이에요. 여기까지 오다니 대단해요! 동작부터 관찰까지 많은 부분을 배웠어요. 스크래치를 많이 다뤄봤는데, 동작, 형태, 특히 제어 블록들을 사용할 때 뭔가 답답하다는 생각을 하지 않았나요? 일일이 숫자 값을 입력하거나 논리 값을 입력할 때 다른 방법을 찾고 싶지 않았나요? 여러분의 이런 바람이 이루어질 수 있도록 지금부터 제가 속해 있는 '연산' 블록에 대해서 설명해 줄게요. 연산 블록에 대해서 배우고 잘 사용할 수 있게 되면 여러분은 숫자 값과 논리 값을 이용할 수 있어요. 조건을 줄 때나 스프라이트의 움직임을 정할 때 편리해져요. 아래 그림에 제시되어 있는 연산 블록들을 보면서 각각의 블록들이 어떤 기능을 가지고 있을지 예상해 보세요

★ 블록들을 살펴보고 각 블록에 어떤 기능이 있는지 예상할 수 있는 것에 동그라미 해보자.

생각 열기 : 하나하나 꼼꼼하게!

각 블록에는 어떤 기능이 있는지 알아보자

이 블록은 숫자 사칙연산 계산 값을 나타내는 기능을 가지고 있다. 블록이 각각 따로 존재하지만 블록 하나를 이용해서 네 가지를 다 만들 수 있다. 이 블록을 사용하면 다른 블록의 숫자 값 넣는 칸에 넣을 수 있다. 이 블록을 사용하는 방법과 네 가지 블록의 연관성을 아래 '속닥속닥'을 통해 확인해보자.

·속닥속닥·

 의 이용

이 블록에 대해서 정확하게 이해하기 위해서 직접 스크립트를 나타내어 보자.

❶ 이 블록을 사용하는 방법

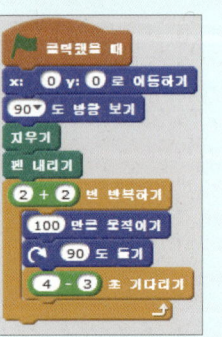 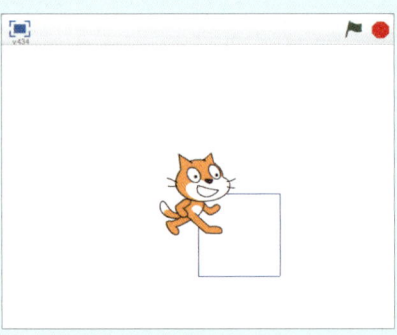 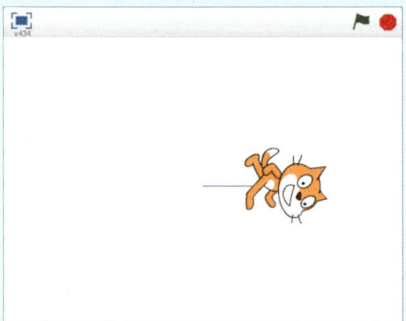

이 블록을 사용하면, 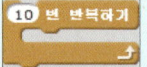 블록의 숫자 칸에 ⟨2 + 2⟩ 블록을 넣어 '2+2'인 4번 반복하게 할 수

있다. 또한 ⟨1 초 기다리기⟩ 블록의 숫자 칸에 ⟨4 - 3⟩ 블록을 넣어 '4-3'인 1초를 기다리게 할 수 있다.

❷ 네 가지 블록의 연관성 알기

⟨○ + ○⟩ 블록 위에서 오른쪽 버튼을 누르면 메뉴가 나온다.
그리고 그 메뉴에서 ⟨+⟩, ⟨−⟩, ⟨*⟩, ⟨/⟩를 선택할 수 있다.

`1 부터 10 사이의 난수`

이 블록은 주어진 범위 안에서 무작위로 숫자를 뽑아내는 기능을 가지고 있다. 예를 들어, 범위를 '1부터 10까지'로 정한다면 나오는 숫자가 1일 수도, 5일 수도, 7일 수도 있게 되는 것이다. 이 블록은 다른 블록의 숫자 값 넣는 빈 칸에 넣어서 사용할 수 있다.

★ 맨 처음에 x좌표는 0, y좌표는 150으로 이동하게 한다. 10번을 반복하는데, 펜을 내린 상태에서 10부터 100까지의 난수만큼 움직이게 해주는 것이다. 그 후 0.5초를 기다렸다가 x좌표는 그대로, y좌표는 -30씩 바꿔준다. 그리고 0.5초를 기다린다. 0.5초를 기다리는 이유는 스크립트의 진행을 천천히 보기 위해서이다. 오른쪽 그림에서 보듯이 나오는 선은 각각 길이가 다르다. 10부터 100 사이의 난수만큼 움직였기 때문이다.

`< ` `= ` `> `

이 블록은 등호와 부등호를 이용하여 논리 값을 비교하고 표현하는 기능을 가지고 있다. 또 이 블록은 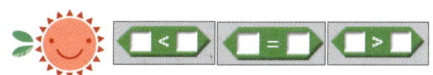 블록과 같이 육각형 모양으로 되어 있는 빈칸에 넣어서 사용한다. 블록이 각각 따로 존재하지만 블록 하나를 이용해서 세 가지를 다 만들 수 있다. 이 블록을 사용하는 방법과 세 가지 블록의 연관성을 아래 '속닥속닥'을 통해 확인해보자.

 의 이용

이 블록에 대해서 정확하게 이해하기 위해서 직접 스크립트를 나타내어 보자.

❶ 이 블록을 사용하는 방법

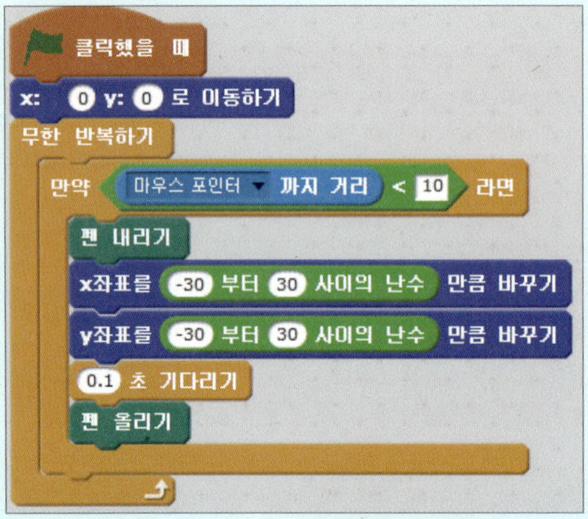

```
클릭했을 때
x: 0 y: 0 로 이동하기
무한 반복하기
    만약  마우스 포인터 ▼ 까지 거리 < 10  라면
        펜 내리기
        x좌표를 -30 부터 30 사이의 난수 만큼 바꾸기
        y좌표를 -30 부터 30 사이의 난수 만큼 바꾸기
        0.1 초 기다리기
        펜 올리기
```

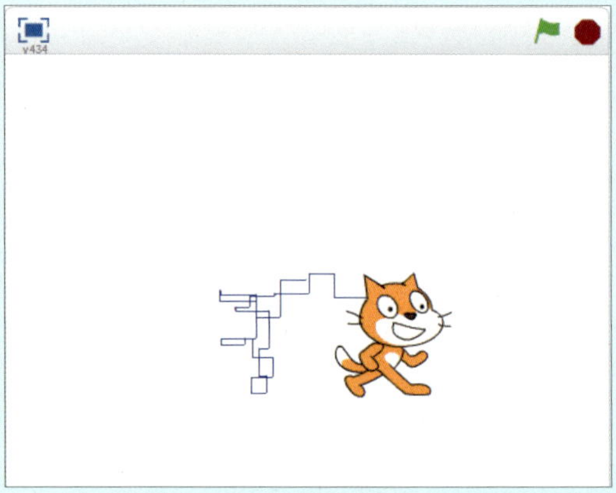

이 블록을 사용하면,  만약 ⬡ 라면 블록의 빈칸에  마우스 포인터 ▼ 까지 거리 < 10 블록을 넣어 마우스 포인트까지의 거리가 10보다 작다면 블록들이 실행되게 할 수 있다. 그러면 오른쪽 그림처럼 마우스를 가까이 댔을 때 움직이게 된다.

❷ 세 가지 블록의 연관성 알기

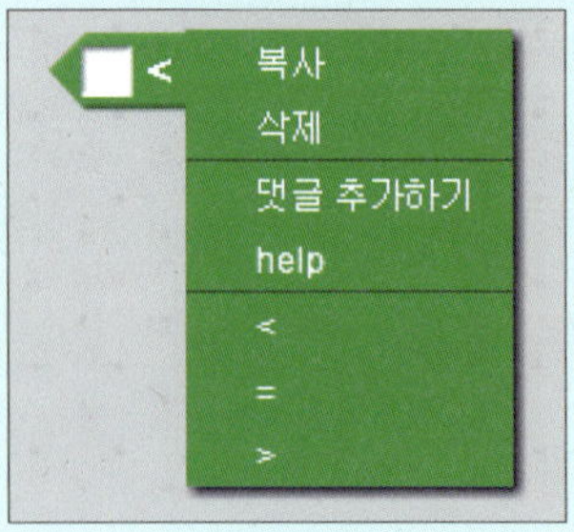

```
□ <     복사
        삭제
        댓글 추가하기
        help

        <
        =
        >
```

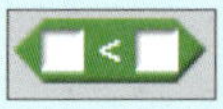

◀ < ▶ 블록 위에서 오른쪽 버튼을 누르면 메뉴가 나온다.
그리고 그 메뉴에서 <, =, >를 선택할 수 있다.

그리고

이 블록은 양쪽 조건이 다 맞았을 때의 논리 값을 나타낸다. 양쪽이 모두 충족되었을 때 '참'으로 진행이 된다. 수학에서의 '교집합 개념'이라고 보면 이해하기 쉽다.

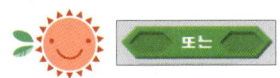

이 블록은 두 조건 중 하나라도 맞았을 때의 논리 값을 나타낸다. 첫 번째 조건이 참이거나 두 번째 조건이 참일 때 '참'으로 진행된다. 수학에서의 '합집합 개념'이라고 보면 이해하기 쉽다.

이 블록은 조건이 거짓일 때 참이 되는 논리 값을 나타낸다. 예를 들어 <대답 < 10> 블록을 <아니다> 블록의 빈칸에 넣으면 대답이 10보다 크거나 같은 게 참이 되는 것이다.

이 블록은 문자열들을 결합해주는 기능을 가지고 있다. 빈 칸에 [hello world 결합하기] 블록처럼 문자열들을 직접 넣어줄 수도 있고, [1 부터 10 사이의 난수 x 좌표 결합하기] 블록처럼 숫자 값이나 논리 값, 변수 등을 넣어서 결합할 수도 있다.

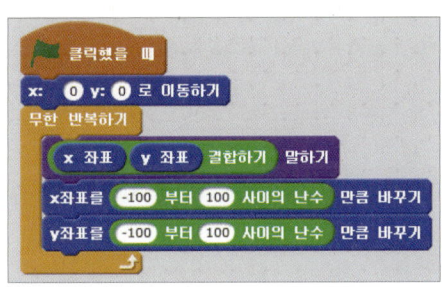

★ x좌표와 y좌표가 −100부터 100 사이에서 계속 바뀌게 해준 뒤, [hello world 결합하기] 블록을 사용하여 계속 x좌표와 y좌표를 말하게 만들어 주었다.

이 블록은 문자열의 특정 위치의 글자를 나타내주는 기능을 가지고 있다. 예를 들어, 'teacher'의 3번째 글자는? 이라고 물어본다면 'a'가 되는 것이다.

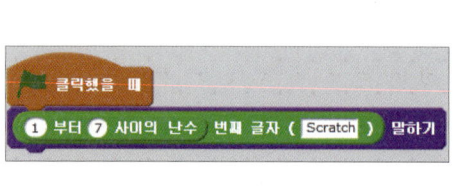

★  블록을 (1 번째 글자 (world)) 의 첫 번째 빈칸에 넣고, ( )부분의 빈칸에 Scratch 를 넣었다.  블록이 실행되었을 때 Scratch라는 7개의 문자로 된 글자에서 1부터 7번째 중 하나의 글자를 말하게 만들었다.

 world 의 길이

이 블록은 문자열의 길이를 나타내 주는 기능을 가지고 있다. 예를 들어, 'water'을 빈칸에 적으면 'w, a, t, e, r'의 5개의 문자로 이루어져 있기 때문에 '5'라는 값으로 나오게 된다.

★ 블록이 실행되었을 때 world 의 길이 초 동안 말하게 만들었다.

 나누기 의 나머지

이 블록은 첫 번째 숫자를 두 번째 숫자로 나눈 뒤의 나머지 값을 나타낸다. 만약 앞의 숫자가 10이고 뒤의 숫자가 5라면, 10을 5로 나누고 난 뒤의 나머지 값은 0이 될 것이다.

★  블록의 첫 번째 빈칸에 10, 두 번째 빈칸에 4를 넣어 주었다. 10÷4=2…2 이 므로 스프라이트는 나머지 값인 '2'를 말하게 된다.

이 블록은 소수를 적었을 때 반올림해서 숫자 값을 나타내주는 기능을 가지고 있다. 만약 빈칸에 '26.8'을 주게 된다면, 이 블록의 결과 값은 '27'이 된다. 그리고 만약 '52.4'를 주게 된다면, 블록의 결과 값은 '52'가 되는 것이다.

이 블록은 함수를 계산해주는 기능을 가지고 있다. 이 블록에 대고 오른쪽 버튼을 누르면 다른 메뉴들이 나오게 된다. 사인함수(sin) 값, 코사인함수(cos) 값 등을 보여줄 수 있다.

각 블록에는 어떤 기능이 있는지 알아보자

이 두 블록은 모두 조건들을 결합하여 확인하고 판단하는 기능을 가지고 있다. 하지만 조건들을 결합하여 확인하여 참인지 거짓인지 판단하는 기준이 다르다. 그리고 블록은 두 가지 조건 모두 성립할 때 참이 되고, 또는 블록은 두 가지 조건 중 하나가 성립할 때 참이 된다.

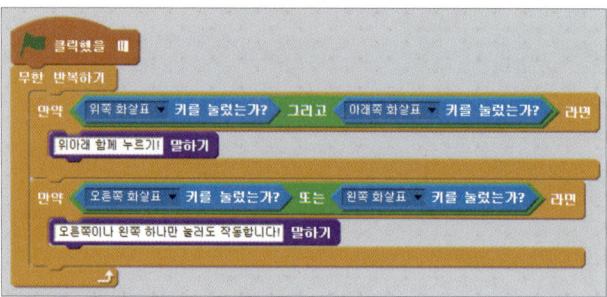

★ 위쪽 화살표 키와 아래쪽 화살표 키를 함께 누를 때만 조건이 참이 된다.

★ 오른쪽 화살표 키나 왼쪽 화살표 키 둘 중 하나만 눌러도 조건이 참이 된다.

	그리고	또는
비슷한 점	• 조건 여러 개를 결합하여 조건문을 만든다.	
다른 점	• 두 조건이 모두 참일 때 조건이 참이 되어 성립한다.	• 두 조건 중 하나만 참이어도 조건이 참이 되어 성립한다.

앞에서 배운 블록을 이용하여 알고리즘을 만들어 보자

 **좋아하는 영단어의 특정 위치에 있는 글자 맞히기**

```
클릭했을 때
무한 반복하기
    좋아하는 영어 단어는??? 묻고 기다리기
    단어 ▼ 을(를) 대답 로 정하기
    위치 ▼ 을(를) 1 부터 단어 의 길이 사이의 난수 로 정하기
    대답 의 결합하기 위치 번째의 글자는? 결합하기 결합하기 묻고 기다리기
    만약 대답 = 위치 번째 글자 ( 단어 ) 라면
        정답! 을(를) 위치 의 길이 초동안 말하기
    아니면
        실패...... 을(를) 위치 의 길이 초동안 말하기
    1 초 기다리기
```

- 깃발을 클릭했을 때 `What's your name? 묻고 기다리기` 블록을 사용한다.

- `무한 반복하기` 블록을 사용하여 계속해서 질문을 하도록 만들어 본다.

- `단어 ▼ 을(를) 대답 로 정하기` 블록을 사용하여 첫 번째 답을 변수로 정해본다.

- `위치 ▼ 을(를) 0 로 정하기` 블록을 사용해서 글자의 몇 번째 위치를 고를지 결정한다.
  이때, `1 부터 10 사이의 난수` 블록과 `world 의 길이` 블록을 이용한다.

- `hello world 결합하기` 블록을 사용하여 '대답의 위치 번째의 글자는?'이라고 물어본다.

- `1 번째 글자 ( world )` 블록과 `□ = □` 블록을 사용하여 조건문을 완성한다.

움직이는 사인함수(sin) 그래프 만들기

- **클릭했을 때** 블록을 클릭했을 때 x좌표가 −210, y좌표가 −50인 곳으로 이동하게 한다.

- **지우기 / 펜 내리기 / 펜 색깔을 (으)로 정하기** 블록들을 통해 초기화를 한다.

- **무한 반복하기** 블록을 이용해서 스프라이트가 계속해서 사인(Sin) 그래프를 그릴 수 있도록 한다.

- x좌표가 바뀔 때, y좌표가 x좌표에 맞게 사인(Sin) 그래프를 그릴 수 있도록 **sin (9)** 블록을 사용한다.

- 벽에 닿았거나 스페이스 키를 눌렀을 때, 다른 행동을 할 수 있도록 **또는** 블록을 이용해서 조건문을 만들어준다.

- 펜 색깔을 20부터 50 사이의 난수로 바꾸고, x좌표와 y좌표를 바꿔준 후 새로운 사인(Sin) 그래프를 계속해서 그릴 수 있도록 한다.

생각 갈무리

지필문제

★ 다음 중 클릭했을 때 출력되는 값이 다른 하나는 어느 것인가? (　　　　)

① `10 + 20`　　　② `10 < 20`　　　③ `2 * 15`　　　④ `40 - 10`

정답: ②

실습문제

★ 다음 조건들을 만족할 수 있는 스크립트를 완성하여 실행시켜 보자.

조건 1

형태의 말하기 블록을 이용하여 연산이 이루어진 것을 눈으로 확인하게 한다.

조건 2

`○ + ○` 블록이나 다른 사칙연산 블록을 사용한다.

조건 3

`그리고` 블록이나 `또는` 블록을 사용한다.

연산 퀴즈 풀기!

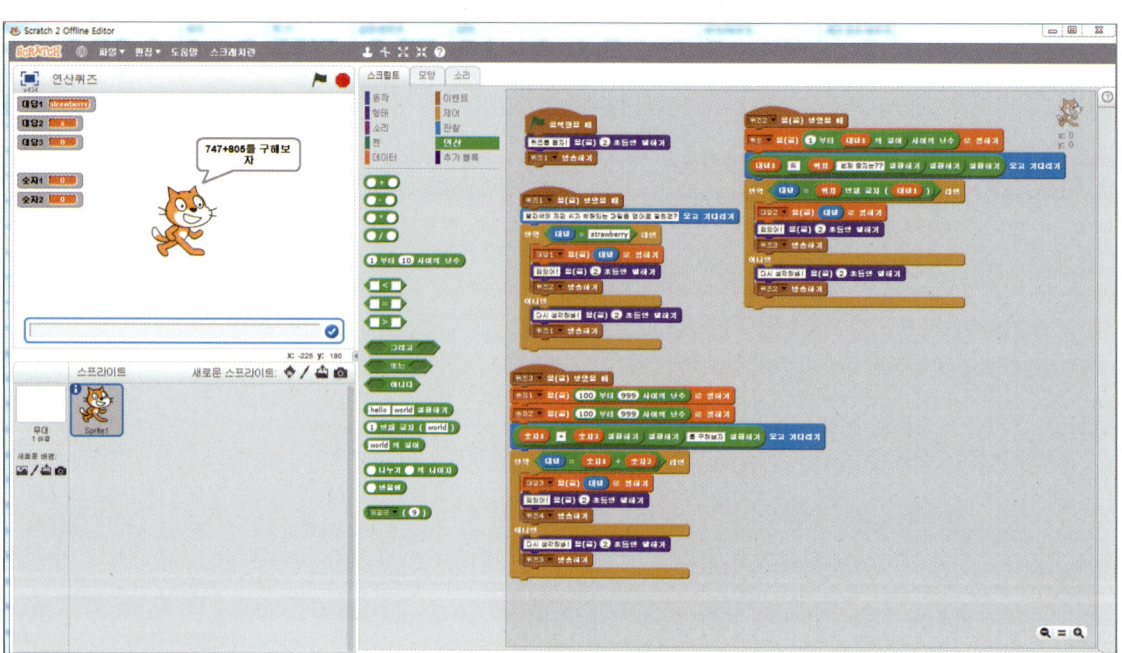

1 스프라이트 준비하기

▶ '퀴즈를 풀자' 말하고 '퀴즈 1' 방송하기

• 스프라이트가 '퀴즈를 풀자!'라고 2초 동안 말하게 해준 뒤 '퀴즈 1'을 방송한다.

2 퀴즈 1 풀기

▶ 원하는 문제를 묻고 대답에 따른 반응 설정하기

• 물어보고 싶은 질문을 묻고 기다려 준다. 그 후, '만약 ~라면, 아니면' 블록을 사용하여 대답에 따른 반응을 설정해 준다. 만약 대답이 맞는다면, 그 대답을 '대답 1'이라는 변수를 만들어서 저장한다.그리고 '퀴즈 2'를 방송한다. 답이 틀리면 '퀴즈 1'을 다시 풀게 한다.

3 퀴즈 2 풀기

▶ 퀴즈 2를 받았을 때, 두 번째 질문을 하고 대답에 따른 반응 설정하기

• 대답 1의 '위치' 번째 글자를 찾는 질문을 하게 된다. '위치'는 1부터 대답 1 길이 사이의 난수로 변수를 저장해준다. 만약 대답이 원하는 정답이라면 대답을 '대답 2'의 변수로 저장해주고, '퀴즈 3'을 방송해준다. 아니면 다시 '퀴즈 2'를 방송하게 된다.

4 퀴즈 3 풀기

▶ 퀴즈 3을 받았을 때, 세 번째 질문을 하고 대답에 따른 반응 설정하기

• '숫자 1'과 '숫자 2'라는 변수를 100부터 999 사이의 난수로 정해서 변수로 정해준다. 그 후 '숫자 1'과 '숫자 2' 변수의 합을 구하는 질문을 한다. 정답이 맞으면 '퀴즈 4'를 방송하고, 틀리면 '퀴즈 3'을 다시 방송하게 된다.

10장 정보 창고 · 데이터 블록

학습목표
- 스크래치 데이터 블록의 종류와 특징을 알 수 있다.
- 스크래치 데이터 블록의 사용 방법을 알 수 있다.

안녕하세요? 전 '데이터'예요. 여러분, 앞에서 연산 블록들을 이용해 다양한 수식을 계산하고 활용해 보았나요? 이번에는 다양한 정보들을 스크래치에 저장하고 정렬하고 바꾸어볼 거예요. 데이터 블록은 크게 두 가지로 나눌 수 있어요. 무엇이든 담을 수 있는 그릇과 같은 '변수'와 변수를 순서대로 나열해 둔 모임인 '리스트'가 있어요. 데이터 블록에 대해서 배우고 잘 사용할 수 있게 되면 여러분은 게임을 만들어서 점수를 저장할 수도 있고 여러분이 원하는 정보를 저장하고 구별할 수 있어요. 아래 그림에 제시되어 있는 형태 블록들을 보면서 각각의 블록들이 어떤 기능을 가지고 있을지 예상해 보세요.

★ 블록들을 살펴보고 각 블록에 어떤 기능이 있는지 예상할 수 있는 것에 동그라미 해보자.

 **생각 열기** : **하나하나 꼼꼼하게!**

각 블록에는 어떤 기능이 있는지 알아보자

변수 만들기

변수란 무엇이든지 담을 수 있는 그릇과 같다. 그릇에 담는 물체에 따라 그릇 용도가 바뀌듯이 변수도 변수 안에 숫자 혹은 문자, 다른 기타 정보가 저장이 되면 그 정보에 맞는 용도로 사용된다.

이 블록은 변수를 만들어주는 기능을 가지고 있다. 변수의 다양한 블록을 사용하기 위해서는 우선 이 블록을 이용하여 변수를 만들어 주어야 한다. 이 블록을 이용하면 자신이 원하는 이름의 변수를 만들고 그 변수에 저장된 내용을 무대 위에 보여줄 수 있다. 아래 '속닥속닥'을 보며 변수를 같이 만들어 본다.

·속닥속닥·

변수 시작하기

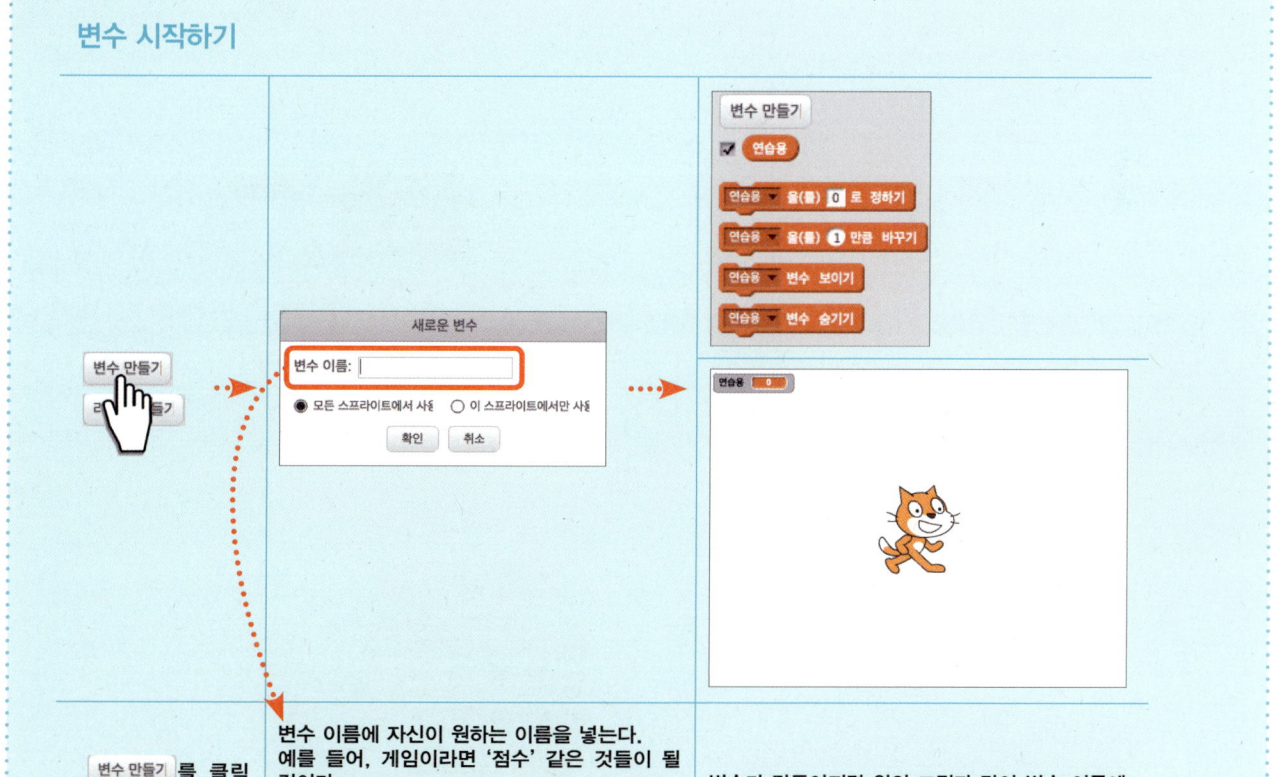

여러 개의 변수 만들기

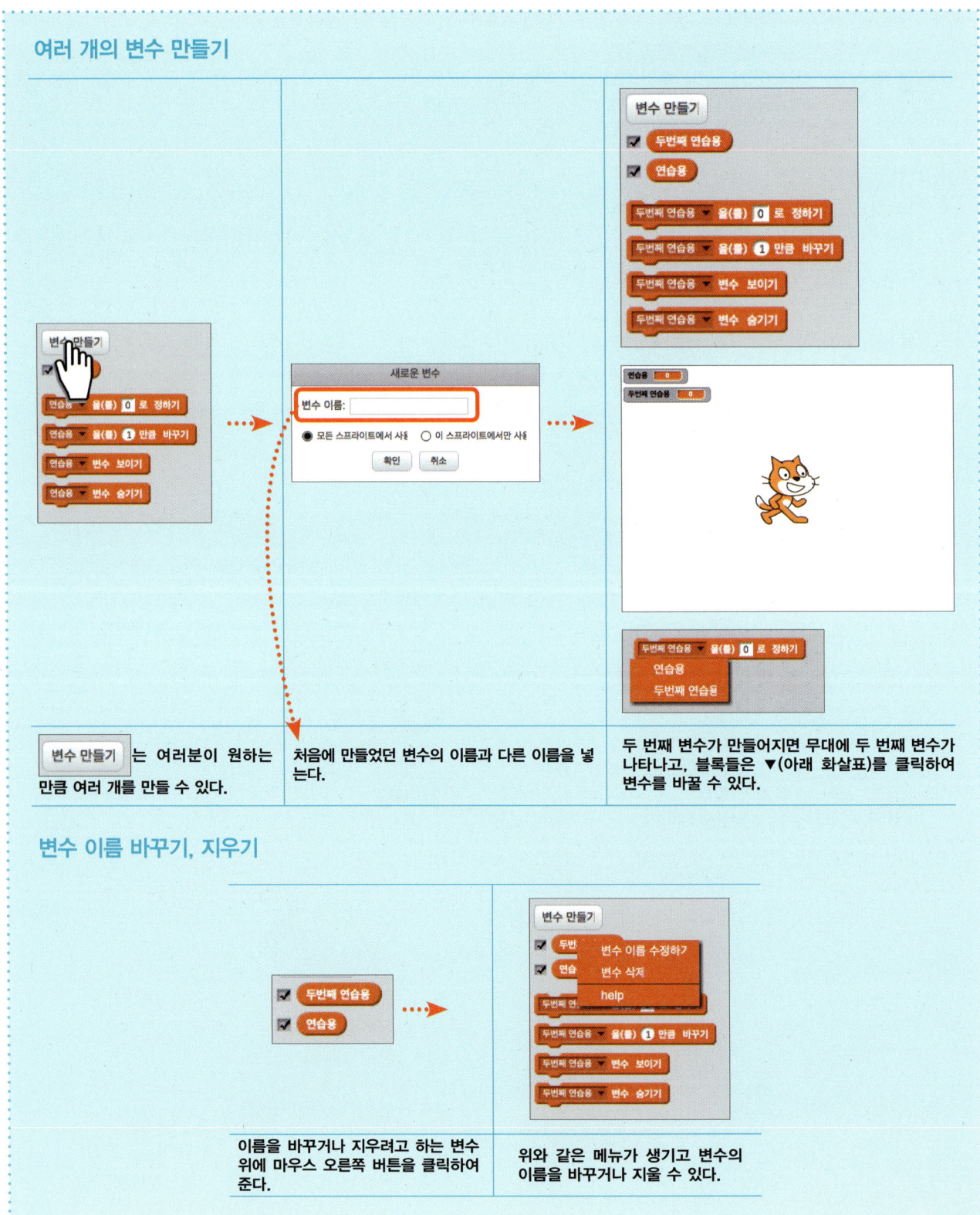

변수 만들기 는 여러분이 원하는 만큼 여러 개를 만들 수 있다.

처음에 만들었던 변수의 이름과 다른 이름을 넣는다.

두 번째 변수가 만들어지면 무대에 두 번째 변수가 나타나고, 블록들은 ▼(아래 화살표)를 클릭하여 변수를 바꿀 수 있다.

변수 이름 바꾸기, 지우기

이름을 바꾸거나 지우려고 하는 변수 위에 마우스 오른쪽 버튼을 클릭하여 준다.

위와 같은 메뉴가 생기고 변수의 이름을 바꾸거나 지울 수 있다.

연습용

이 블록은 저장된 변수 값을 활용할 수 있도록 해주는 기능을 가지고 있다. 변수에 숫자가 저장되어 있다면 숫자를 나타내는 블록이 되고 문자가 저장되어 있다면 그 문자를 가지는 블록이 된다.

·속닥속닥·

❶ □ 연습용 체크 박스

변수 앞에는 '관찰' 블록에서 배웠던 체크 박스가 있다. 다른 블록들과 같이 변수도 체크 박스를 통해 무대에 값을 표시하거나 숨길 수 있다.

❷ 변수 나타내는 방법 바꾸기

무대의 변수 값을 더블 클릭하거나 마우스 오른쪽을 클릭하면 무대에 나타나는 변수 값을 3가지 형태로 바꾸거나 숨길 수 있다.

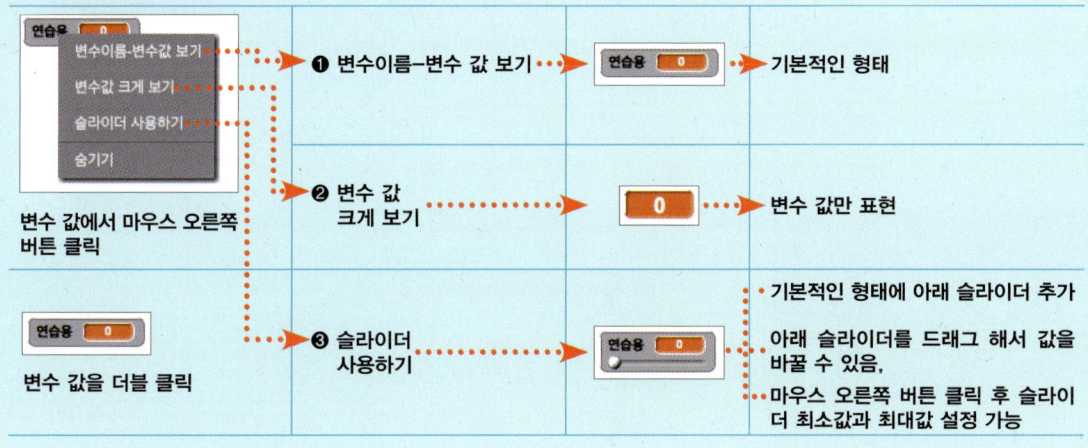

연습용 을(를) 0 로 징하기

이 블록은 선택한 변수에 숫자 값이나 문자 값을 바로 적용해 주는 기능을 가지고 있다. 이 블록을 실행하기 전에 있었던 값 대신에 새로운 값을 저장하는 블록이다.

이 블록은 변수에 저장되어 있는 숫자 값을 누적시켜 변화시키는 기능을 가지고 있다. 앞의 정하기 블록과 다른 점은 다른 블록들과 마찬가지로 원래 있던 값을 바꾸는 게 아닌 누적된 변화를 나타낸다는 점이다.

이 블록들은 스크립트 속에서 무대의 변수를 보이거나 숨기는 기능을 가지고 있다. 앞에서 배웠던 체크 박스를 이용해 변수를 나타내거나 숨기는 것과의 차이는 뒤에서 더 자세히 공부해보도록 한다.

리스트란 변수들을 순서대로 묶어둔 변수의 모임이라고 할 수 있다. 우린 앞에서 변수를 무엇이든 담을 수 있는 그릇에 비유했다. 리스트는 변수 그릇을 보관하는 선반과 같은 개념이라고 할 수 있다.

이 블록은 리스트를 만들어 주는 기능을 가지고 있다. 여러 개의 변수를 순서대로 담을 수 있는 공간을 만들어 준다고 할 수 있다. 리스트를 만들거나 지우는 방법은 변수와 같다. 다만 한번 만들어진 리스트는 이름을 바꿀 수 없다는 것을 명심하자! 아래 '속닥속닥'을 통해 만들어진 리스트에 대해 더 자세히 알아보자.

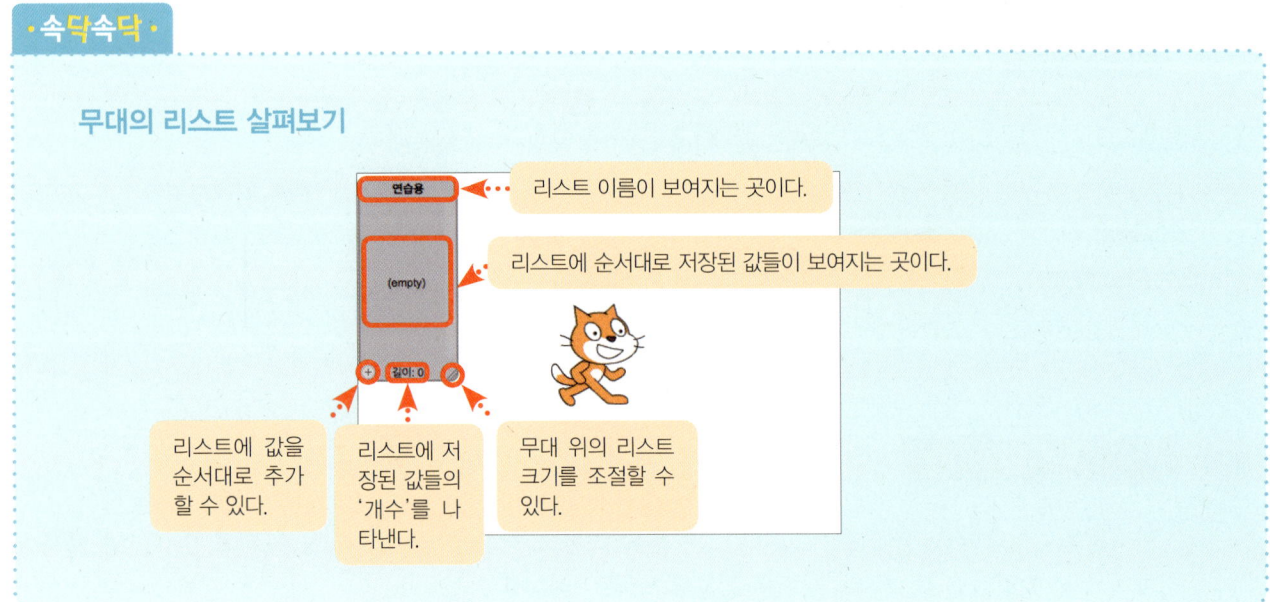

이 블록은 리스트에 저장된 모든 값을 활용할 수 있도록 해주는 기능을 가지고 있다.

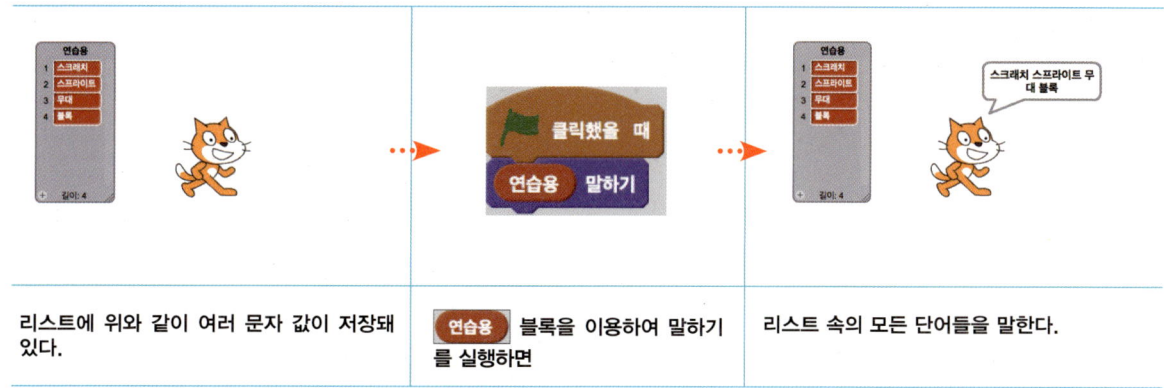

리스트에 위와 같이 여러 문자 값이 저장돼 있다.	연습용 블록을 이용하여 말하기를 실행하면	리스트 속의 모든 단어들을 말한다.

·속닥속닥·

❶ 연습용 **체크 박스**

리스트도 체크 박스를 통해 무대에 값을 표시하거나 숨길 수 있다.

❷ 무대의 리스트 조작하기

무대에 있는 리스트를 직접 클릭하여 값을 추가, 수정할 수 있고 다양한 작업을 할 수 있다.

리스트에는 입력한 순서대로 번호와 함께 값이 저장된다.

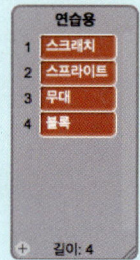

각 값을 더블 클릭해서 수정하거나 삭제할 수 있다.

무대의 리스트에서 마우스 오른쪽 버튼을 클릭하면 리스트에 저장된 값을 텍스트 문서로 저장하거나 텍스트 문서에 저장된 값을 불러올 수 있고 리스트 창을 숨길 수도 있다.

이 블록은 숫자나 문자를 리스트의 맨 마지막에 추가시켜 주는 기능을 가지고 있다. 항상 리스트의 마지막 순서에 추가된다는 점이 중요하다.

이 블록은 리스트의 특정 순서에 있는 값을 지워주는 기능을 가지고 있다. 아래 그림과 같이 중간 값을 지우면 뒤에 있는 값들이 차례로 다시 순서를 채우게 된다.

4개의 값이 리스트에 순서대로 저장되어 있다.

블록으로 3번째 항목을 삭제하면

4번에 있던 '블록' 값이 3번으로 자리를 채우게 된다.

▼(아래 화살표)를 클릭하면 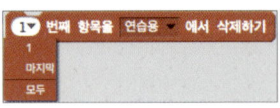 삭제할 내용을 1번째, 마지막, 모두의 값을 선택하여 삭제할 수도 있다.

이 블록은 리스트에 순서대로 값을 넣는 게 아닌 특정 순서에 문자나 숫자 값을 추가해주는 기능이 있다.

4개의 값이 리스트에 순서대로 저장돼 있다.

리스트의 2번째에 thing을 추가하면

2번 자리에 thing이 추가되고 나머지 블록들은 한 칸씩 밀리게 된다.

▼(아래 화살표)를 클릭하면 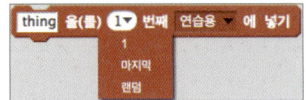 추가할 위치를 첫 번째, 마지막, 랜덤(리스트의 순서 안에서 임의의 아무 곳이나)하게 설정할 수 있다.

이 블록은 특정 순서에 있는 값을 블록에서 입력한 다른 값으로 바꿔주는 기능을 가지고 있다.

4개의 값이 리스트에 순서대로   리스트의 2번째를 thing으로 바꾸면   2번 자리에 있던 스프라이트가
저장돼 있다.   thing으로 바뀌게 된다.

▼(아래 화살표)를 클릭하면  추가할 위치를 첫 번째, 마지막, 랜덤(리스트의

순서 안에서 임의의 아무 곳이나)으로 설정할 수 있다.

이 블록은 리스트 안의 특정 순서에 있는 값을 나타내어 주는 기능을 가지고 있다. 다른 블록들과 합쳐
리스트 안의 값을 활용할 수 있다.

이 블록은 리스트 안에 저장된 항목의 개수를 숫자로 나타내어 주는 기능을 가지고 있다. 숫자 값으로
활용되어 다른 블록들과 합쳐서 사용할 수 있다.

이 블록은 리스트 속에 입력된 숫자나 문자가 포함되어 있는가에 대한 조건을 만들 수 있도록 해주는 기능을
가지고 있다. 주로 제어의 블록들과 합쳐서 사용한다.

리스트 ▼ 리스트 보이기   리스트 ▼ 리스트 숨기기

이 블록들은 스크립트 속에서 무대의 리스트를 보이거나 숨기는 기능을 가지고 있다. 다음의 '비슷한 듯
다른 듯'에서 더 자세히 공부해 보도록 한다.

각 블록에는 어떤 기능이 있는지 알아보자

변수와 리스트 앞의 체크 박스와 두 블록은 무대에서 변수와 리스트를 보이게 하거나 숨길 수 있다는 공통점이 있다. 하지만 사용하는 방법과 사용하는 상황이 다르다.

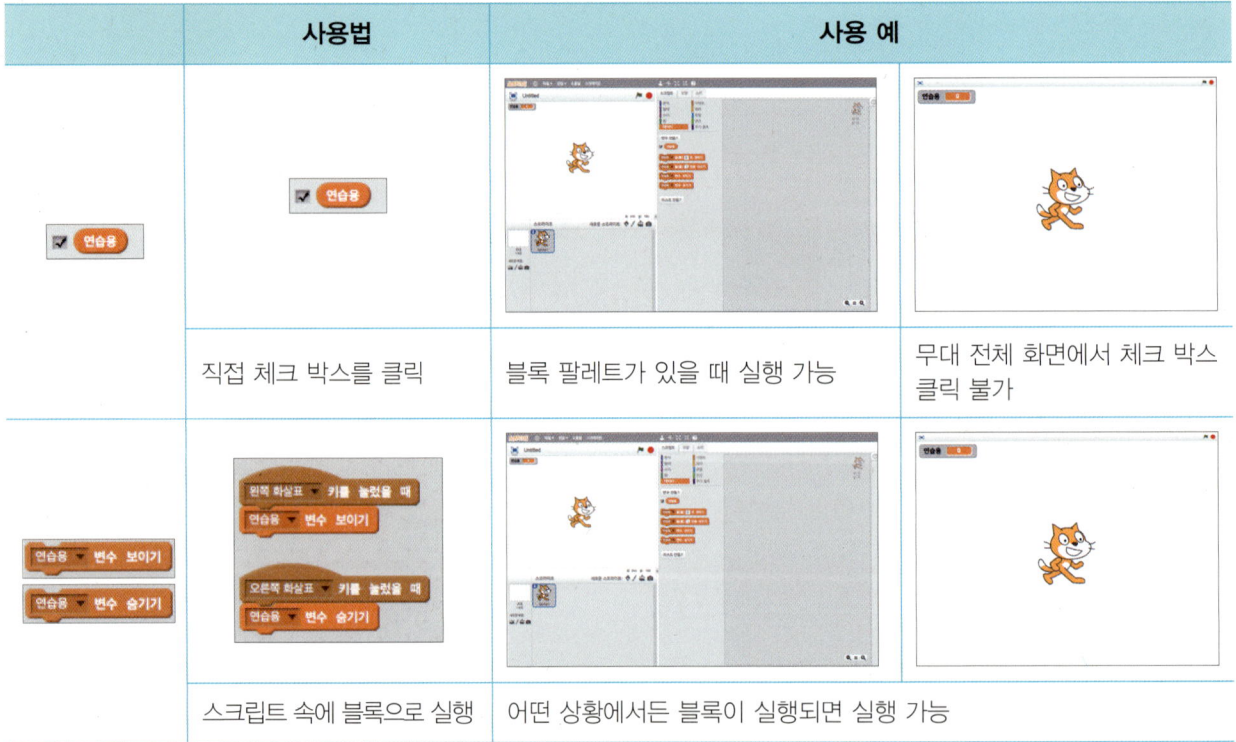

	사용법	사용 예	
	직접 체크 박스를 클릭	블록 팔레트가 있을 때 실행 가능	무대 전체 화면에서 체크 박스 클릭 불가
	스크립트 속에 블록으로 실행	어떤 상황에서든 블록이 실행되면 실행 가능	

	☑ 연습용	연습용 ▼ 변수 보이기 연습용 ▼ 변수 숨기기
비슷한 점	• 무대의 변수나 리스트를 보이게 하거나 숨길 수 있다.	
다른 점	• 체크 박스를 클릭해야 변수나 리스트를 보이게 하거나 숨길 수 있다. • 무대를 전체 화면으로 바꾸었을 때는 체크 박스를 클릭할 수 없다.	• 스크립트 속에 블록을 넣어서 변수나 리스트를 보이게 하거나 숨길 수 있다. • 블록을 사용하기 때문에 무대를 전체 화면으로 바꾸었을 때에도 사용이 가능하다.

앞에서 배운 블록을 이용하여 알고리즘을 만들어 보자

 **20초가 지나면 야옹 소리가 나는 타이머 만들기**

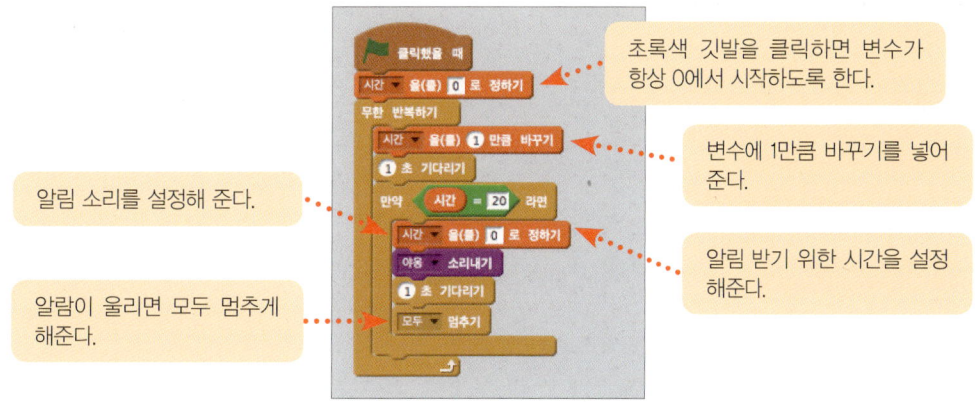

초록색 깃발을 클릭하면 변수가 항상 0에서 시작하도록 한다.

변수에 1만큼 바꾸기를 넣어 준다.

알림 받기 위한 시간을 설정해준다.

알림 소리를 설정해 준다.

알람이 울리면 모두 멈추게 해준다.

- '시간' 이라는 이름의 변수를 만들고 블록을 쌓은 다음 초록색 깃발을 클릭하여 보자.
- 변수를 타이머로 사용할 수 있는 원리에 대해 생각해보자.
- 시간을 바꾸어서 실행하여 보자.

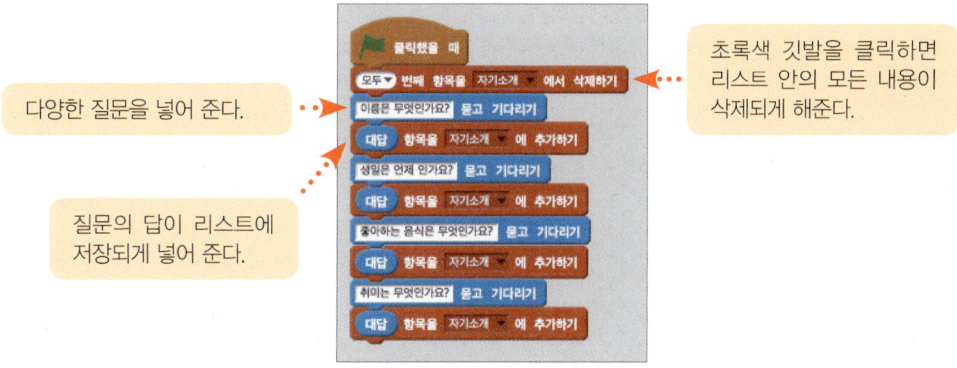 **설문조사 질문지 만들기**

다양한 질문을 넣어 준다.

질문의 답이 리스트에 저장되게 넣어 준다.

초록색 깃발을 클릭하면 리스트 안의 모든 내용이 삭제되게 해준다.

- '자기소개'라는 리스트를 만들고 블록을 쌓아 보자.
- What's your name? 묻고 기다리기 / 대답 를 이용하여 다양한 질문을 만들고 대답을 리스트에 지장하여 보자.
- 리스트에 저장된 값을 어떻게 활용하면 좋을지 생각해보자.

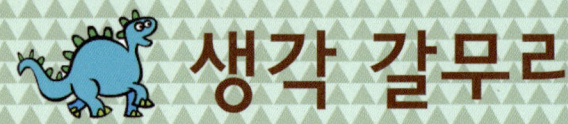

생각 갈무리

지필문제

★ 다음 중 블록에 대한 설명으로 틀린 것을 고르시오. (   )

① `연습용 ▼ 을(를) 0 로 정하기` : 숫자 값만 넣어야 하며 변수에 숫자 값 변화를 누적해 준다.

② `thing 항목을 연습용 ▼ 에 추가하기` : 리스트에 순서대로 문자나 숫자 값을 저장해 준다.

③ `연습용 ▼ 리스트의 항목 수` : 리스트 안에 저장된 값의 개수를 나타낸다.

④ `연습용 ▼ 리스트 보이기` : 무대의 리스트를 나타나게 해준다.

정답: ①

실습문제

★ 다음 조건들을 만족할 수 있는 스크립트를 완성하여 실행시켜 보자.

조건 1
이동하는 여러 스프라이트를 만든다.

조건 2
변수에 숫자를 넣어 점점 이동 속도가 빨라지는 스프라이트를 만든다.

조건 3
스프라이트가 특정 위치에 도착하면 걸린 시간을 리스트에 저장한다.

끝말잇기 문제 만들기!

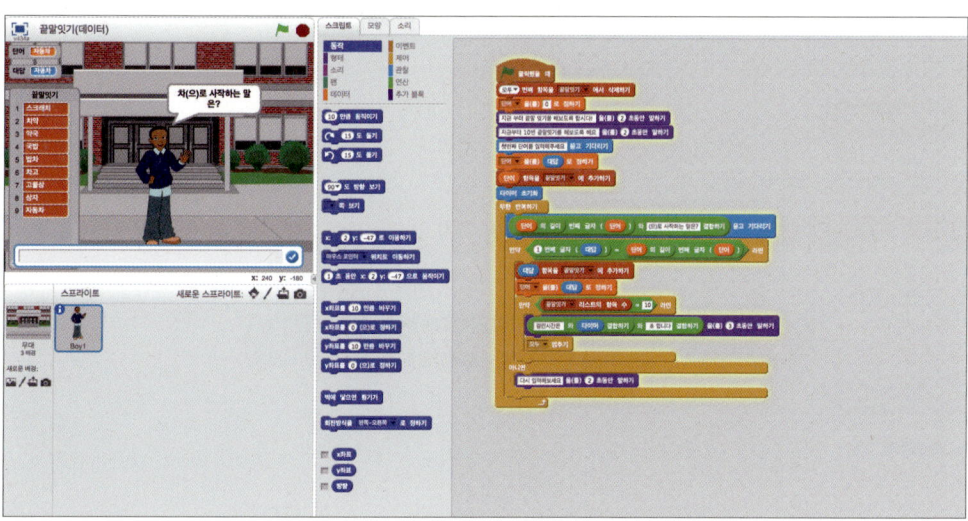

1 스프라이트 준비하기

▶ 주인공 스프라이트와 무대 가져오기

• 끝말잇기에 어울리는 스프라이트 'Boy1'과 배경 'School2'를 만들어 준다.

2 끝말잇기 시작 스크립트 만들기

▶ 질문 넣기

• 아래와 같이 스크립트를 구성하여 시작하는 말을 넣고, 첫 번째 단어를 '묻고 기다리기'를 통해 입력할 수 있게 해준다.

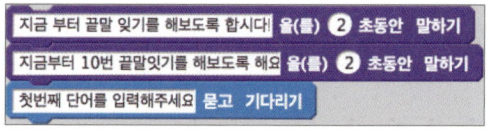

▶ 단어를 변수와 리스트에 추가하기

• '묻고 기다리기'를 통해 입력한 단어가 변수에 저장이 되고 변수가 다시 리스트에 저장될 수 있게 블록을 쌓아 준다.

▶ 시간 측정하기

• 첫 번째 단어가 입력되고 난 뒤부터 시간을 측정할 수 있게 타이머를 초기화 해준다.

3 이어지는 말 묻기

▶ **마지막 끝나는 말 나타내는 블록 만들기**

- 변수에 저장된 `단어` 의 마지막에 있는 글자를 나타내기 위해 `10 번째 글자 ( )` 를 이용한다.
- `단어 의 길이` 길이 블록과 합쳐서 단어의 마지막 글자의 순서를 숫자로 나타낼 수 있다.
- `단어 의 길이 번째 글자 ( 단어 )` 단어의 마지막 글자를 나타내는 스크립트가 완성이 되었다.

▶ **마지막 글자와 이어지는 말 묻기**

- `( ) 와 (으)로 시작하는 말은? 결합하기` 결합하기 블록을 이용해서 아래와 같이 변수에 저장된 마지막 단어를 묻는 질문을 만든다.

`단어 의 길이 번째 글자 ( 단어 ) 와 (으)로 시작하는 말은? 결합하기 묻고 기다리기`

4 입력한 단어 판단하기

▶ **대답을 통해 입력한 첫 번째 글자와 변수에 저장된 단어의 마지막 글자 비교하기**

- `1 번째 글자 ( 대답 )` `단어 의 길이 번째 글자 ( 단어 )` 블록과 연산 블록 `( ) = ( )` 을 이용해서 일부 글자가 같은지 비교하는 스크립트를 만든다.

▶ **조건문 넣기**

- 대답을 통해 입력한 첫 번째 글자와 변수에 저장된 단어의 마지막 글자를 비교해서 맞으면 리스트와 변수에 추가하고 다를 경우에는 다시 질문을 하도록 한다.

```
만약 1 번째 글자 ( 대답 ) = 단어 의 길이 번째 글자 ( 단어 ) 라면
  대답 항목을 끝말잇기 에 추가하기
  단어 을(를) 대답 로 정하기
아니면
  다시 입력해보세요 을(를) 2 초동안 말하기
```

5 끝말잇기 완성하기

```
무한 반복하기
  단어 의 길이 번째 글자 ( 단어 ) 와 (으)로 시작하는 말은? 결합하기 묻고 기다리기
  만약 1 번째 글자 ( 대답 ) = 단어 의 길이 번째 글자 ( 단어 ) 라면
    대답 항목을 끝말잇기 에 추가하기
    단어 을(를) 대답 로 정하기
  아니면
    다시 입력해보세요 을(를) 2 초동안 말하기
```

6 10번 끝말잇기가 완성되면 종료하기

▶ 리스트에 저장된 값의 수 확인하기

• 아래와 같이 '리스트에 저장된 단어수가 10개가 되었을 때'라는 조건문을 만든다.

▶ 10개가 완성되면 종료하기

• 끝말잇기가 10번 성공하면 타이머를 통해 측정된 시간을 말해주고 종료한다.

▶ 완성된 스크립트 배치하기

• 10번 끝말잇기를 확인하는 스크립트를 아래와 같이 배치한다.

7 **시작될 때 변수와 리스트 안의 항목 지우기**

• 프로젝트를 시작할 때에는 리스트와 변수 안에 있는 데이터를 모두 지우도록 한다.

8 **완성하기**

11장 나만의 블록 · 추가 블록

학습목표

- 스크래치에서 어떤 때 추가 블록을 사용하면 좋을지 알 수 있다.
- 나만의 추가 블록을 만들고 이것을 이용하여 프로그래밍 할 수 있다.

안녕하세요? 전 추가 블록 '추블이'예요. 여러분은 앞에서 스크래치를 구성하는 모든 블록을 배웠어요. 이제 멋지고 재미있는 프로그램을 만들 일만 남았죠. 하지만 그 전에 꼭 알아봐야할 블록이 하나 더 남았어요. 바로 저 '추블이' 추가 블록이에요. 추가 블록은 현재 스크래치에는 없지만 내가 필요하다고 생각하는 블록을 직접 만들어서 사용할 수 있어요. 이를 통해서 반복되거나 중복되는 명령어들을 간단하게 만들 수 있고 프로그램에 오류가 생겼을 때 수정도 쉽게 할 수 있지요. 이제 추가 블록이 필요한 상황을 살펴보고 직접 나만의 블록을 만들어 보도록 할게요.

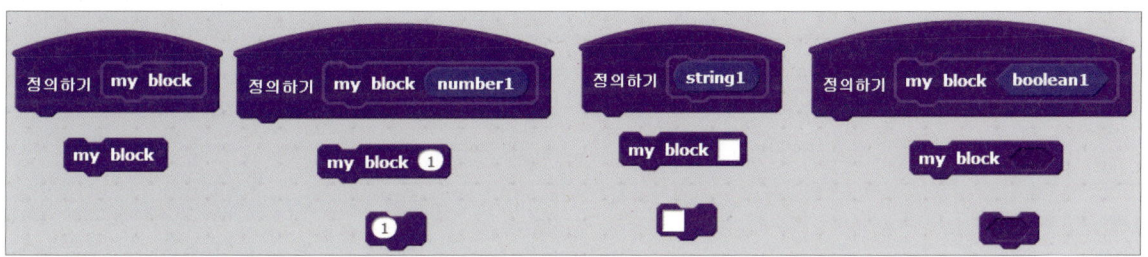

★ 블록들을 살펴보고 각 블록에 어떤 기능이 있는지 예상할 수 있는 것에 동그라미 해보자.

각 블록에는 어떤 기능이 있는지 알아보자

이 블록은 '나만의 블록'이 어떤 작업을 수행할지 정의하는 역할을 하는 블록이다. 한 가지 예로 정사각형을 그리는 알고리즘을 만들어 볼 것이다. 먼저 '블록 만들기'를 클릭하고 블록의 이름을 정해준다. 그러면 새로운 블록이 만들어지는 것을 확인할 수 있다.

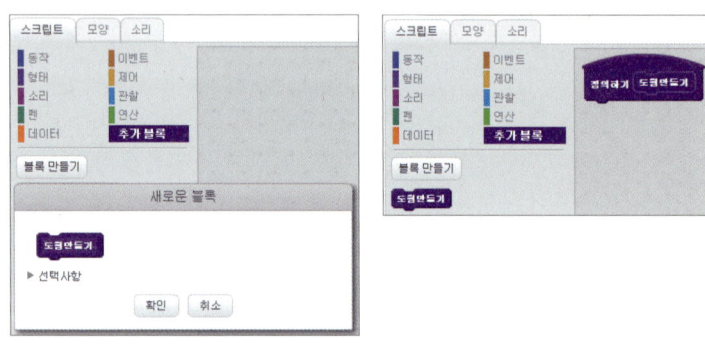

다음으로 도형 만들기 블록을 실행했을 때 스프라이트가 어떻게 움직일지 정의해 준다. 그리고 블록을 실행할 수 있는 명령문도 만들어 준다. 이제 프로젝트를 실행시키면 정사각형이 그려지는 것을 확인할 수 있다.

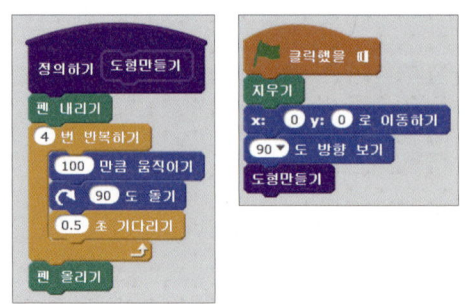

이 블록은 '숫자 매개변수'를 입력할 수 있는 나만의 블록을 만들고, 이 블록이 어떤 작업을 수행할지 정의하는 역할을 한다. 정사각형을 그리는 블록을 만들 때 변의 길이를 직접 입력할 수 있다. 먼저 블록 만들기에서 선택 사항을 클릭하고 '숫자 매개 변수 추가하기'를 선택해 준다. 그리고 블록의 이름과 변수의 이름을 정해주면 새로운 블록이 만들어진다.

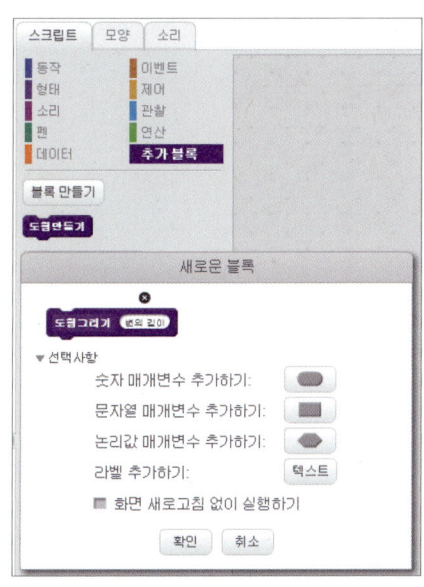
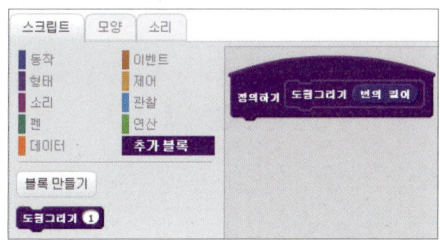

이제 블록을 정의해 줄 차례이다. 이때 숫자 변수를 입력하는 곳에 '변수 블록'을 넣어 준다. 그리고 블록을 실행시키는 명령문을 완성하면 변의 길이를 마음대로 바꿀 수 있는 정사각형 그리기 알고리즘이 완성된다.

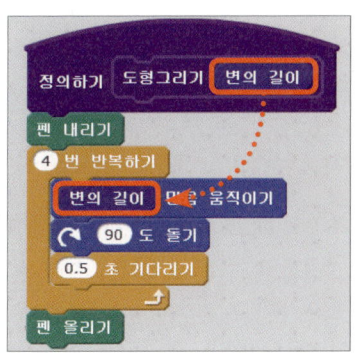
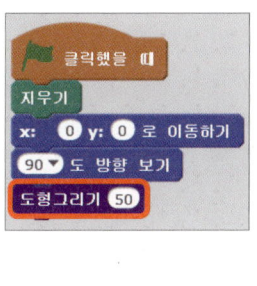

이 블록은 '문자열(글자) 매개 변수'를 입력할 수 있는 나만의 블록을 만들고, 이 블록이 어떤 작업을 수행할지 정의하는 역할을 한다. 예를 들어, 오늘 시간표를 말해주는 프로그램을 만든다고 했을 때 먼저 블록 만들기에서 '문자열 매개변수 추가하기'를 클릭하여 '과목'이라고 문자열 이름을 정해 주면 새로운 블록을 만들 수 있다.

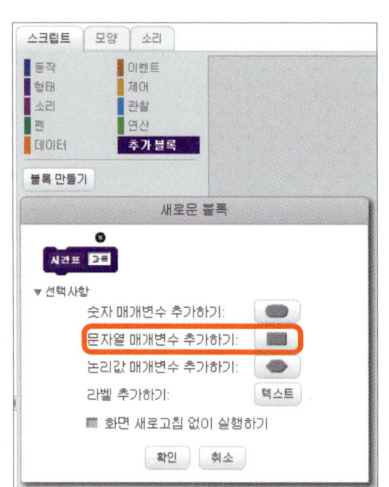

이제 블록을 정의해 줄 것이다. 이때 문자열 변수를 입력하는 곳에 '변수 블록'을 넣어 준다. 그리고 블록을 실행시키는 명령문을 완성하면 입력한 과목을 문장으로 알려주는 프로그램을 만들 수 있다.

이 블록은 논리 값의 결과가 '참'인지 '거짓'인지를 매개변수로 하여 나만의 블록을 만들 수 있다. 예를 들어서 퀴즈의 정답 여부를 말해주는 알고리즘을 만들고자 한다면 '블록 만들기'에서 '논리 값 매개 변수 추가하기'를 클릭하고 블록 이름은 '퀴즈', 변수 이름은 '정답'으로 지정해 준다.

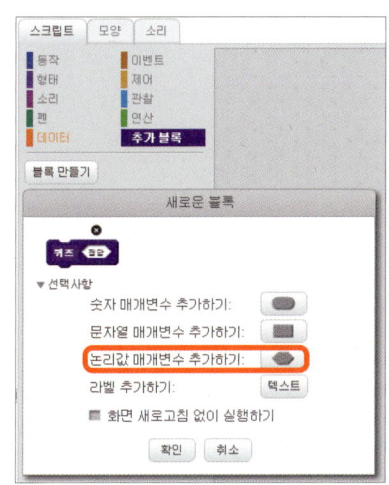
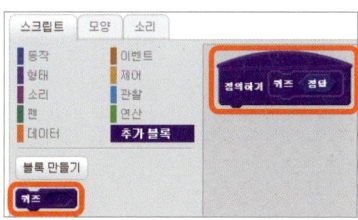

이제 간단한 퀴즈와 함께 논리 값이 '참'일 때와 '거짓'일 때 어떤 일이 일어나면 될지 정의해준다.

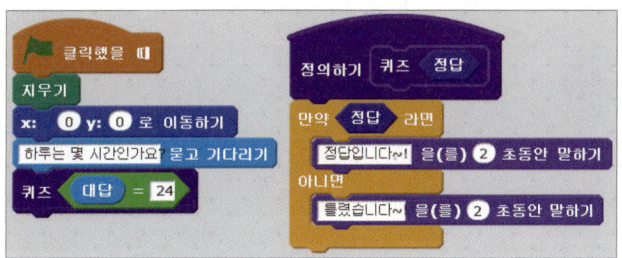

·속닥속닥·

추가 블록 편집하기

추가 블록은 편집하기 기능을 이용해서 블록의 이름을 바꿀 수 있을 뿐만 아니라 경우에 따라서 여러 가지 매개 변수를 입력할 수 있는 블록으로 만들 수 있다. 편집을 하는 방법은 편집하고자 하는 추가 블록 위에서 마우스 오른쪽 클릭을 하고 편집을 선택하면, 이름을 바꾸거나 다른 매개 변수를 추가할 수 있다.

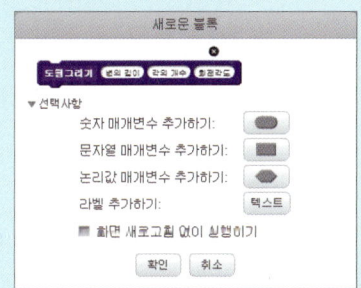

생각 다지기 : 비슷한 듯, 다른 듯

각 블록에는 어떤 기능이 있는지 알아보자

방송하기 VS 추가 블록

방송하기와 추가 블록은 사용자가 직접 만든다는 점과 모양이 많이 닮아 있고 경우에 따라서는 실행 결과도 같아서 혼동하기 쉽다. 하지만 블록을 사용하는데 있어서 분명한 차이가 있기 때문에 잘 알아두고 효과적으로 사용하면 더 멋진 프로그램들을 만들 수 있지 않을까?

두 블록 다 사용자가 만드는 것이기 때문에 '점프하기'라는 알고리즘을 예를 들어 살펴보도록 하겠다. 먼저 아래와 같은 명령어를 실행시킬 때는 결과에 차이가 없다. 하지만 블록을 사용할 때 방송하기의 경우, 다른 스프라이트에서도 방송을 받을 수 있지만 추가 블록의 경우에는 블록을 만든 스프라이트에서만 사용할 수 있다는 큰 차이점이 있다.

두 블록의 차이점을 가장 잘 확인할 수 있는 부분은 매개 변수를 사용할 수 있느냐 없느냐 하는 부분이다. 점프하는 횟수를 조정하고자 할 때, 방송하기의 경우는 점프의 반복 횟수가 달라질 때마다 새로운 방송을 만들어 주어야 하지만 추가 블록의 경우에는 매개 변수의 값만 바꿔주면 되기 때문에 훨씬 효율적으로 블록을 관리할 수 있다.

	방송하기	추가 블록
비슷한 점	• 사용자가 직접 만들어서 사용한다.	
다른 점	• 다른 스프라이트에서도 사용할 수 있다. • 매개 변수가 없다.	• 블록을 정의한 스프라이트에서만 사용할 수 있다. • 매개 변수를 추가하여 사용할 수 있다.

앞에서 배운 블록을 이용하여 알고리즘을 만들어 보자

 **다각형 그리기**

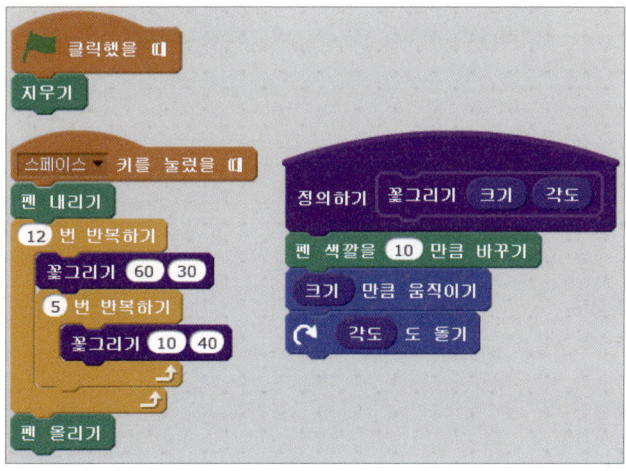

- 도형그리기 변의길이 ◯ 각의 수 ◯ 변의 길이와 각의 수를 달리하여 여러 가지 다각형을 만들어 보자.

- 도형그리기 변의길이 ◯ 각의 수 ◯ 블록을 더 사용하여 프로그램을 실행하면 한 번에 여러 도형을 그릴 수 있는
프로그램을 만들어 보자.

꽃 그리기

- 스프라이트를 마우스로 옮겨서 무대를 꽃모양으로 채워 보자.

- 꽃그리기 ◯◯ 그림의 크기와 회전 각도를 달리하여 다양한 모양의 꽃을 그려보자.

- 반복 블록을 한 번 더 삽입하여 더 화려한 무늬의 꽃밭을 만들어 보자.

생각 갈무리

지필문제

★ 다음 상황 중에서 추가 블록을 사용하기 적합한 상황이 아닌 것은 무엇인가? (　)

① 똑같이 반복되는 블록이 많아서 스크립트가 길고 복잡하여 간단하게 줄이고자 한다.

② 나만의 블록을 정의해서 사용하고자 한다.

③ 나만의 블록을 만들어서 다른 스프라이트에서도 사용하고자 한다.

④ 매개변수를 이용해서 나만의 블록을 만들고자 한다.

정답: ③

지필문제

★ 다음 상황에서 어떤 블록을 사용해야할까? (　)

왼쪽 그림에서 사각형을 그리는 스크립트를 추가 블록으로 만들고자 한다. 이때 변의 길이를 매개 변수로 처리하여 다양한 크기의 정사각형을 만들고자 한다.

① 　② 　③ 　④

정답: ②

실습문제

★ 다음 조건들을 만족할 수 있는 스크립트를 완성하여 실행시켜 보자.

조건 1

추가 블록을 반드시 사용해야 한다.

조건 2

스프라이트가 암호를 물어보고 대답이 정해 놓은 암호와 일치하는지 확인한다.

조건 3

암호가 일치하면 스프라이트가 점프하게 만들어 준다.

도형으로 무늬 만들기

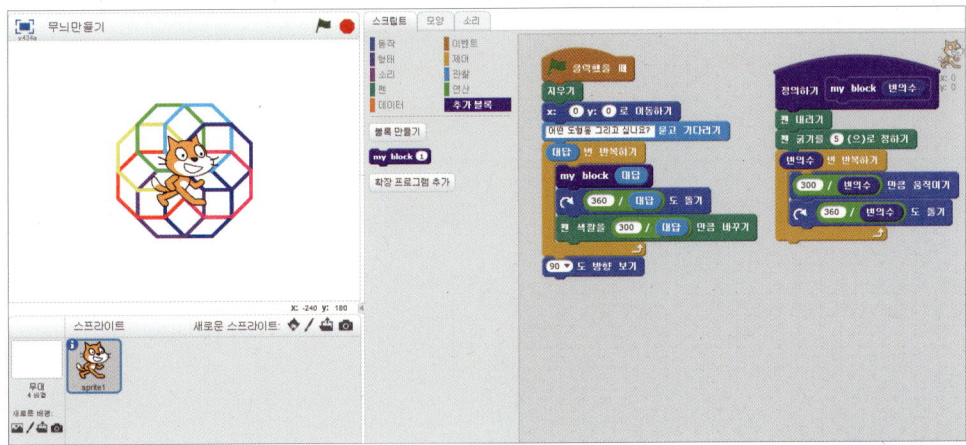

---

1 **추가 블록 만들기**

▶ 숫자 매개 변수를 가진 추가 블록 만들기

▶ 숫자 매개 변수에 따라 변의 길이와 회전각이 달라지도록 블록 정의하기

---

2 **질문에 대한 대답을 변수로 사용하기**

▶ 어떤 도형을 그릴지 질문하고 대답을 변수로 사용하기

---

3 **대답을 이용하여 회전하면 더 큰 그림 그리기**

▶ 대답을 반복 횟수로 지정하여 더 큰 그림 그리기

2부

창의성을 키워주는
스크래치
융합 프로젝트

나는 게임 개발자!
피하기 게임

● 피하기 4단계 실행 화면

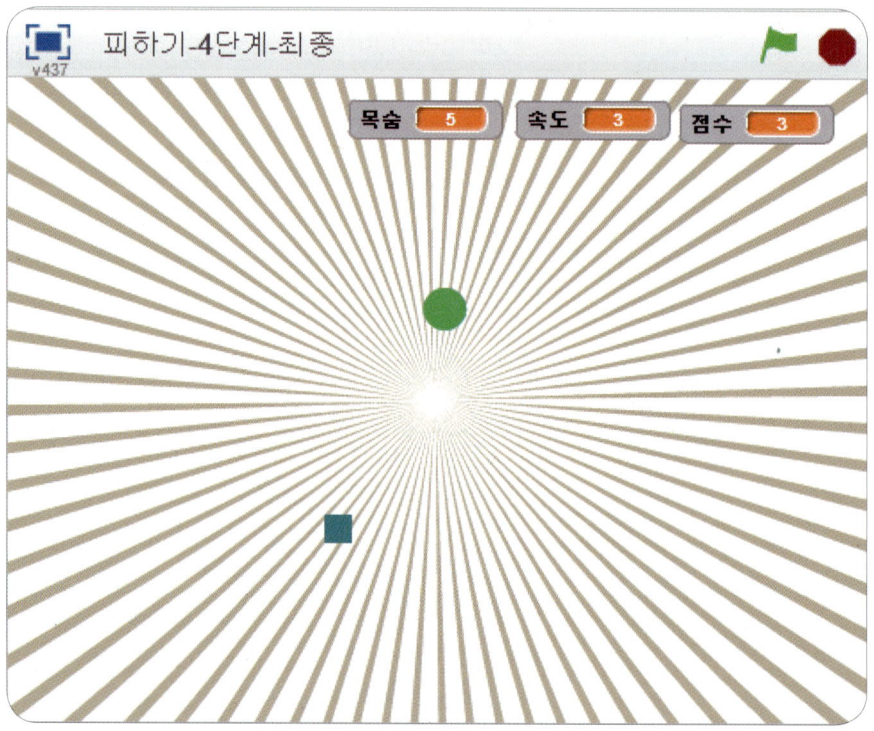

컴퓨터로 간단한 게임을 하고 있었다. 시간 제한이 있고, 점수가 있으며 간단한 조작만으로도 가능한 게임이었다. 한 단계를 성공하면 다음 단계로 넘어가는 게임이었다. 게임을 하는 동안 문득, '나도 이런 게임을 만들 수 있겠다'라는 생각이 들었다. 게임의 기본 틀을 만들고, 시간제한이나 점수 같은 추가적인 기능을 넣으면 가능하겠다는 생각도 들었다.

이럴 때는 맨 먼저 피하기형 게임으로 기본 틀을 잡아본다. 먼저, 명령에 따라 움직일 '주인공' 스프라이트와 우리가 피해야 할 '장애물' 스프라이트를 만들어 준다. '주인공' 스프라이트는 키보드의 방향키를 이용해 움직이게 해주고, '장애물' 스프라이트는 만들어지는 장소를 무작위로 정해지게 하는 것이다. 그 후, 게임적인 요소를 넣어주는 것이다. '변수'를 이용해 목숨과 점수를 추가하고 'Game Over'라는 상황을 만든다. 그렇게 해도 충분히 재밌는 게임이지만, 장애물의 개수와 속도를 이용하여 난이도를 조정한다. 'Easy', 'Normal', 'Hard', 'Impossible'의 네 단계로 제공하고, 단계에 따라 장애물의 개수와 속도를 다르게 정할 수 있다. 다음으로는 'Game Over' 후의 상황을 정해준다. '다시 하기'를 만들어서 처음으로 갈 수 있게 한다. 또 이름과 기록이 저장되게 하여 자신의 점수 변화를 직접 확인할 수 있도록 하는 것이다. 마지막으로 할 것은 테스트 하기와 디버깅하기이다. 직접 구현한 게임 프로젝트를 테스트해보며 원하는 방향대로 되지 않는 것을 고쳐나간다.

우리는 이러한 단계를 통해 게임의 구조를 이해하고 만들 수 있을 뿐만 아니라, 게임 프로젝트의 구현과 확장을 통해 스크래치의 기능 연습과 프로그래밍의 기초까지 연습하고 터득할 수 있게 될 것이다.

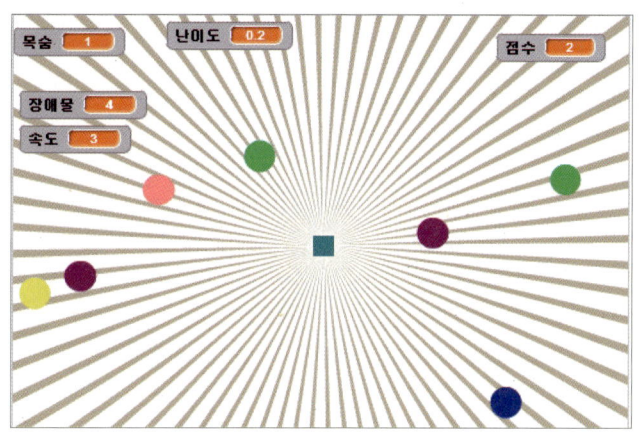

● 게임의 구조를 이해할 수 있다.
● 제공되는 기본 게임 프로젝트를 만들면서 스크래치의 기능을 익힐 수 있다.
● 게임 **프로젝트**를 원하는 방향으로 확장하면서 프로그래밍의 기초를 연습할 수 있다.

사용하는 블록 확인하기

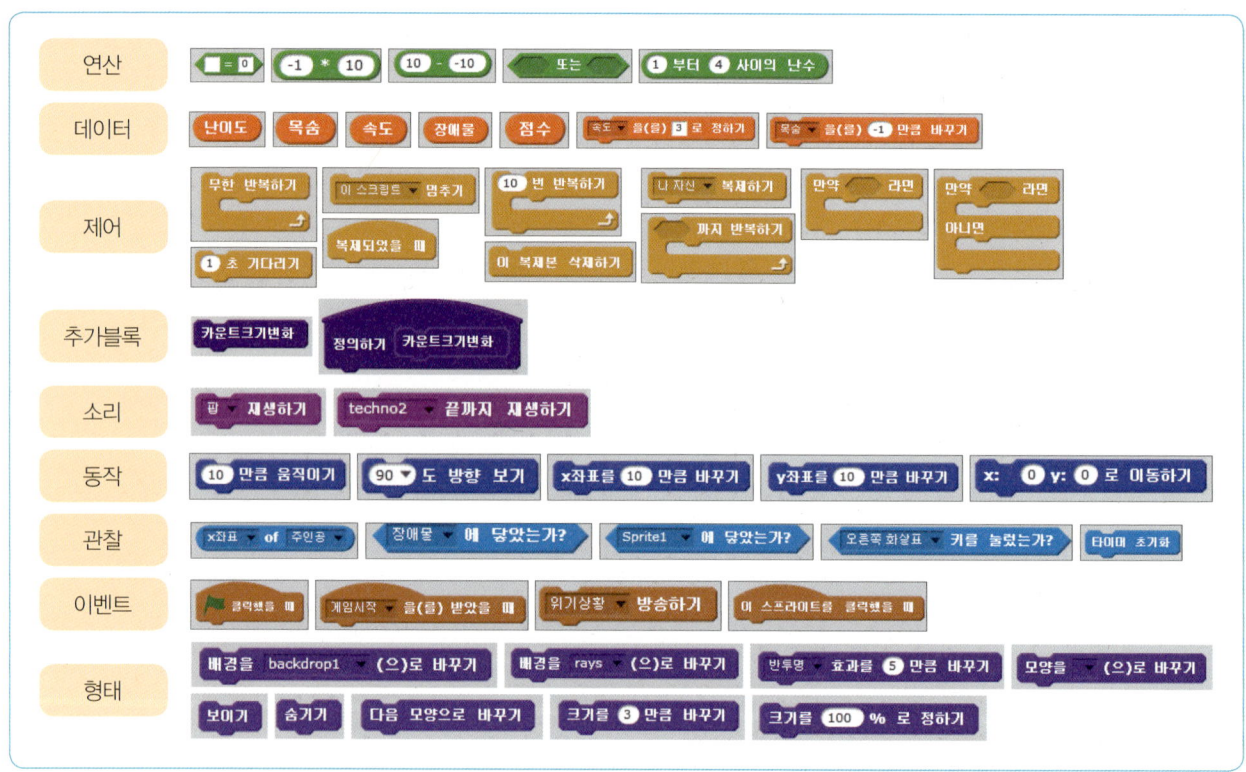

학습 순서 확인하기

한 걸음	두 걸음	세 걸음	네 걸음	다섯 걸음
스프라이트 만들기	**게임 만들기**	**난이도 설정하기**	**게임 완성하기**	**생각 더하기**
• 게임 스프라이트 만들기 • 무대 꾸미기 • 주인공 조작하기 • 장애물 스프라이트 넣기 • 배경 음악 넣기	• 추격자 스프라이트 넣기 • 목숨 변수 만들기 • 게임 끝 상황 추가하기 • 게임 끝 이벤트 만들기 • 점수 만들기	• 난이도 스프라이트 만들기 • 난이도 설정 무대 정하기 • 난이도 설정 화면 구성하기 • 카운트 시작 방송 넣기 • 추격자 난이도 설정하기	• 재시작 스프라이트 만들기 • 이름 리스트 만들기 • 점수 리스트 만들기 • 게임 끝 효과주기 • 게임 초기화하기	• 자기 평가하기 • 생각 확장하기

한 걸음 스프라이트를 만들자

학습목표
- 피하기 게임에 필요한 스프라이트를 만들 수 있다.
- 스프라이트를 움직이게 만들 수 있다.

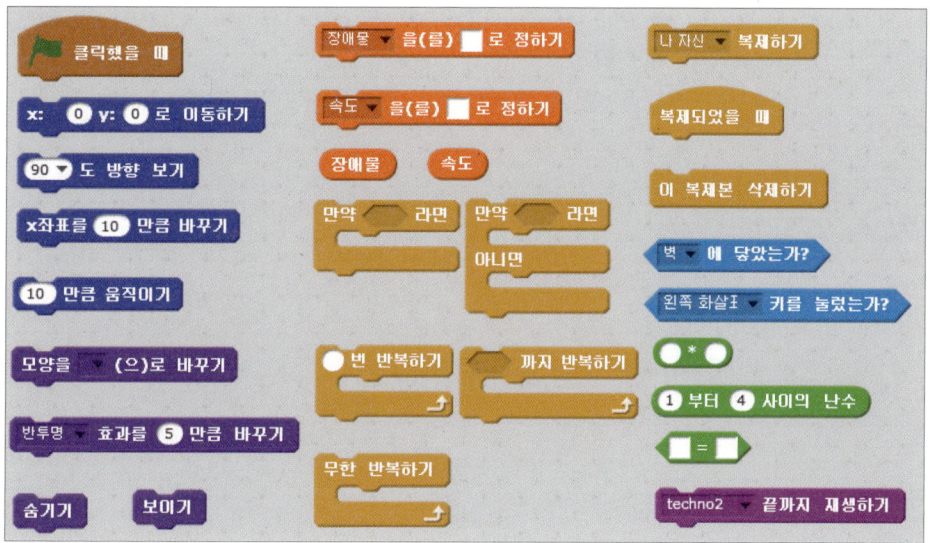

안녕하세요? 저는 프로젝트 1에서 활약할 마스코트 '테라(Tera)'예요. 저는 피하기 게임 만들기 첫 시간에는 게임에 쓰일 스프라이트를 만들어 볼 거예요. 우리의 명령에 따라 움직일 '주인공' 스프라이트와 우리가 피해야 할 '장애물' 스프라이트가 필요하겠죠? 그러려면 주인공은 우리의 조작에 따라 움직여야하고 장애물은 아무 곳에서나 등장해서 우리를 곤란하게 만들어야 해요. 여기에 간단한 배경음악도 추가해 볼게요.

01 스프라이트 그리기와 무대 정하기

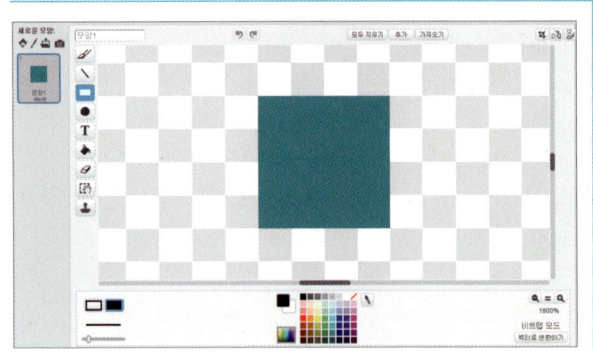 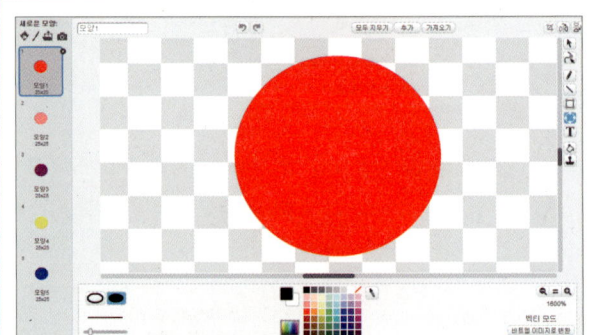

| 비트맵 모드로 그린 '주인공' 스프라이트 | 벡터 모드로 그린 '장애물' 스프라이트 |

 **'주인공' 스프라이트**

피하기 게임에서 주인공이 되는 스프라이트는 그리기 도구(   )를 이용해서 간단하게 그려 보자. 이때 그림판은 비트맵 모드나 벡터 모드 중 어떤 것이든 상관없다. 그리기 도구 중에서 사각형을 선택하고 Shift 키를 누르면서 마우스를 드래그하면 정사각형(사각형 (Shift 키: 정사각형))을 그릴 수 있다.

 **'장애물' 스프라이트**

'장애물' 스프라이트 역시 그리기 도구(   )를 이용해서 간단하게 그려 볼 것이다. 이때 그림판은 비트맵 모드나 벡터 모드 중 어떤 것이든 상관없지만 계단 형태로 경계선이 끊기는 현상을 방지하기 위해서 벡터 모드로 그려 볼 것이다. 그리기 도구 중에서 타원을 선택하고 Shift 키를 누르면서 마우스를 드래그하면 원(타원 (Shift 키: 원)   )을 그릴 수 있다.

기본 원 모양의 '장애물' 스프라이트가 마련되었다면 복사해서 5개 정도의 모양을 만든다. 다음 단계에서 복제하기 기능을 이용해서 여러 개의 장애물이 등장하게 할 때 사용할 것이다.

☀ 무대 선택하기

배경 저장소에 저장되어 있는 배경 중 'rays'라는 배경을 골라서 무대로 지정해 준다.

02 주인공 스프라이트 조작하기

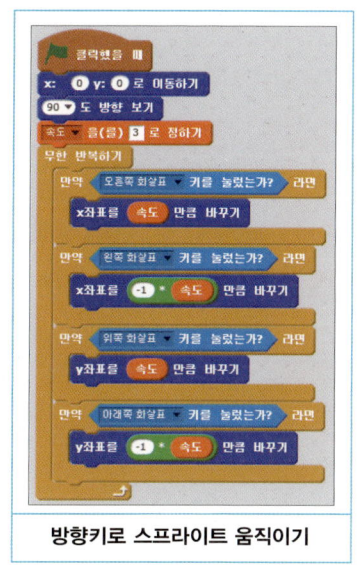

방향키로 스프라이트 움직이기

☀ 스프라이트의 처음 위치와 방향 정하기

모든 게임을 만들 때에는 스프라이트의 처음 위치와 방향을 정하는 것은 중요한 일이다. 이 게임에서 주인공 스프라이트가 가운데(x:0, y:0) 위치하고 오른쪽(90°) 방향을 보도록 설정해 준다.

방향키를 눌렀을 때 움직이게 하기

방향키를 이용해서 스프라이트를 움직일 때 오른쪽 화살표 키를 눌렀을 때 를 사용하는 방법과 오른쪽 화살표 키를 눌렀는가? 를 조건 블록과 함께 사용하는 방법이 있다. 그런데 두 방법을 비교해 보면 알겠지만 두 번째 방법을 사용할 때 스프라이트가 더 부드럽게 움직이는 것을 확인할 수 있다.

오른쪽 화살표와 왼쪽 화살표를 누를 때에는 'x좌표 바꾸기'를 넣어주고, 위쪽 화살표와 아래쪽 화살표를 누를 때에는 'y좌표 바꾸기'를 넣어서 무한 반복하기 안에 넣어준다. 이제 프로그램을 실행시키면 주인공 스프라이트를 방향키로 움직일 수 있다.

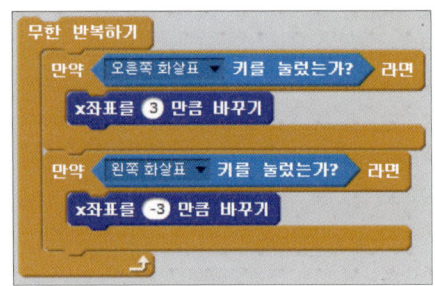

 **'속도' 변수 만들기**

스프라이트가 움직이는 속도를 한 번에 손쉽게 바꾸기 위해서 스프라이트가 움직이는 속도를 변수로 만들어서 처리할 것이다. 데이터에서 속도 라는 변수를 만들어 준다. 게임을 시작할 때에는 속도 을(를) 3 로 정하기 로 조정해 준다. 그리고 변수를 움직이는 값에 넣어 준다(x좌표를 속도 만큼 바꾸기). 또한, 왼쪽이나 아래쪽으로 움직이게 할 때에는 연산(-1 * 속도)을 사용해서 그 값을 이용할 수 있다.

03 주인공 스프라이트 꼬리 만들기

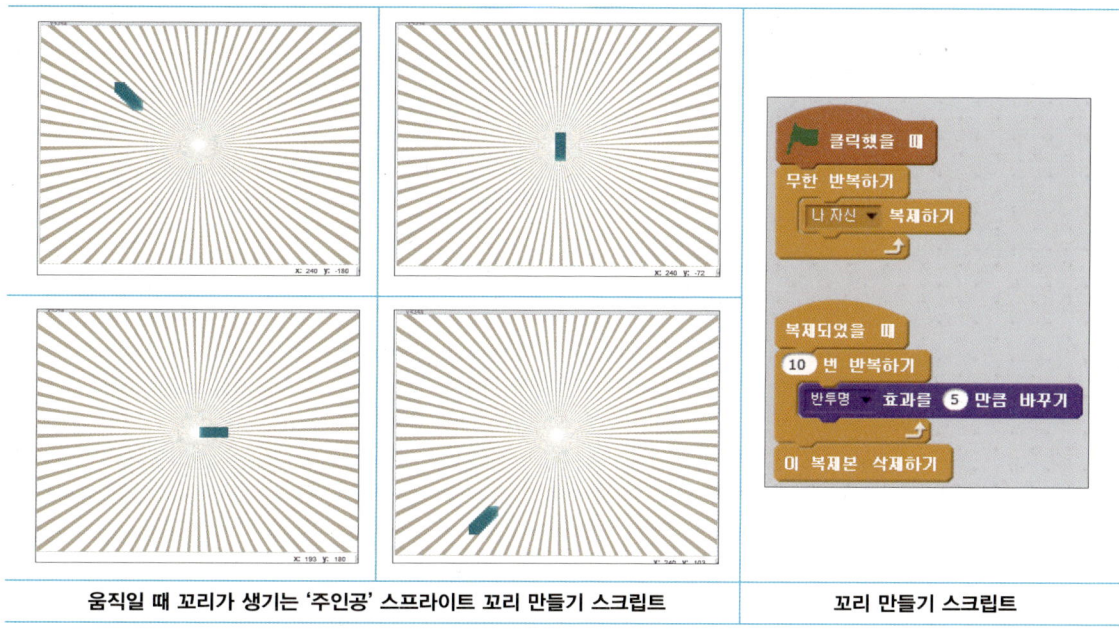

| 움직일 때 꼬리가 생기는 '주인공' 스프라이트 꼬리 만들기 스크립트 | 꼬리 만들기 스크립트 |

스프라이트 복제하기

주인공 스프라이트가 움직일 때 생기는 꼬리의 정체는 복제된 자기 자신이다. 그러므로 프로그램을 시작할 때 자기 자신을 무한 반복해서 복제해 준다.

복제한 스프라이트 삭제하기

복제된 스프라이트를 바로 삭제해 버리면 꼬리 효과는 나타나지 않는다. 반투명 효과를 반복하면서 삭제될 때까지 간격을 주면 그 사이에 복제된 스프라이트들이 마치 꼬리처럼 따라다니게 되는 것이다.

꼬리 길이를
결정한다.

꼬리가 흐려지는
정도를 조정한다.

04 장애물 스프라이트 무작위로 등장하기

기다리는 시간이
짧을수록 게임이
어려워져요.

🌱 스프라이트 복제하기

한 스프라이트로 여러 개의 장애물 효과를 주기 위해서 복제하기 블록을 사용할 것이다. 시작할 때는 `숨기기` 를 한 다음 1초 단위로 복사되게 만들어 준다. 기다리는 시간 간격에 따라 장애물이 등장하는 시간을 조절할 수 있다.

🌱 장애물 변수 만들기

'장애물' 스프라이트는 오른쪽, 왼쪽, 위쪽, 아래쪽 네 방향에서 무작위로 등장해야 한다. 그러기 위해서 장애물 변수를 만들고 '1에서 4사이의 난수'를 입력해 준다(`장애물 을(를) 1 부터 4 사이의 난수 로 정하기`).

🌱 변수에 따라 무작위로 등장하게 하기

변수에 따라 정해진 방향에서 등장하기 위해 먼저 조건문을 연결해서 다음과 같이 만들어 준다.

그리고 변수가 '1'일 때 위쪽에서 아래쪽으로 내려오게 만들기 위해 180도 방향을 보게 하고, '2'일 때는 왼쪽에서 오른쪽으로 가게 만들기 위해 90도 방향 보기, '3'일 때는 0도 방향, '4'일 때는 −90도 방향을 보게 설정해 준다.

진행 방향을 결정한다.

벽에 닿을 때까지 이동하기

변수에 따라 복제된 장애물이 등장할 위치가 정해졌다면 블록을 넣어준다. 그리고 정해진 방향으로 벽에 닿을 때까지 움직이게 해준다. 이때 이동 속도도 난수로 한다.

·속닥속닥·

게임을 시작했는데도 장애물 스프라이트가 보이지 않을 경우

게임을 시작했음에도 장애물 스프라이트가 보이지 않을 때에는 스프라이트의 크기를 확인해 본다. 스프라이트가 벽에 닿을 때까지 반복해서 움직이다가 벽에 닿으면 보이지 않게 되는데 스프라이트의 크기가 너무 커서 시작하기도 전에 벽에 닿아 있다면 어떻게 될까? 이미 벽에 닿아 있기때문에 숨기기가 실행돼서 나타나지 않게 되는 것이다.

이를 해결하기 위한 첫 번째 방법은 스프라이트의 크기를 작게 해서 벽에 닿지 않게 하는 것이다. 두 번째 방법은 출발하는 위치를 조정해서 스프라이트가 벽에 닿지 않게 하는 방법이 있다.

05 배경음악 추가하기

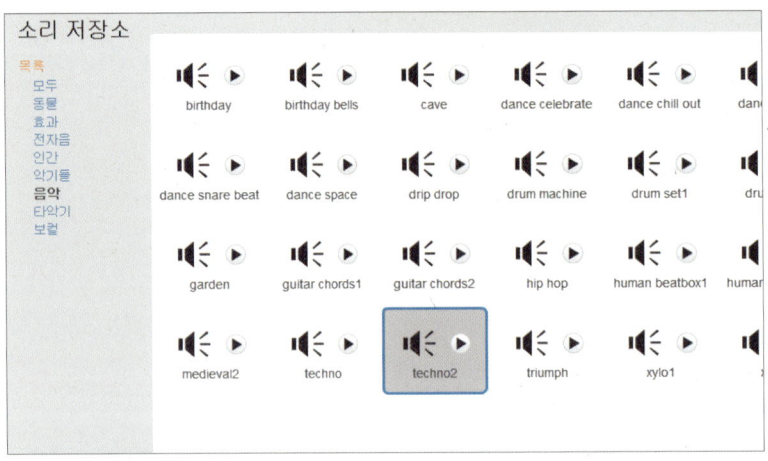

게임에 배경음악은 필수가 아닐까? 멋진 음악을 추가해서 게임에 대한 몰입도를 높여 볼 것이다. 저장소에 저장되어 있는 음악 중에서 게임 분위기와 잘 어울리는 음악을 선택한 후 그 음악을 반복적으로 끝까지 재생해 준다(techno2 ▾ 끝까지 재생하기).

프로그램을 실행하여 확인해 보자	O	X
▶방향키를 눌렀을 때 '주인공' 스프라이트가 원하는 방향으로 움직이는가?		
▶'주인공' 스프라이트가 움직일 때 꼬리가 생기는가?		
▶'장애물' 스프라이트가 무작위로 등장하는가?		

두 걸음 게임을 만들자

학습목표

- 게임이 끝나는 상황을 만들 수 있다.
- 시간이 경과함에 따라 점수를 누적할 수 있다.
- 추격자를 추가하여 게임을 더 재밌게 만들 수 있다.

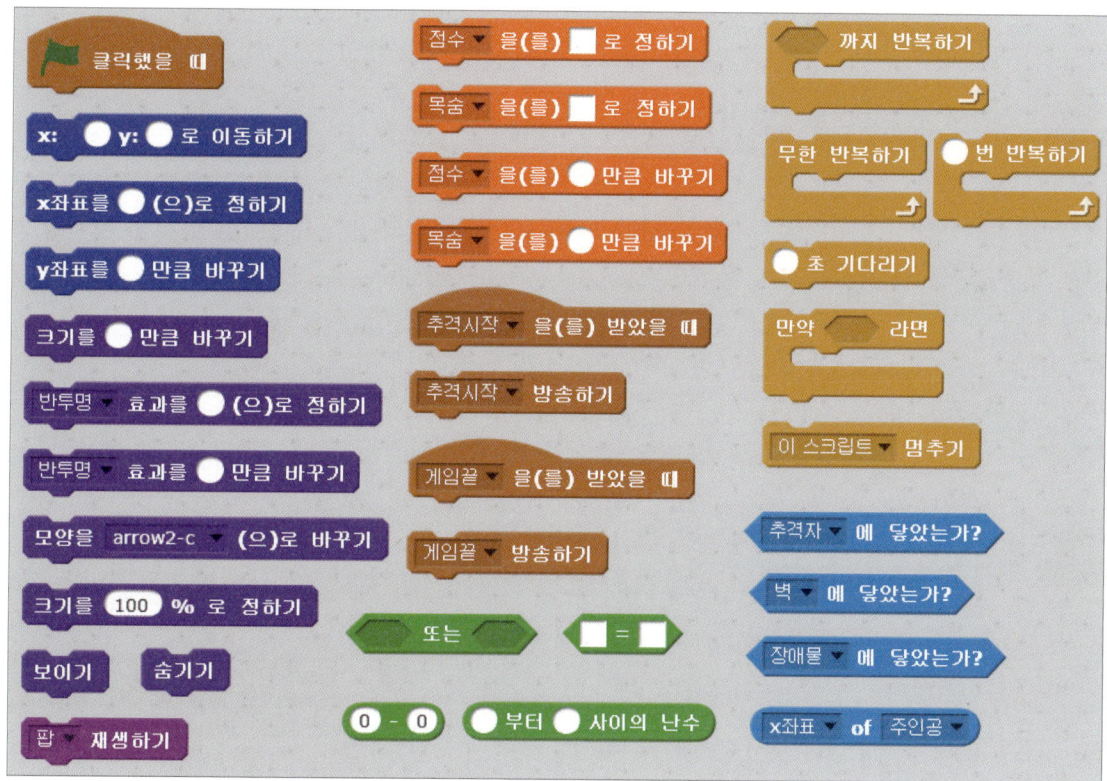

앞에서 우리는 스프라이트를 만들고 또 이것들을 여러 가지 방법으로 움직이게 만들었어요. 이제 이 스프라이트들 사이에 관계를 생각하면서 게임적인 요소를 추가해 볼게요. 먼저 '장애물' 스프라이트 보다 더 강력한 '추격자' 스프라이트를 만들고 주인공이 이 두 스프라이트에 닿았을 때에 게임이 끝나도록 만들어 볼게요. 그리고 다른 장애물에 닿지 않고 오래 버틸수록, 높은 점수를 받을 수 있도록 만들어 볼게요.

01 추격자 추가하기

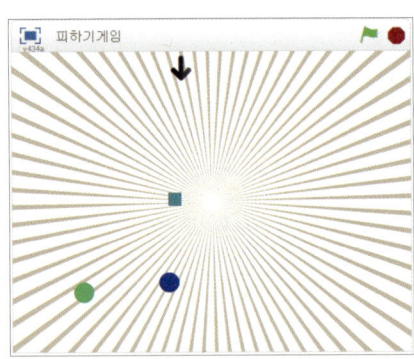

'추격자' 스프라이트 만들기

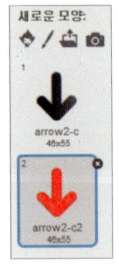

　'추격자'는 아무 때나 등장해서 주인공 스프라이트의 움직임을 따라다니다가 화살처럼 발사되는 스프라이트이다. 그러한 역할을 생각해서 저장소에 있는 스프라이트(✿/📁📷) 중에 검은색 화살표를 사용할 것이다. 발사되기 전에 경고의 표시로 색이 빨간색으로 바뀌어야하기 때문에 그리기 도구를 이용하여 모양에 빨간색 화살표도 추가해야 한다.

추격자가 등장하는 간격 정하기

　'추격자'는 아무 때나 반복적으로 등장해야 더 재미있는 게임을 만들 수 있다. 그렇기 때문에 처음에는 숨겨져 있다가 난수를 이용해서 5초~10초 사이에 보이게(5 부터 10 사이의 난수 초 기다리기) 만들어 준다. 이때 주인공을 추격해야 하기 때문에 '추격시작' 방송(추격시작 ▼ 방송하기)을 해서 다음 동작을 하도록 신호를 보낼것이다.

주인공 추격하기

　5초~10초 사이에 '추격시작' 방송을 받았을 때 주인공을 추격할 수 있게 따로 스크립트를 만들어 주어야 한다. 이때 핵심은 주인공을 따라서 움직이는 것이다. 이를 위해서 y좌표는 고정하고 x좌표만 주인공의 위치에 따라서 바뀌도록 설정해 준다(x좌표를 x좌표 ▼ of 주인공 ▼ - 10 (으)로 정하기). 그리고 바로 발사되면 긴장감이 떨어지기 때문에 30번~80번 정도 반복하다가 발사될 수 있도록 만들어 준다.

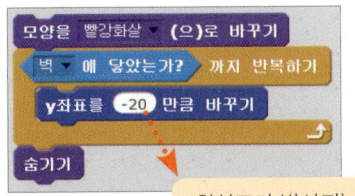

화살표가 발사되는 속도

일정한 시간동안 '주인공'을 따라 다녔다면 이제 화살표의 색깔을 바꿔주고 주인공을 향해서 벽에 닿을 때까지 움직이기만 하면 된다. 이때 y좌표가 바뀌는 정도는 화살표가 발사되는 속도를 의미한다.

02 게임이 끝나는 상황 만들기

목숨 변수 만들기

'피하기' 게임에서 게임이 끝나는 상황은 '장애물'이나 '추격자'에 닿았을 때라고 할 수 있다. 이때 닿았다는 것을 가장 손쉽게 확인할 수 있는 방법이 변수를 만들어서 그 값을 변화시켜 주는 방법이다. 먼저 '주인공' 스프라이트에 '목숨'이라는 변수를 만들어 준다. 그리고 처음에는 목숨에 '1'을 저장해 준다.

목숨이 줄어드는 경우 정하기

앞에서 말한 것과 같이 주인공이 '장애물'이나 '추격자'에 닿을 때 목숨이 줄어들게 만들어야 한다. 이를 위해 '조건문'과 '또는' 연산을 사용하면 두 가지 경우를 모두 확인할 수 있다.(장애물 에 닿았는가? 또는 추격자 에 닿았는가?).

그리고 이때 목숨을 '-1'만큼 바꾸어 준다(목숨 을(를) -1 만큼 바꾸기). 소리로 표현하기 위해 간단한 효과음을 곁들여 준다(팝 재생하기).

'게임끝' 방송하기

목숨이 '0'이 되면 게임이 끝나게 된다. 이때 사용자에게 게임이 끝났다는 특별한 이벤트를 만들어 주어야하기 때문에 '방송하기'를 사용하면 좋다. 그리고 게임이 끝난 후에도 '장애물'에 닿았을 때 소리가 나거나 목숨변수가 바뀌지 않게 하기 위해서 '이 스크립트 멈추기'도 함께 실행해 준다.

03 '게임끝' 이벤트 만들기

'Game Over' 스프라이트 만들기

목숨이 '0'이 되고 '게임끝'이라는 방송을 받을 때 'Game Over'라는 메시지가 나타나게 만들어 본다. 이를 위해서 먼저 글자로 된 메시지를 만들어 준다.

'게임끝' 방송 받을 때 등장하기

'Game Over' 스프라이트는 게임이 시작될 때에는 숨겨져 있어야 한다. 이때 이 스프라이트의 처음 위치와 크기를 지정해 준다. 또 흐린 상태에서 서서히 진하게 등장하는 효과를 주기 위해서 야간의 반투명 효과를 주는 것도 재미있는 효과를 기대할 수 있다.( ).

방송을 받을 때 상황을 생각해 보면 스프라이트의 크기와 투명도를 서서히 바꾸게 해준다. 주의할 점은 반투명도는 를 해야 스프라이트가 점점 진해지는 효과를 기대할 수 있다는 점이다.

04 점수 만들기

점수 변수 만들기

게임에서 점수가 빠질 수 없을 것이다. 이 게임은 장애물을 피하면서 오래 버티는 기록을 재는 게임이다. 점수를 저장할 수 있는 점수 변수를 만들어 주고 처음에는 '0'을 저장해 준다.

시간을 점수화하기

버틴 시간이 곧 점수가 되기 때문에 1초가 지나갈 때마다 '점수'를 '1'씩 바꾸어서 시간을 점수화해 준다. 그리고 이 과정을 게임이 끝날 때까지 반복해 준다.

프로그램을 실행하여 확인해 보자	O	X
▶추격자는 무작위로 등장해서 주인공을 따라서 움직이는가?		
▶주인공이 장애물과 추격자에 닿았을 때 소리가 나면서 'Game Over' 메시지가 등장하는가?		
▶시간이 점수화 되어 기록되는가?		

학습목표
- 피하기 게임에 난이도 변화를 줄 수 있다.
- 난이도에 따라 게임에 다양한 요소를 변화시킬 수 있다.

안녕하세요? 지금까지 피하기 게임에 필요한 스프라이트를 만들고 간단한 게임을 만들어 보았죠? 이번에는 게임에 다양한 난이도를 추가해 보도록 해요. 게임을 시작하기 전에 자기가 원하는 난이도를 선택한다면 게임이 더 풍성해지겠죠? 난이도를 추가하기 위해서는 난이도를 선택할 수 있는 스프라이트가 있어야 하고 난이도에 따라 장애물이 출현하는 빈도나 목숨, 속도 같은 게임 내용이 바뀌어야 해요. 같이 한번 만들어 보도록 해요.

하나하나 꼼꼼하게

01 난이도 스프라이트와 무대 정하기

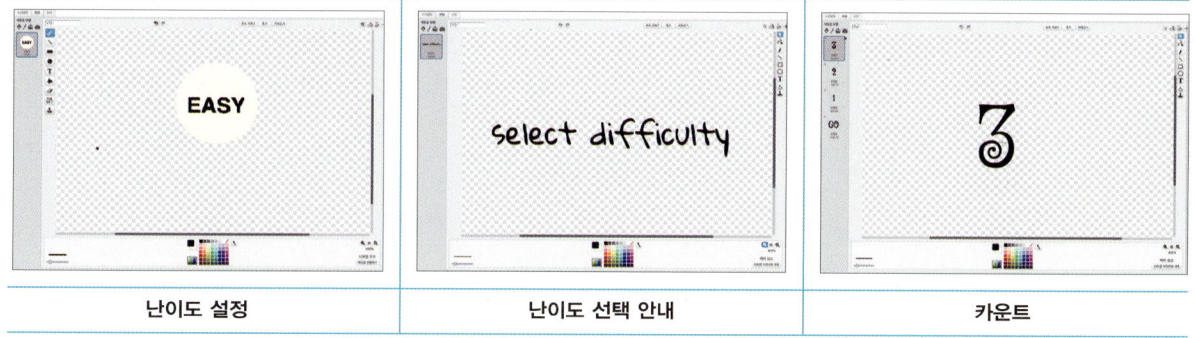

난이도 설정	난이도 선택 안내	카운트

'난이도 설정' 스프라이트

앞에서 주인공 스프라이트를 만들기 위해 사용했던 그리기 도구(🖌️✏️📤📷)를 이용해서 난이도 설정 스프라이트를 만들어 보도록 한다. 비트맵이나 벡터 관계없이 한 가지 모드를 설정하여 [Shift] 키를 누르면서 마우스를 드래그 하여 원을 그리고 버튼을 이용해 원안에 쉬운 난이도를 뜻하는 EASY를 써 넣도록 한다.

우린 '쉬움, 보통, 어려움, 불가능한'으로 총 4개의 난이도를 만들어 볼 것이다. 아래 그림과 같이 나머지 스프라이트를 만들어 본다.

난이도 선택 안내 '스프라이트'

'난이도 선택'을 위한 안내를 그리기 도구(🖌️✏️📤📷)를 이용해서 간단하게 만든다. [T] 버튼을 이용해 'select difficulty' 라는 단어를 쓰고 2장에서 만들었던 'Game over' 스프라이트와 같은 폰트(글꼴) 폰트: Gloria ▾ 로 선택해 준다.

 **'카운트' 스프라이트**

카운트 스프라이트 역시 모양 새로 그리기 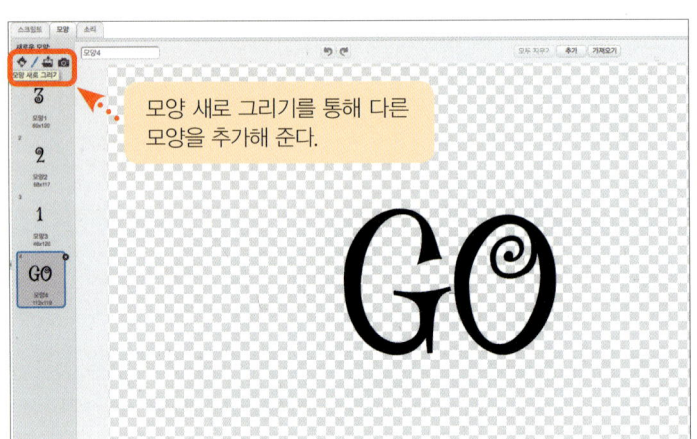 도구를 이용하여 만들고 숫자 '3'을 **폰트: Mystery ▾** 폰트로 선택해 준다. 스프라이트 중심을 폰트 중심으로 설정해주는 것도 잊지 말자.

카운트를 나타내기 위해서는 '3, 2, 1, GO' 와 같은 더 많은 모양이 필요하다. 아래 그림과 같이 스프라이트에 모양을 더 추가해 준다.

> 모양 새로 그리기를 통해 다른 모양을 추가해 준다.

 **난이도 설정 무대 정하기**

난이도 설정 스프라이트와 난이도 선택 안내 스프라이트가 등장할 간단한 배경을 아래 그림과 같이 추가해 준다.

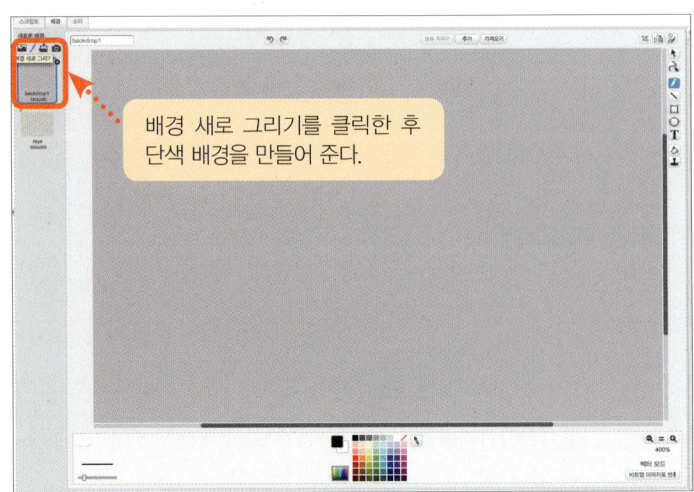

> 배경 새로 그리기를 클릭한 후 단색 배경을 만들어 준다.

02 난이도 설정 화면 구성하기

 스프라이트의 처음 위치와 효과 정하기

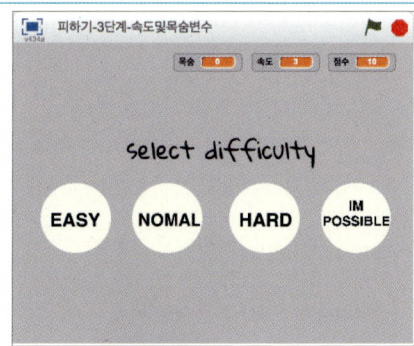

무대	무대 2 배경 새로운 배경: 🖼️ ✏️ 📷	클릭했을 때 배경을 backdrop1▼ (으)로 바꾸기 무한 반복하기 　techno2▼ 끝까지 재생하기
난이도 선택 스프라이트 스크립트 변경	ℹ️ select difficulty Sprite3	클릭했을 때 x: 15 y: 53 로 이동하기 보이기
난이도 설정 스프라이트	EASY　NOMAL　HARD　IM POSSIBLE easy　nomal　difficult　impossible	클릭했을 때 x: -173 y: -20 로 이동하기 보이기 무한 반복하기 　만약 마우스 포인터▼ 에 닿았는가? 라면 　　크기를 130 % 로 정하기 　아니면 　　크기를 100 % 로 정하기 (각 스프라이트의 위치는 완성된 그림과 같이 일렬로 배치하기 위해 각각 x좌표만 바꾸어준다.)

🚩 초록색 깃발이 클릭되면 무대는 위의 그림과 같이 화면이 구성될 수 있도록 `배경을 backdrop1▼ (으)로 바꾸기` 블록을 이용하여 배경을 바꿔주고, '난이도 설정' 스프라이트들과 '난이도 선택 안내' 스프라이트를 배치해보자. 각 스프라이트의 위치를 `x: ● y: ● 로 이동하기` 블록으로 설정해준 뒤에 무대에서 나타날 수 있도록 `보이기` 블록을 쌓아준다.

'난이도 설정' 스프라이트에 마우스가 닿으면 크기가 커지는 효과를 넣기 위해

조건문과 크기를 ◯ % 로 정하기 블록을 이용하고 무한 반복으로 마무리해 준다.

03 카운트시작 방송하고 난이도 설정하기

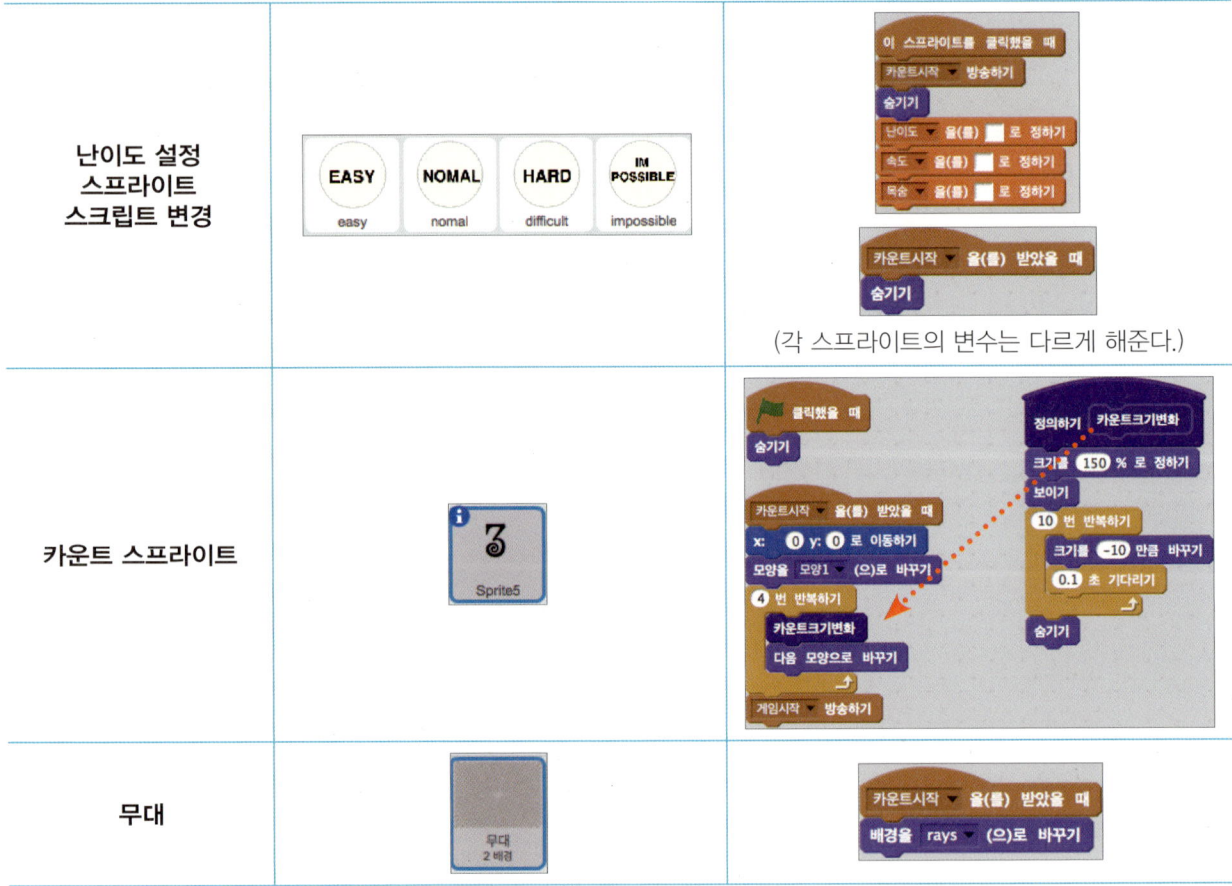

난이도 설정 스프라이트 스크립트 변경	EASY NOMAL HARD IM POSSIBLE easy nomal difficult impossible	(각 스프라이트의 변수는 다르게 해준다.)
카운트 스프라이트	Sprite5	
무대	무대 2 배경	

🌻 **카운트시작 방송하기 하고 난이도 설정하기**

'난이도 설정' 스프라이트가 클릭되면 게임을 준비할 시간을 주기 위해 '카운트시작'을 방송하고 난이도 설정 스프라이트는 사라지게 해준다. 그리고 이 게임에서 변수 난이도를 조정하는 요소인 '난이도', '목숨', '속도'를 다음 페이지의 표를 보며 정해준다.

	장애물이 복제되는 시간 간격이다. 짧을수록 많은 장애물이 나타난다.			
	Easy : 2	Nomal : 1	Hard : 0.5	Impossible : 0.2
	주인공 스프라이트가 움직이는 속도이다. 빠를수록 조작하기는 힘들지만 장애물을 피할 기회는 많아진다.			
	Easy : 3	Nomal : 3	Hard : 4	Impossible : 5
	장애물에 닿았을 때 허용되는 횟수이다. 숫자 값이 커질수록 많은 기회를 가질 수 있다.			
	Easy : 7	Nomal : 5	Hard : 3	Impossible : 1

☀ 난이도 설정 스프라이트 사라지게 만들기

카운트가 시작되면 '난이도 설정' 스프라이트들은 모두 사라져야 한다. 스프라이트를 클릭했을 때, 숨기기를 해주었다면 다른 클릭되지 않은 스프라이트도 사라질 수 있도록 [카운트시작 ▼ 을(를) 받았을 때 / 숨기기] 블록을 추가해 준다.

☀ 카운트시작 방송 받기

'카운트시작' 방송을 받으면 무대가 [배경을 rays ▼ (으)로 바꾸기] 블록을 통해 바뀌고 카운트 스프라이트가 등장한다. 카운트 스프라이트는 크기 변화와 함께 순서대로 모양을 바꿀 수 있도록 해준다. [정의하기 카운트크기변화] 블록을 이용하여 사용자 정의 블록을 만들고, 카운트 블록이 크기 변화 효과를 나타낼 수 있도록 해주자. 그리고 카운트가 끝나면 게임을 시작할 수 있도록 [게임시작 ▼ 방송하기] 블록을 쌓아준다.

☀ 난이도 설정에 따른 추격자 설정하기

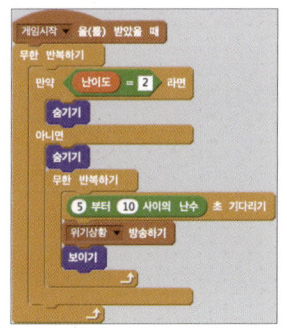

추격자 스프라이트도 난이도에 많은 영향을 미친다. 그래서 난이도에 따라 등장하거나 사라질 수 있도록 해준다. 조건문과 [난이도 = ☐] 블록을 이용하여 easy(쉬움) 난이도에서는 추격자가 등장하지 않도록 해 준다.

04 게임시작하기

게임시작 방송 받기

주인공	(블록 스크립트 이미지)		Sprite1	(블록 스크립트 이미지)
장애물	(블록 스크립트 이미지)		GAME OVER Sprite2	(블록 스크립트 이미지)

우리는 2장에서 게임을 무대의 초록색 깃발(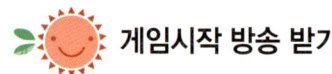) 이 클릭되면 게임을 시작할 수 있도록 이벤트의

클릭했을 때 블록 아래에 나머지 블록을 쌓았다. 3장에서는 카운트 뒤에 게임이 시작되어야 한다. 카운트가

끝나면 게임시작 방송하기 블록을 통해 게임시작을 방송한다. 클릭했을 때 블록을 모두 게임시작 을(를) 받았을 때 블록으로

바꿔준다.

프로그램을 실행하여 확인해 보자	O	X
▶ 초록색 깃발을 눌렀을 때 난이도를 고를 수 있는 화면이 나오는가?		
▶ 난이도 설정에 따라 변수의 값들이 변하는가?		
▶ 난이도에 따라 추격자가 등장하거나 등장하지 않는가?		

네 걸음　게임을 완성하여 보자

● 피하기 게임에 시작 화면과 끝 화면을 추가할 수 있다.

● 게임에 사용자 이름을 추가하고 기록을 저장할 수 있다.

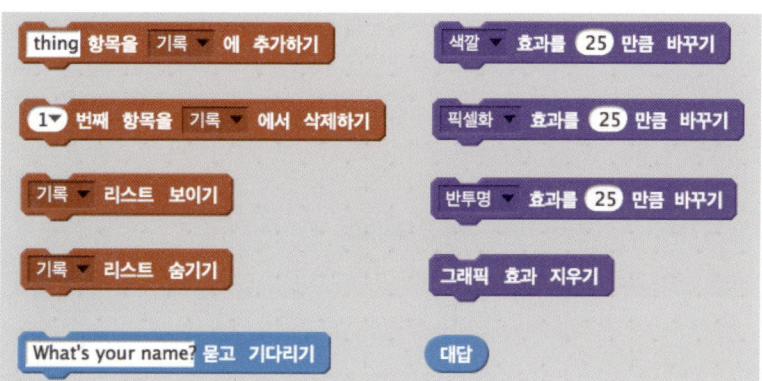

안녕하세요? 우리는 변수를 이용하여 게임에 다양한 난이도를 추가하여 보았어요. 하지만 아직 완전한 게임이라고 보기에는 아쉬운 점이 많죠? 게임의 시작 화면이 없고 자신의 점수는 변수를 통해서만 볼 수 있었어요. 그렇다면 이번에는 게임 시작 화면과 끝 화면을 만들어 보고 여러분이 게임을 하면서 달성한 점수를 마지막에 보여줄 수 있도록 해봐요. 이렇게 하면 완전한 게임이 완성되겠죠?

하나하나 꼼꼼하게!

01 게임시작 스프라이트와 재시작 스프라이트 만들기

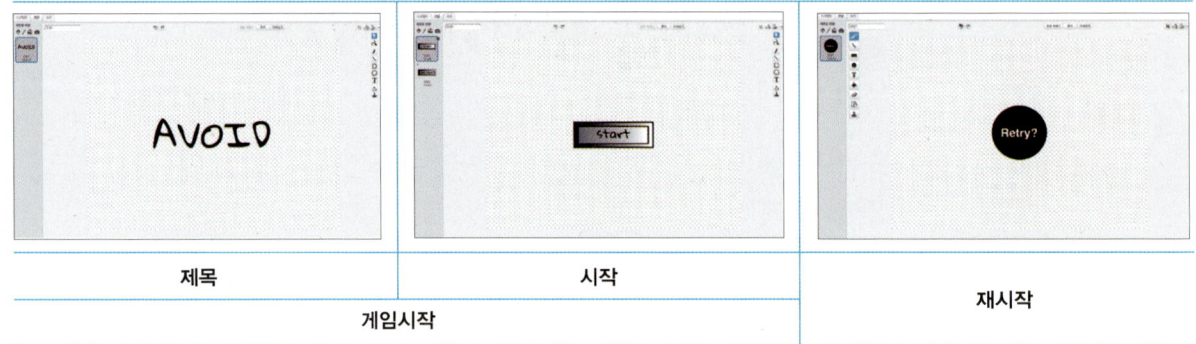

제목	시작	재시작
게임시작		

'제목' 스프라이트

게임 제목을 나타내는 스프라이트를  를 이용해서 만들어야 한다. 비트맵이나 벡터 어느 것이든 상관 없지만 벡터 모드를 이용하면 스프라이트를 확대하였을 때dp도 그 모양이 잘 유지가 된다는 점을 꼭 기억해 두자.

폰트: Gloria ▼ 폰트를 이용하여 피하기를 나타내는 단어인 'AVOID'를 입력하고 드래그하여 적당한 크기로 만들어 준다.

'시작' 스프라이트

게임 시작 화면에서 클릭하는 스프라이트를 만들어 보자. 를 이용하여 사각형을 그리고 'start'를 입력한다. 이 버튼이 클릭되면 이름을 입력하는 질문을 넣도록 할 것이다. 이름을 넣기 위해 **user name?** 과 같이 사각형 안에 문자만 바꾸어서 두 번째 모양을 만든다.

'재시작' 스프라이트

매번 초록색 깃발만 클릭해서 게임을 재시작 한다면 매우 불편할 것이다. 그래서 우리는 게임 화면 속에서 재시작 버튼을 만들어 볼 것이다.  를 이용해 새로운 스프라이트를 그려본다. 검은색 원 안에 흰색 글씨로 재시작 버튼을 만든다.

02 게임의 흐름 살펴보기

 **게임의 흐름**

우리는 2장에서 만든 게임에 여러 내용을 추가하여 게임을 완성하고 있다. 게임의 흐름을 아래 표로 확인해 본다.

					초록 깃발	게임 시작	게임 종료		
2장					초록 깃발	게임 시작	게임 종료		
3장			초록 깃발	난이도 설정 화면	난이도 선택	게임 시작	게임 종료		

아래는 4장에서 완성될 최종 게임의 흐름이다.

4장	초록 깃발	시작 화면	시작 클릭	이름 입력	난이도 설정 화면	난이도 선택	게임 시작	게임 종료	점수 공개	재시작

 **게임의 흐름에 따른 방송의 순서도**

게임을 만들다 보면 방송을 이용해 다른 스프라이트에 명령을 내려야 하는 경우가 많다. 4장에도 많은 방송이 추가된다. 스크립트를 직접 작성하기 전에 미리 완성될 게임의 방송 흐름을 먼저 살펴본다.

초록 깃발	시작 화면	시작 클릭	이름 입력	난이도 설정 화면	난이도 선택	게임 시작		게임 종료	점수 공개	재시작	
방송의 흐름 :			이름 입력 완료 / 난이도 설정			카운트 시작	게임 시작 / 위기 상황	게임 끝		다시 시작	이름 입력

스프라이트의 처음 위치와 처음 형태 설정해주기

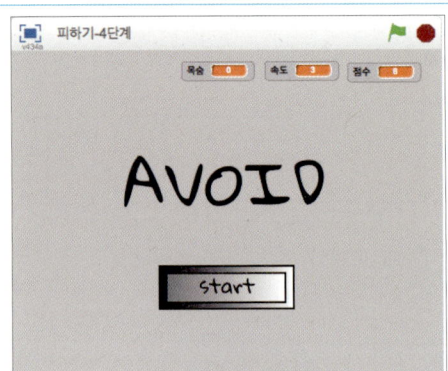

제목	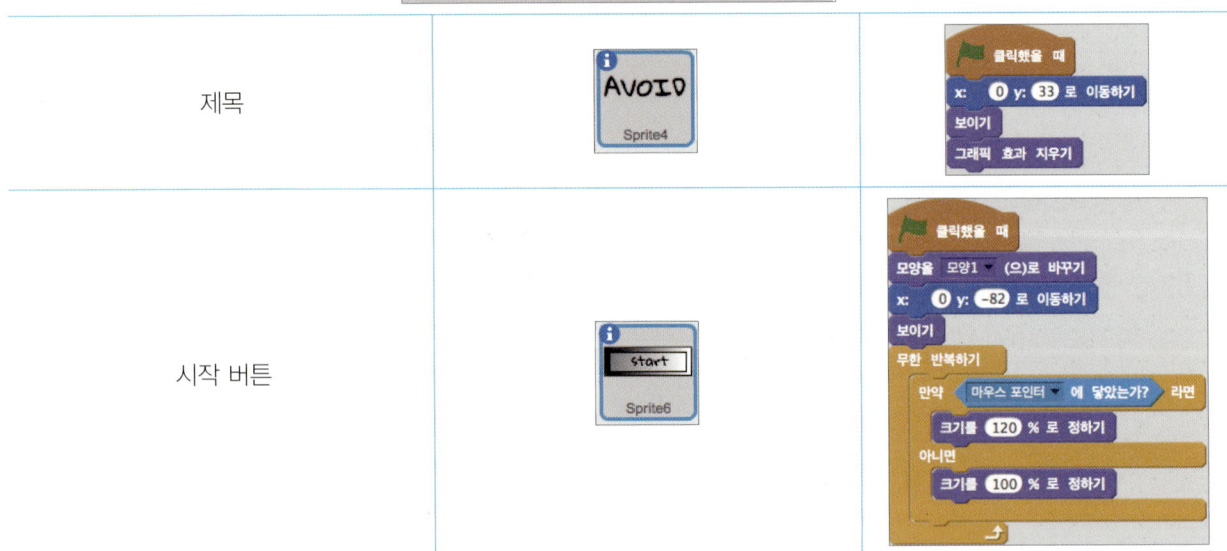	
시작 버튼		

초록색 깃발이 클릭되면 무대는 위의 그림과 같이 화면이 구성될 수 있도록 스프라이트를 배치해준다. 블록으로 각 스프라이트의 위치를 설정해두고. 자리를 먼저 잡은 뒤 '보이기'로 스프라이트가 나타나게 해준다.

시작 버튼을 클릭하면 모양2 로 변하게 만들어줄 것이다. 그러나 그전에 항상 초록색 깃발

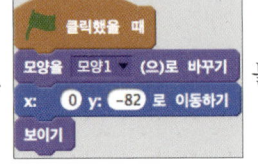

을 클릭하면 모양1로 나타나야할 것이다. 블록을 통해 처음 모양과 위치를 설정해

준 뒤 '보이기'를 해준다.

또 시작 버튼은 3장에서 만들었던 '난이도 설정 스프라이트'와 마찬가지로 마우스가 닿으면 크기 변화를 할 수 있게 만들어 준다.

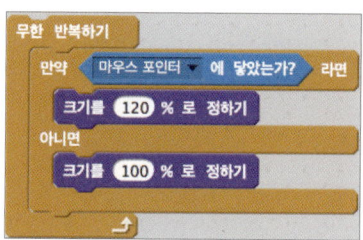

04 이름 입력하고 스프라이트 숨기기

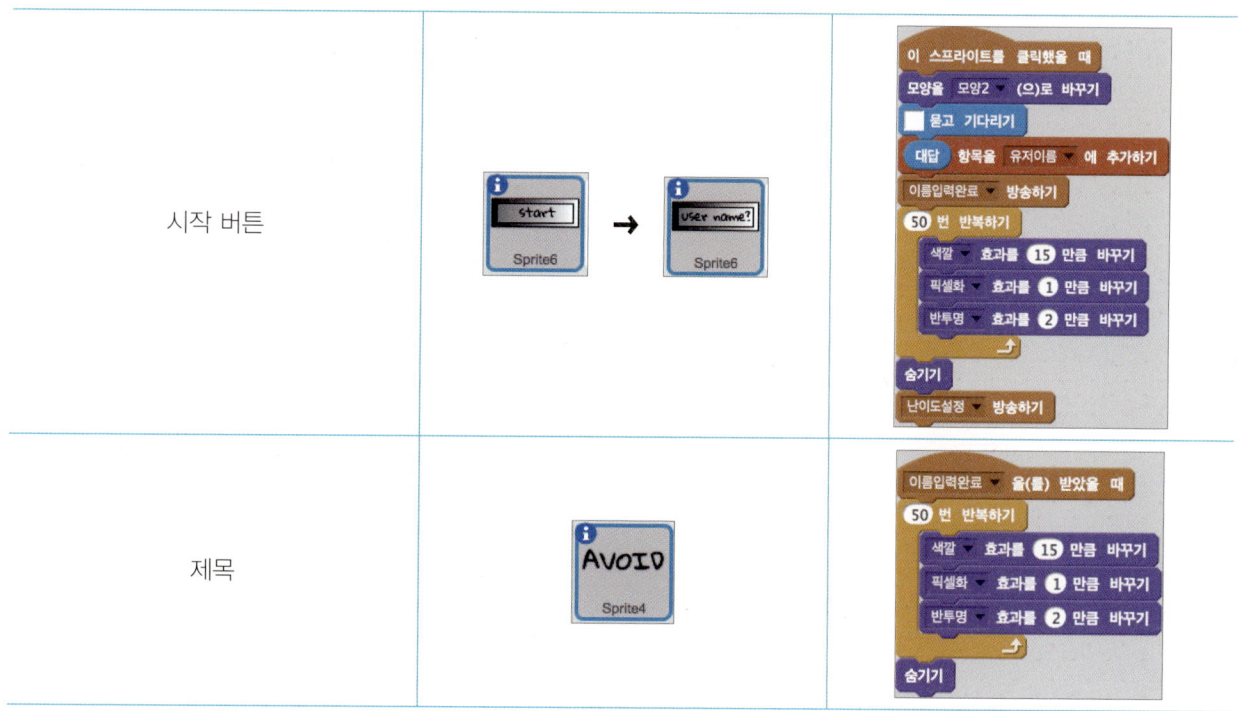

시작 버튼	start → User name?	이 스프라이트를 클릭했을 때
		모양을 모양2 (으)로 바꾸기
		묻고 기다리기
		대답 항목을 유저이름 에 추가하기
		이름입력완료 방송하기
		50 번 반복하기
		  색깔 효과를 15 만큼 바꾸기
		  픽셀화 효과를 1 만큼 바꾸기
		  반투명 효과를 2 만큼 바꾸기
		숨기기
		난이도설정 방송하기

제목	AVOID	이름입력완료 을(를) 받았을 때
		50 번 반복하기
		  색깔 효과를 15 만큼 바꾸기
		  픽셀화 효과를 1 만큼 바꾸기
		  반투명 효과를 2 만큼 바꾸기
		숨기기

시작 버튼 클릭하고 이름 입력하기

시작 버튼을 클릭하면 이름을 묻는 모양(User name?)으로 바꾼 뒤에 [묻고 기다리기] 블록을 통해 이름을 입력할 수 있도록 한다.

게임하는 사람이 입력한 이름을 리스트에 저장하기 위해 [유저이름] 리스트를 만들고 묻고 기다리기에 입력한 값을 [대답 항목을 유저이름 에 추가하기] 리스트에 추가해 준다.

이름 입력이 완료되었으면 다음 단계로 가기 위해 [이름입력완료 방송하기] 를 이용해 방송해 준다.

묻고 기다리기 블록의 이용 방법

묻고 기다리기 블록을 이용할 때, 묻는 질문을 써넣지 않으면 스프라이트에 말풍선이 생기지 않는다.

 시작 버튼 숨기기

이름 입력이 완료되면 제목 스프라이트와 시작 버튼을 숨겨주어야 한다. 시작 버튼은 이름 입력과 연결되어 있기 때문에 아래 그림과 같이 한 스크립트에 추가하여 숨길 수 있다. 하지만 제목은 시작 버튼에서 `이름입력완료 방송하기` 블록으로 방송을 해주어야 한다.

시작 버튼을 숨길 때에는 `색깔 효과를 15 만큼 바꾸기` `픽셀화 효과를 1 만큼 바꾸기` `반투명 효과를 2 만큼 바꾸기` 효과를 50번 반복한 뒤 숨겨 자연스럽게 만들어 준다.

시작 버튼이 숨겨지면 난이도 설정 화면으로 가기 위해 `난이도설정 방송하기` 블록을 쌓아준다.

제목을 숨기기 위해 방송하기

스프라이트 숨기기

제목 숨기기

시작 버튼에서 방송한 `이름입력완료 방송하기` 블록을 통해 제목을 숨겨준다. 다음의 그림처럼 시작 버튼을 숨겼던 방법과 똑같은 그래픽 효과를 주어 숨겨준다.

05 난이도 설정으로 넘어가기

난이도 설정 방송 받기

3장에서 '난이도 설정 스프라이트'와 '난이도 설정안내 스프라이트'는 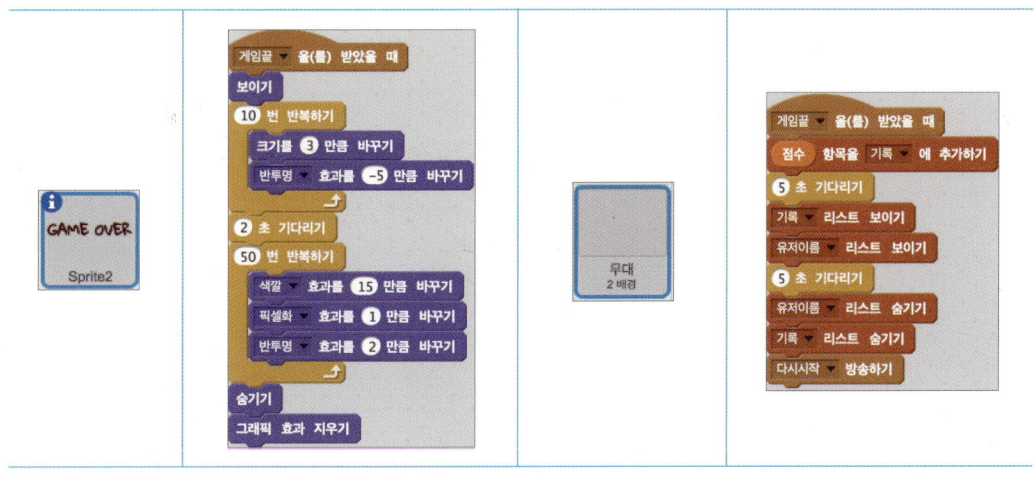 를 통해 실행되었다. 하지만 4장에는 첫 화면이 게임 시작 화면이기 때문에 를 모두 로 바꿔주어 시작 버튼에서 보낸 방송을 받을 수 있도록 해준다.

06 게임 끝내기

 게임 끝 효과 주기

GAMEOVER 스프라이트도 게임 시작의 제목이나 시작 버튼과 같은 그래픽 효과를 넣어 준다. 단 중요한 점은 재시작을 통해 게임을 반복하기 때문에 GAMEOVER 스프라이트가 다시 등장하기 위해 스프라이트를 숨긴 뒤 그래픽 효과 지우기 를 통해 모든 효과를 지워준다.

점수 저장하기

게임이 끝나면 변수 점수 에는 게임의 점수가 저장되어 있다. 기록 리스트를 만들고 무대를 클릭하여 점수 항목을 기록 ▼ 에 추가하기 를 통해 점수를 저장해 준다.

· 속닥속닥 ·

리스트와 관련된 블록은 어디에 있어도 관계없지만 이번 프로젝트에서는 무대에 모아 놓도록 해준다.

다른 스프라이트에는 그 스프라이트와 관련된 스크립트들이 많기 때문에 무대에 모아두면 관리하거나 디버깅하기(에러를 잡기) 편하다.

이름과 점수 보여 주기

게임이 끝나면 리스트에 저장된 이름과 점수를 보여주도록 해볼 것이다. ☑ 기록 ☑ 유저이름 리스트 앞의 체크박스를 클릭하여 화면에 리스트를 보이게 한 후, 아래 그림과 같이 적당하게 자리를 잡아 준다.

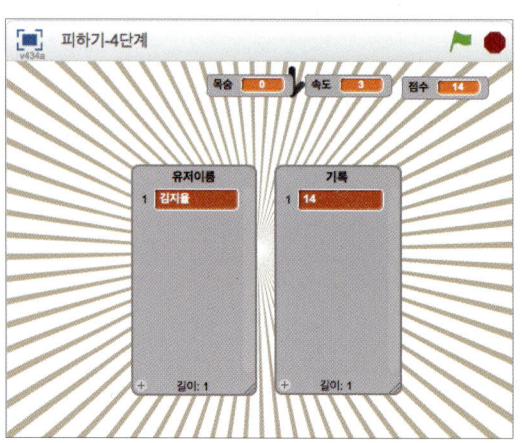

두 리스트 항목이 확인할 수 있는 시간 동안 나타났다가 다시 사라진 뒤 게임을 재시작할 수 있도록  를 통해 방송하도록 해준다.

06 재시작 방송하기

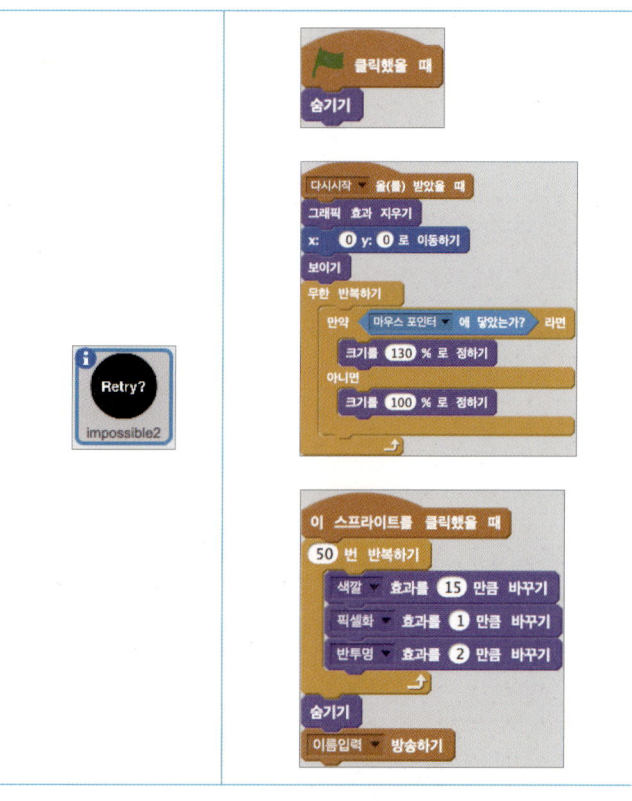

![첫 화면에서 스프라이트 숨기기] **첫 화면에서 스프라이트 숨기기**

 재시작 스프라이트는 게임 시작 화면에서 보이지 않게 만들어 준다.

![스프라이트 등장시키기] **스프라이트 등장시키기**

무대에서 방송한  를 받아서 스프라이트가 등장할 수 있도록 해준다. 그리고 앞에서 만든 다른 버튼과 마찬가지로 마우스에 닿으면 확대될 수 있도록 만들어 준다.

게임 재시작 방송하기

재시작 스프라이트가 클릭되면 앞에서 해주었던 그래픽 효과를 똑같이 두면서 사라질 수 있도록 해준다. 이 스프라이트 또한 게임이 재시작될 때마다 등장해야 하기 때문에 스프라이트를 숨기고  를 통해 원래의 모습으로 되돌려 준다.

스프라이트가 숨겨지고 그래픽 효과가 지워지면 이름입력 방송하기 를 통해 이름 입력으로 돌아가게 해준다.

·속닥속닥·

이름입력 방송하기 블록은 앞에서 이름을 입력했던 과정과는 아직 연결되지 않은 방송하기 블록이다.

다음 단계에서 이 방송을 받는 스크립트를 만들어 준다.

---

08 이름 입력으로 돌아가기

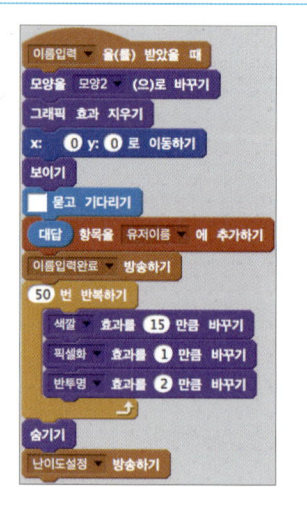

 **시작 버튼 스프라이트 재사용하기**

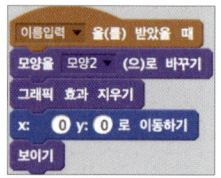

이름 입력을 받으면 숨겼던 시작 스프라이트를 '모양2'로 바꾸고, 그래픽 효과를 지운 뒤 무대 중앙에 등장시킨다.

이름 입력 스크립트 복사해 붙여 넣기

게임을 처음 시작할 때의 이름 입력은 시작버튼 스프라이트  를 직접 클릭했을 때 실행되었다.

게임이 재시작될 때에는 방송을 받으면 바로 실행될 수 있도록 똑같은 스크립트를 복사하여 붙여준다.

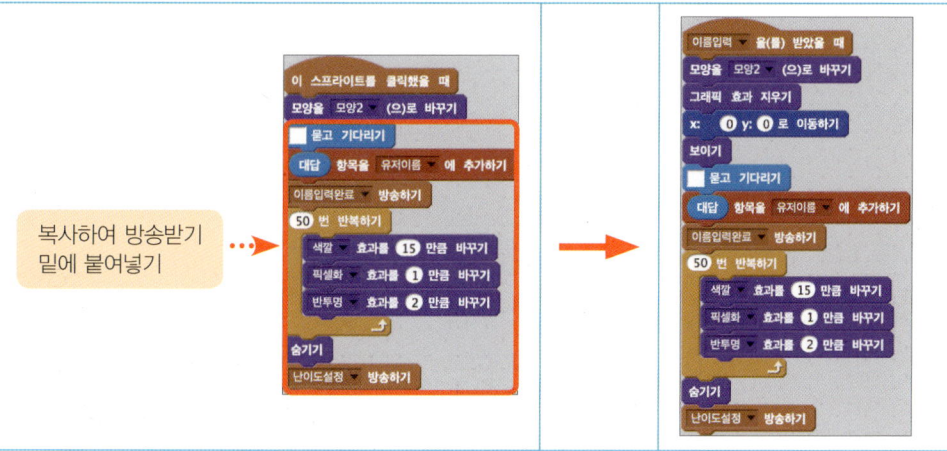

복사하여 방송받기 밑에 붙여넣기

09 게임 초기화하기

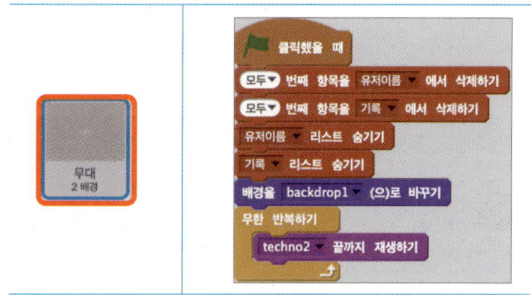

리스트 초기화하기

 가 클릭되었을 때, 게임이 처음부터 다시 시작되어야 한다. 리스트에 저장된 이름과 점수를 초기화하기

위해 무대의 배경 음악과 배경 설정 위에 [모두▼ 번째 항목을 유저이름▼ 에서 삭제하기], [모두▼ 번째 항목을 기록▼ 에서 삭제하기] 블록과 [유저이름▼ 리스트 숨기기], [기록▼ 리스트 숨기기] 블록을 추가하여

리스트 내용을 초기화 해주고 숨겨준다.

프로그램을 실행하여 확인해 보자	O	X
▶게임 시작 화면과 끝 화면이 잘 나오는가?		
▶점수와 이름이 리스트에 잘 저장되어 있는가?		
▶게임 재시작시 진행이 매끄럽게 잘 되는가?		

다섯 걸음 | 생각을 플러스해 보자

학습목표

● 게임을 만들어 보고 스스로 평가할 수 있다.

● 생각을 얹어서 제시된 것보다 더 게임을 확장할 수 있다.

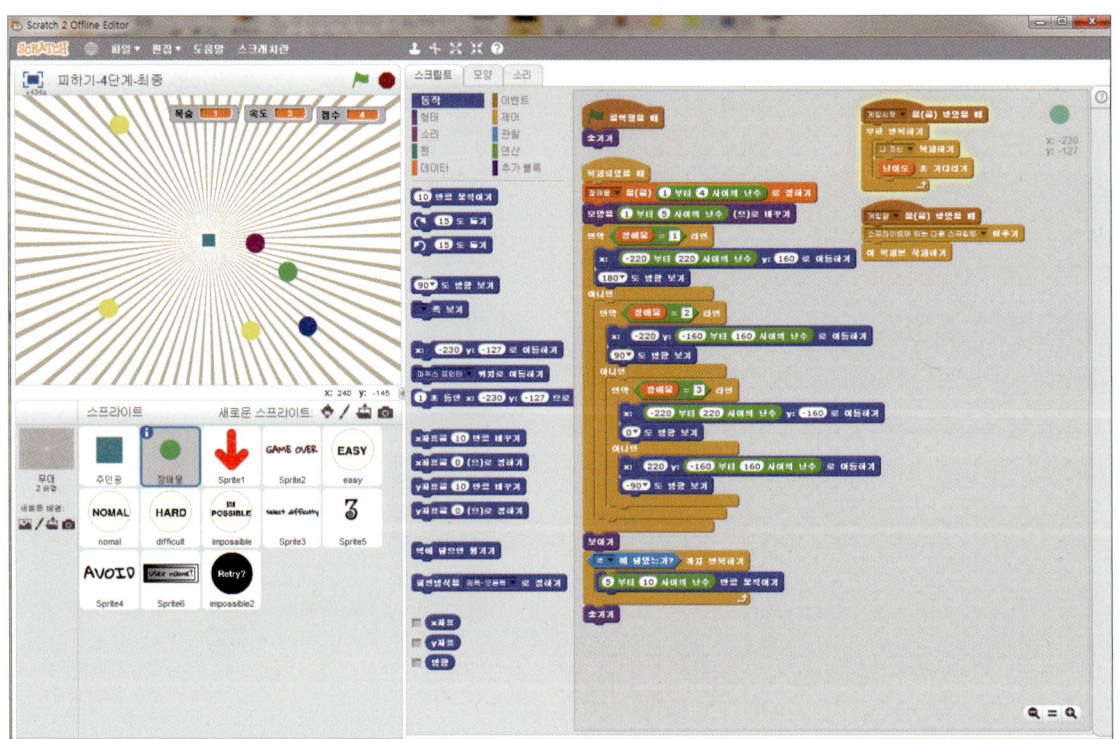

안녕하세요? 우리는 여러 단계를 거쳐서 게임을 완성해 보았어요. 이제 여러분은 스스로를 평가해 보세요. 만들면서 여러분은 무슨 생각을 하였나요? 가장 어려웠던 부분은 어떤 부분인가요? 여러분이 사용할 때 가장 자신 있는 블록은 어떤 블록인가요? 이해를 못하는데 무작정 책에 나와 있는 대로 따라하지는 않았나요? 어떤 부분을 스크래치로 표현할 때 가장 즐거웠나요?

또한, 여러분은 게임을 만들면서 자신의 게임에 더 추가하고 싶은 부분이 있었을 거예요. 만약 게임을 바꾸고 싶다면 어떤 부분을 바꾸고 싶나요? 또 블록을 사용하는 데 있어서 바꾸고 싶은 것은 없었나요?

자기평가하기

 **게임의 구조 이해하기**

프로그램을 실행하여 확인해보자.	O	X
▶ 피하기 게임에 꼭 필요한 요소를 만들 수 있다.		
▶ 어떤 요소를 넣었을 때 더 게임이 재밌는지 이해할 수 있다.		
▶ 점수, 난이도의 개념을 이해하고 그에 따라 나타나는 게임 내용도 예상할 수 있다.		

스크래치 기능 익히기

프로그램을 실행하여 확인해보자.	O	X
▶ 스프라이트나 무대에 맞는 그림을 그리고 제시할 수 있다.		
▶ 각 블록들의 기능을 알고, 적절한 상황에 적합한 블록을 적용할 수 있다.		
▶ 각 스프라이트 간의 관계를 이해하고, '위기상황 방송하기' 블록을 이용해 스프라이트를 연결할 수 있다.		

프로그래밍의 기초 연습하기

프로그램을 실행하여 확인해보자.	O	X
▶ 직접 계획한 것을 스크래치로 구현하기 위해 필요한 알고리즘을 만들 수 있다.		
▶ 반복해서 실험하고 잘못 표현된 것을 고쳐가는 과정을 통해 일련의 전략을 발전시킬 수 있다.		
▶ 문제 상황에서 문제를 해결하기 위한 대안을 제시할 수 있다.		

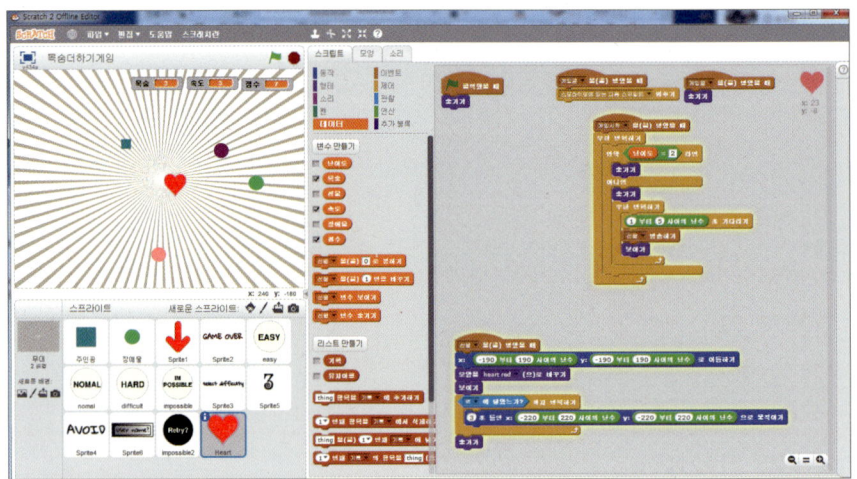
1. 만약 목숨이 플러스(+)될 수 있는 요소를 넣는다면?

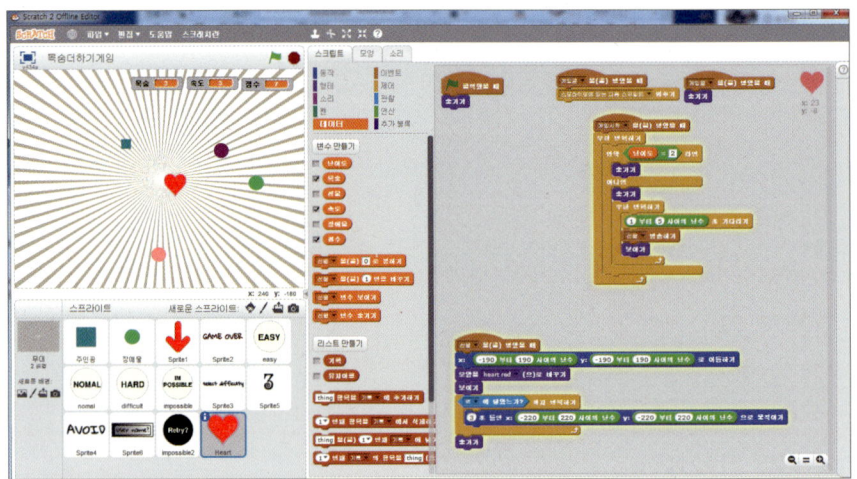

✓ 목숨이 줄어들기도 하지만, 늘어날 수 있는 요소를 넣는다면 어떻게 될까?

✓ 그럴 경우 어떻게 점수를 줄 수 있을까?

✓ 목숨이 플러스(+)될 수 있는 요소는 각각의 난이도에 어느 정도로 제시되어야 할까?

2. 만약 2인용 게임으로 만들고 싶다면?

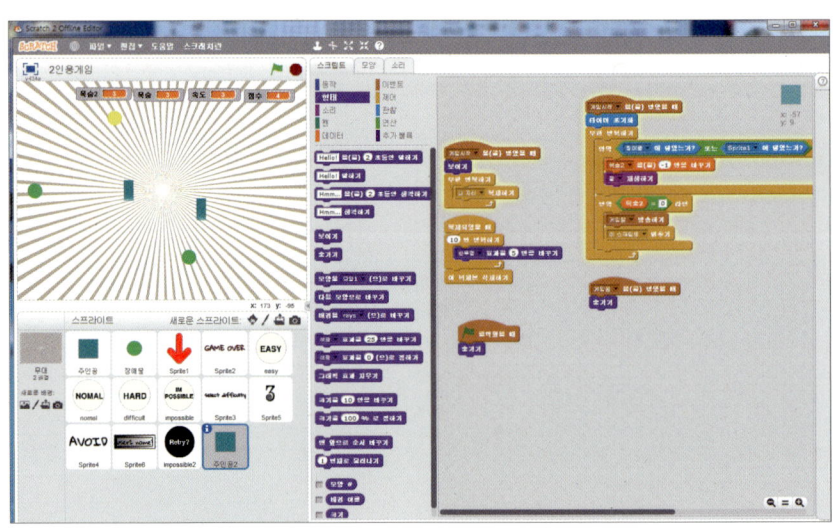

✓ 주인공 스프라이트도 2개로 만들어야 할까? 아니면 '나 자신▼ 복제하기' 블록을 사용해도 될까?

✓ 키보드로 움직이게 만들 때, 키보드 방향키 외에 사용할 수 있는 키보드의 키는 무엇이 있을까?

✓ 2인용 게임이 된다면 목숨은 어떻게 제시해야 할까? 목숨 변수는 몇 개를 사용해야 적합할까?

✓ 이름과 점수 리스트에 값을 올린 후에 승자와 패자를 가를 수 있는 방법이 있을까?

3. 게임을 하면서 난이도를 직접 조절할 수 있다면?

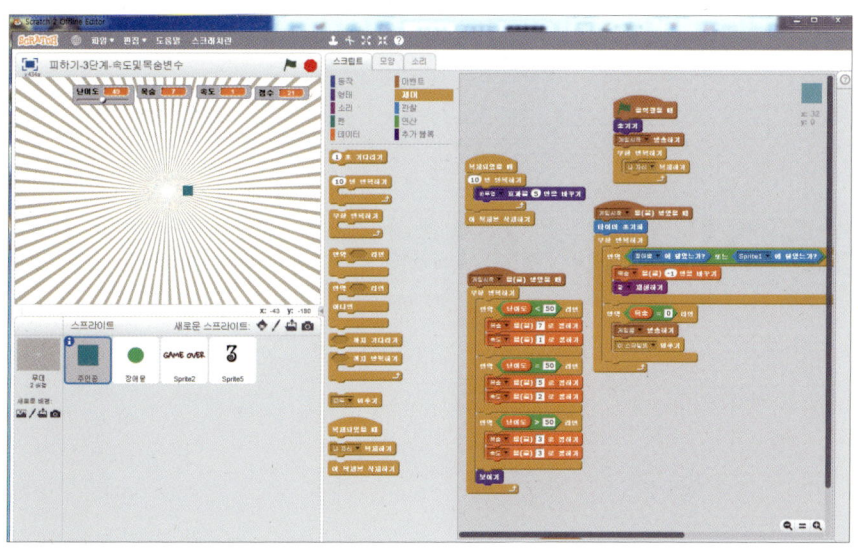

✓ 변수를 직접 조절해가면서 게임할 수 있다면?
✓ 화면에 피해서 돌아가야 하는 장애물을 놓는다면?

● 피하기 4단계 실행 결과 화면

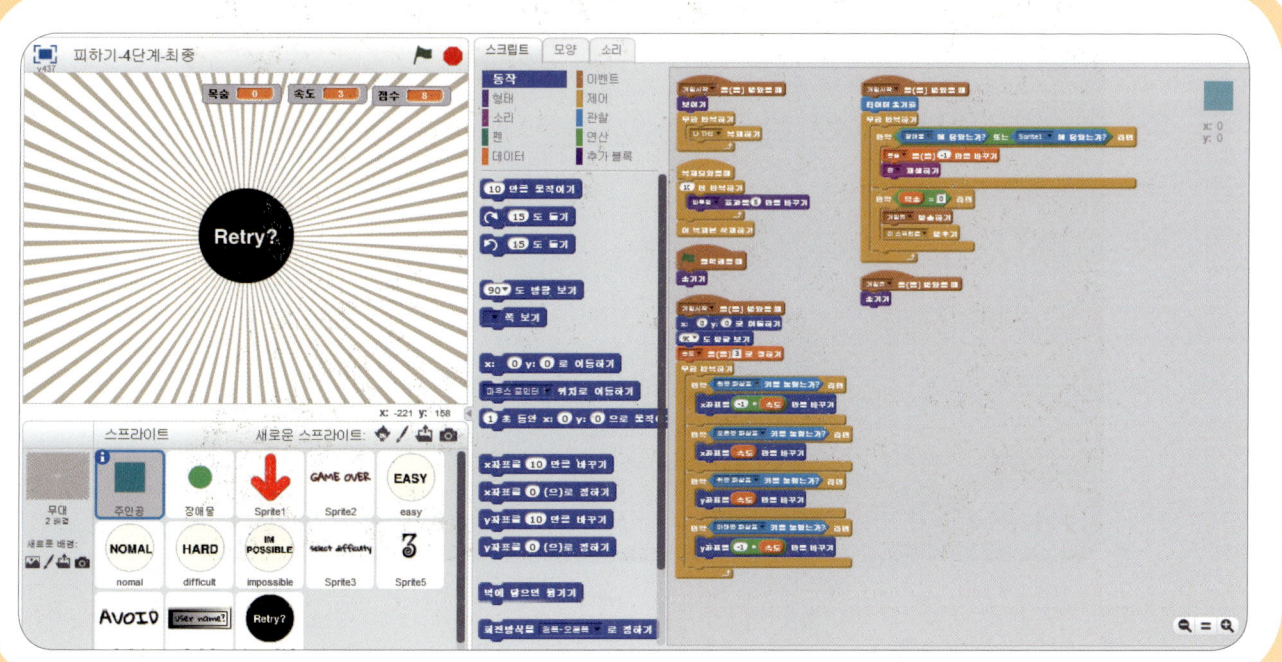

나는 천문학자!

달의 위상 변화 시뮬레이션

● 달의 위상 변화 3단계 실행화면

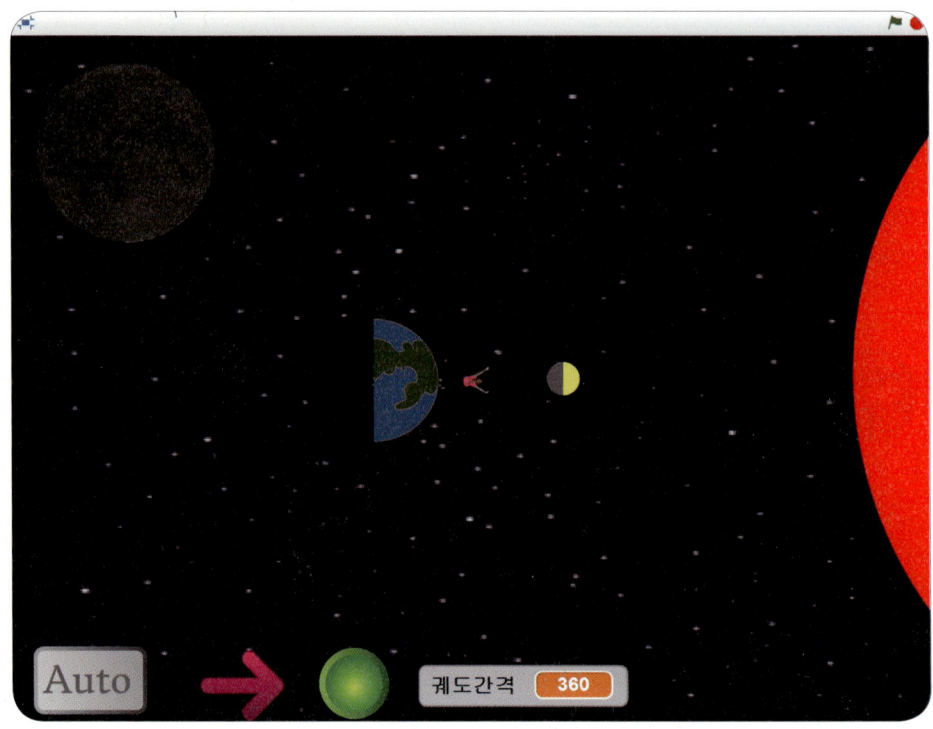

달의 위상 변화 시뮬레이션

여러분은 밤하늘의 달을 보면서 상념에 잠기기도 하지만 누구나 한번쯤 달의 모양이 왜 달라질까에 대해서 궁금해 한 적이 있을 것이다. 이러한 관심과 호기심이 사람들이 우주를 탐구할 수 있는 힘이 됐을지도 모른다.

이번 프로젝트에서는 간단한 시뮬레이션을 만들어 보려고 한다. 시뮬레이션이라고 하면 어렵게 생각할 수도 있는데 그렇지 않다. 시뮬레이션이라는 것은 실제로 관찰하거나 해보기 어려운 어떤 것을 실제와 가깝게 해서 컴퓨터로 나타내는 것을 말한다. 우리가 실제 달의 움직임과 모양을 스크래치로 만들어 볼 수 있다니 멋지지 않은가?

달의 위상 변화 시뮬레이션은 다음과 같은 과정으로 만들어 볼 것이다. 먼저, 시뮬레이션에 필요한 스프라이트들을 그리거나 가져와서 준비하고, 달을 지구 주위로 공전시키는 알고리즘을 만든 다음에 지구가 음력 날짜를 말하게 만드는 것이다. 그리고 음력 날짜에 따라 달의 모양도 다르게 바꾸어 주면 끝이다. 이 시뮬레이션을 완성하고 나면 여러분은 날마다 달의 모양이 달라지는 원리를 알 수 있고, 스크래치의 고급 기능들을 더 익혀서 실력이 한 단계 향상될 수 있을 것이다.

학습목표

● 달의 위상 변화를 프로그램으로 구현하는 시뮬레이션에 대해서 알 수 있다.

● 달의 위상 변화 시뮬레이션을 만들면서 스크래치의 기능을 익힐 수 있다.

● 시뮬레이션을 더 좋은 방향으로 확장할 수 있는 아이디어를 떠올릴 수 있다.

사용하는 블록 확인하기

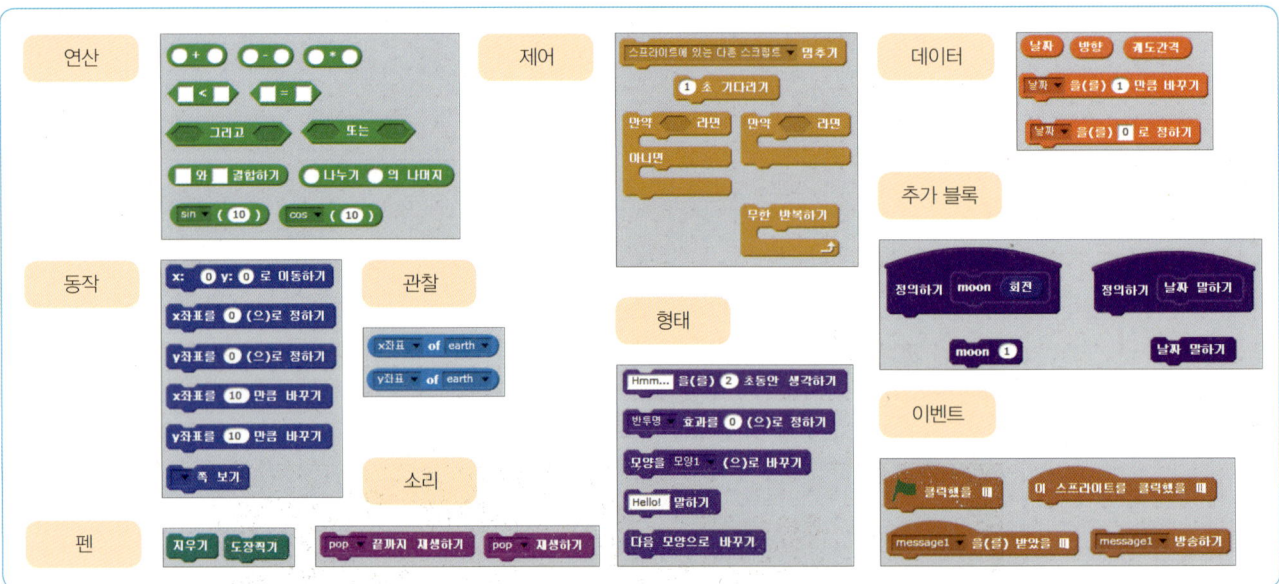

학습 순서 확인하기

한 걸음	두 걸음	세 걸음	네 걸음
스프라이트 만들기	**달의 위치 변화 나타내기**	**달의 모양 변화 나타내기**	**시뮬레이션 완성하기**
• 스프라이트 만들기 • 무대 꾸미기 • 배경 음악 넣기	• 달을 공전시키기 • 회전 방식 선택하기 • 날짜 표시하기	• 날짜에 따른 달의 모양 변화 나타내기 • 달의 모양에 따른 이름 표시하기 • 달의 공전 궤도 표시	• 자기 평가하기 • 생각 확장하기

한 걸음 스프라이트를 만들자

학습목표

- 시뮬레이션에 필요한 주요 스프라이트와 배경을 만들 수 있다.
- 스프라이트의 초기 위치를 정할 수 있다.

안녕하세요? 저는 프로젝트 2의 마스코트 '고보(Gobo)'예요. 첫 시간에는 시뮬레이션에 필요한 주요 스프라이트와 배경을 준비할 거예요. 여러분도 알다시피 달의 위상 변화는 지구와 태양, 달의 위치가 달라지면서 발생하는 현상이에요. 그렇기 때문에 가장 중요한 스프라이트는 지구, 달, 태양이에요. 그리고 각 스프라이트는 자신의 특성에 맞는 상대적인 크기를 가져야 하고 때로는 모양을 다르게 해야 해요. 이제 필요한 스프라이트와 배경을 준비하고, 시뮬레이션에 어울리는 배경음악을 고르는 시뮬레이션 만들기의 기초 작업을 해볼게요.

01 스프라이트 그리기와 무대 정하기

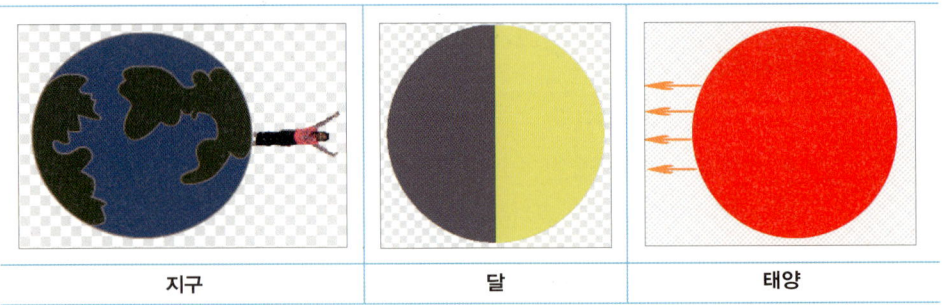

| 지구 | 달 | 태양 |

 **'지구' 스프라이트**

달의 위상이라는 것은 결국 지구에서 봤을 때 달의 모양과 위치가 어떻게 달라지느냐 하는 것이기 때문에 지구가 중심이 될 수밖에 없다. 제일 먼저 '지구' 스프라이트를 마련해 볼 것이다. 다행히 스프라이트 저장소에 'earth(지구)'가 있으니 이 스프라이트를 선택해 준다.

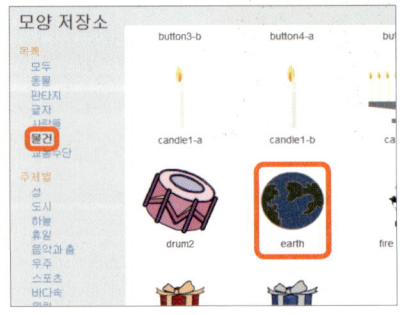

그리고 지구에서 달을 관찰하는 사람을 표시해 주기 위해서 그림판을 이용해서 'earth'에 사람 이미지를 합성해 준다. 그리고 스프라이트의 초기 위치를 x : −50, y : 0 으로 설정해 준다.

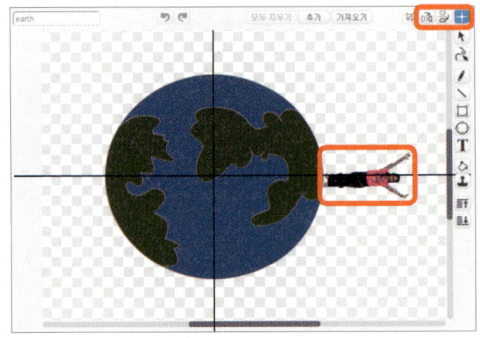

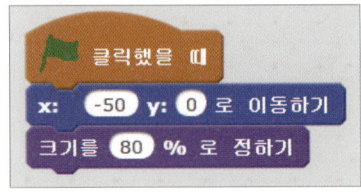

☀ '달' 스프라이트

지구를 공전하는 '달' 스프라이트는 그리기 도구(🖌️ / 📤 📷)를 이용해서 간단하게 그려준다. 이때 그림판은 비트맵 모드나 벡터 모드 중 어떤 것이든 상관없지만 원을 나누어서 색칠하는 기능을 사용하기 위해서 비트맵 모드를 사용하면 편리하다. 그리기 도구 중에서 타원을 선택하고 (Shift) 키를 누르면서 마우스로 원을 그릴 수 있다. 모양 중심 설정 도구(➕)를 이용해서 중심을 맞춘 다음 원을 둘로 나누는 선을 그어준다. 그리고 오른쪽은 햇빛을 받는 부분이기 때문에 노란색으로, 왼쪽은 햇빛을 받지 않는 그늘진 곳이기 때문에 회색으로 색칠해 준다.

☀ '태양' 스프라이트

'태양' 스프라이트 역시 그리기 도구(🖌️ / 📤 📷)를 이용해서 간단하게 원을 그리고 붉은 색으로 색칠해 준다. '태양' 스프라이트는 크기가 중요한다. 다른 두 천체에 비해서 훨씬 크게 그려준다. 실제라면 거리상 스크래치 무대 영역에서는 보이지도 않겠지만 햇빛이 비치는 방향을 표시하기 위해서 귀퉁이만 보이게 배치해 준다. 그리고 햇빛이 비치는 것을 상징적으로 나타내기 위해서 화살표를 추가한 스프라이트도 준비해준다.

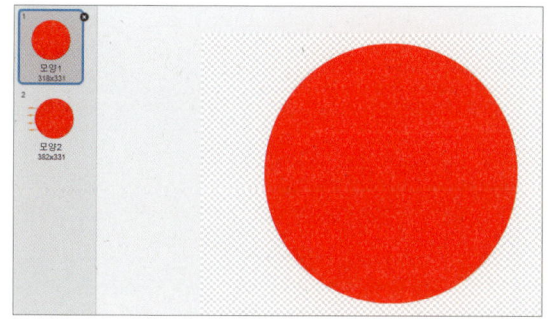
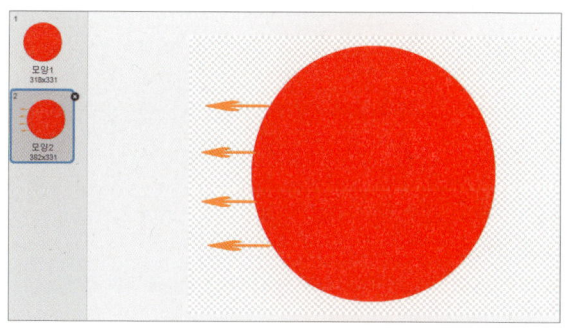

무대 선택하기

배경이 우주 공간이기 때문에 배경 저장소에 있는 우주 배경 중에서 'stars'를 선택해 준다.

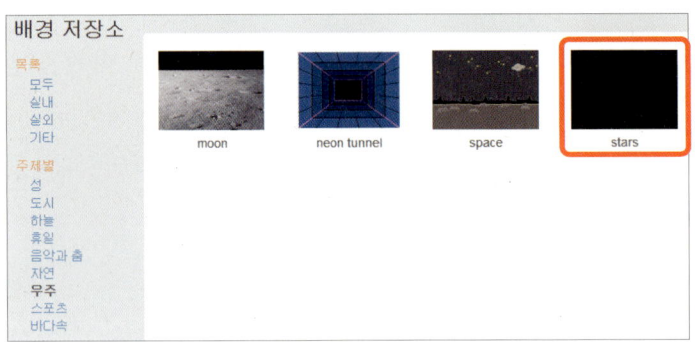

02 '태양' 스프라이트 모양 바꾸기

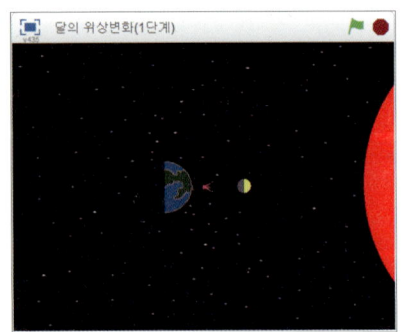

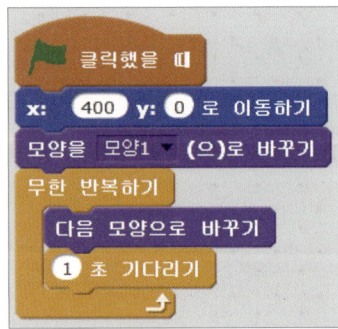

일정 시간 동안 반복해서 모양 바꾸기

　태양이 일정한 시간 간격을 두고 모양을 바뀔 수 있게 설정해 준다.이렇게 하면 달에서 밝게 빛나는 부분이 태양빛을 반사한 것이라는 것을 잘 알 수 있다. 그리고 광원인 태양의 방향을 잘 표현할 수 있기 때문에 일정한 시간 간격을 두고 모양을 바꿔준다.

03 '지구' 스프라이트 그림자 만들기

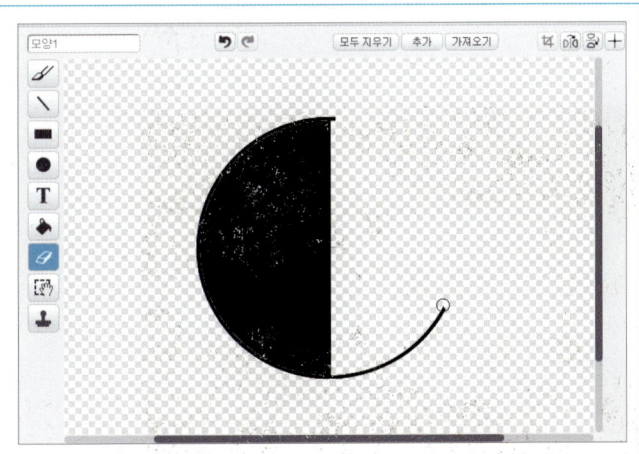

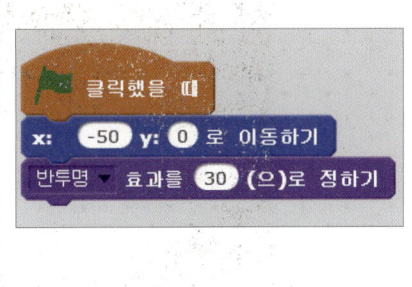

 **반원(그림자) 스프라이트 그리기**

 달과 마찬가지로 지구 역시 햇빛이 비치지 않는 부분은 그림자가 생기기 마련이다. 이 스프라이트에 반투명 효과를 30만큼 주면 그림자처럼 보이게 하는 효과를 줄 수 있다. 위치는 지구 스프라이트의 위치와 같게 해준다.

04 배경 음악 추가하기

 배경 음악은 시뮬레이션의 주제와 분위기에 맞게 여러분이 녹음하거나 다운 받아서 사용할 수 있다. 여기서는 스크래치 저장소에 있는 'drip drop'을 사용할 것이다.

시뮬레이션과 실제의 차이

위 그림에서 알 수 있듯이 지구와 달 사이의 거리인 384,400km는 나머지 태양계 행성 모두가 들어 갈 수 있을 정도로 먼 거리이다. 그렇다면 태양에서 지구까지의 거리는 얼마나 될까? 그 거리는 약 150,000,000km로 지구의 달 사이의 거리에 300배가 훨씬 넘는 거리이다. 이 정도 거리에 있는 천체들을 실제와 같은 비율로 스크래치 무대에 나타낸다면 지구와 달은 보이지 않는 점이 되고 말 것이다. 시뮬레이션은 가장 실제에 가깝게 나타내는 것이 가장 중요하겠지만 그 목적에 따라서 특정 부분을 강조해서 나타내기도 하기 때문에 실제와 완전히 일치하지 않는다는 점도 고려해 준다.

프로그램을 실행하여 확인해 보자	O	X
▶ 시작을 클릭했을 때 배경 음악이 재생되는가?		
▶ 시작을 클릭했을 때 '태양' 스프라이트의 모양이 바뀌는가?		
▶ 시작을 클릭했을 때 '그림자' 스프라이트는 반투명으로 바뀌는가?		

두 걸음 달의 위치 변화 나타내기

학습목표

- 두 가지 방법으로 달을 공전시킬 수 있다.
- 달의 위치에 따라 음력 날짜의 변화를 표시할 수 있다.

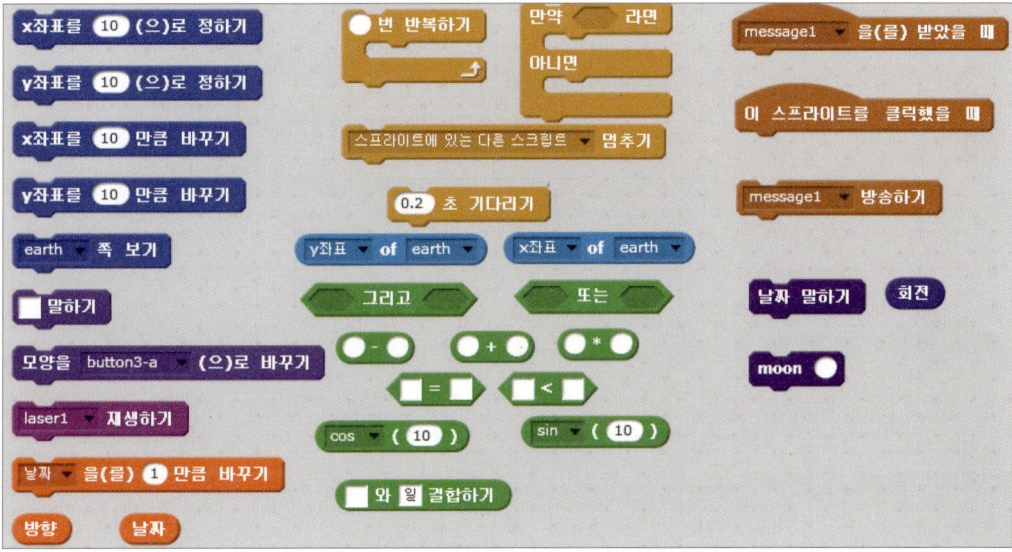

안녕하세요? 두 번째 시간에는 본격적으로 '달' 스프라이트를 움직여 볼게요. 즉, 달이 일정한 규칙에 따라 지구 주위를 공전하도록 만들어줄 거예요. 이때 공전하는 방식은 한 번에 한 바퀴를 돌게 할 수도 있고 단계별로 조금씩 이동하게 할 수도 있어요. 달의 움직임이 결정되면 달의 위치에 따라서 음력 날짜의 변화도 표시하도록 프로그래밍을 해볼게요. 이 과정에서 다소 복잡한 알고리즘과 연산을 사용하게 되니까 집중해서 살펴볼 수 있도록 해요.

01 지구를 공전하는 달 만들기

달이 공전하는 속도를
결정한다.

달과 지구 사이의
거리를 결정한다.

'방향' 변수 만들기

'방향' 변수는 달의 위치를 결정해 주는 중요한 변수이다. 데이터에서  변수를 만들어 주고 초기 값을 90으로 설정해준다.

원심력과 구심력 만들기

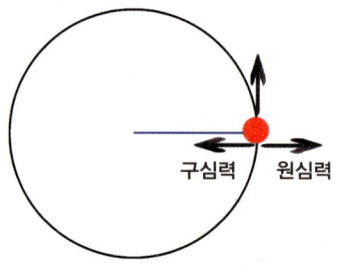

천체가 회전 운동을 하기 위해서는 구심력과 원심력이 함께 작용해야 한다. 구심력은 중력에 의해서 중심이 되는 천체(지구) 쪽으로 당기는 힘이고, 원심력은 이것에 반대되는 힘이다. 이 힘이 함께 작용하면 천체(달)는 회전 운동을 하게 되는 것이다. 이 시뮬레이션에서도 이러한 힘의 작용을 설정해서 달을 회전시켜 볼 것이다.

먼저, 구심력을 설정하기 위해서 '달' 스프라이트의 위치를 '지구' 스프라이트의 위치로 정해준다.

다음으로 사인 함수와 코사인 함수를 사용하여 원심력을 설정해줄 것이다. x좌표를 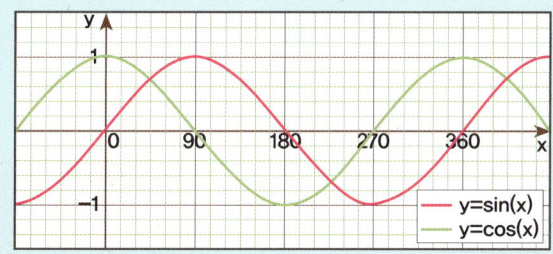 으로, y좌표는 (cos (방향) * 100) 으로 바꾸기를 설정해 준다. 이때 각 함수에 곱해지는 수는 지구에서 달까지의 거리를 결정해준다.

· 속닥속닥 ·

사인(sin) 함수와 코사인(cos) 함수

사인 함수와 코사인 함수는 삼각함수의 일종으로 직각삼각형에서 각에 따른 변의 길이의 비를 함수로 나타낸 것이다. 그래프로 그리면 위 그림과 같다. 입력하는 숫자에 따라서 서로 다른 곡선의 형태를 보이기 때문에 원운동을 표현해야 하는 이번 프로젝트에 적합한 함수이다. 특수한 값을 예를 들어서 살펴보면 방향이 90일 때 사인 함수 값은 1, 코사인 함수 값은 0을 가리키기 때문에 달은 지구를 기준으로 오른쪽에 위치하게 된다. 방향이 0일 때는 사인 함수 값은 0, 코사인 함수 값은 1을 나타내기 때문에 달은 지구를 기준으로 위쪽에 위치하게 되는 것이다. 이러한 값들이 연속적으로 바뀌기 때문에 달은 원 운동을 할 수 있다.

방향 바꾸기와 반복 횟수 정하기

앞에서 살펴본 바와 같이 방향 변수는 달의 위치를 결정하는 변수이다. 방향 변수 값이 바뀌는 정도에 따라서 이동하는 속도가 결정되기 때문에 원하는 속도를 설정해 줄 수 있다. 여기서는 천천히 움직이게 하기 위해서 0.5 만큼이 바뀌도록 설정해줄 것이다. 그리고 달은 반시계 방향으로 회전해야하기 때문에 −0.5만큼으로 설정해 준다(). 이제 간단한 계산만 하면 된다. 0.5 만큼씩 움직여서 한바퀴(360°)를 돌게 하려면 이 과정을 몇 번 반복해 주어야 할까?

02 회전 방식 선택하기

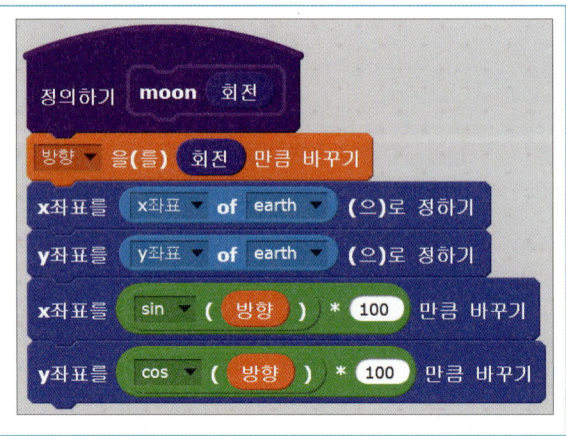

 **'moon' 추가 블록 만들기**

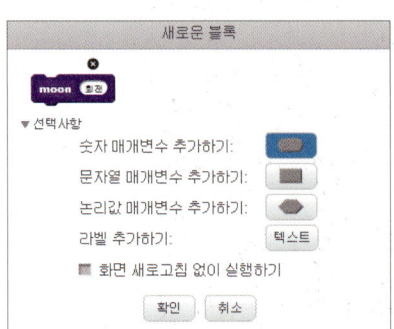

달의 회전 방식을 두 가지로 설정해 주기 위해서 반복되는 스크립트는 추가 블록으로 만들어줄 것이다. 이때 회전 방식에 따라서 움직이는 정도가 달라야하기 때문에 숫자 매개변수를 추가한 블록을 만들어 준다. 그리고 위에 제시된 그림과 같이 추가 블록을 정의해 준다.

 ### 자동회전 모드

자동회전 모드를 실행할 수 있는 스프라이트를 만들어준다. 스프라이트 저장소에 있는 버튼 이미지를 가져와서 그림판을 이용해 'Auto'라고 써준다. 버튼을 눌렀을 때 살짝 모양을 바꿔서 버튼을 누르는 효과도 줄 수 있다. 무엇보다 중요한 것은 자동회전 ▼ 방송하기 블록을 넣어 주는 것이다.

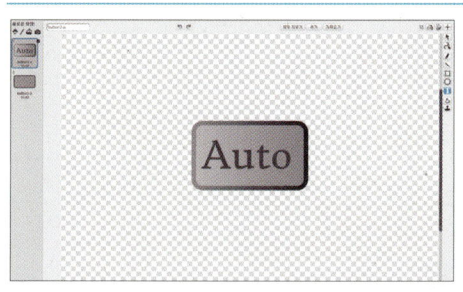

버튼 스프라이트가 자동회전 ▼ 방송하기 방송을 할 때 이 방송을 받는 스프라이트는 '달' 스프라이트이다. 이때 달 스프라이트를 '-0.5'씩 720번 반복해서 움직일 수 있게 만들어 준다.

 ### 1일 단위 회전 모드

1일 단위 회전을 실행시키는 스프라이트 역시 스프라이트 저장소에서 가져와서 사용한다. 스프라이트를 클릭했을 때는 간단한 효과음과 함께 +1일 ▼ 방송하기 블록을 넣어 준다. 이 방송은 '달' 스프라이트가 받는데 이때는 360°를 30으로 나눈 값인 -12만큼 움직이도록 설정해 준다.

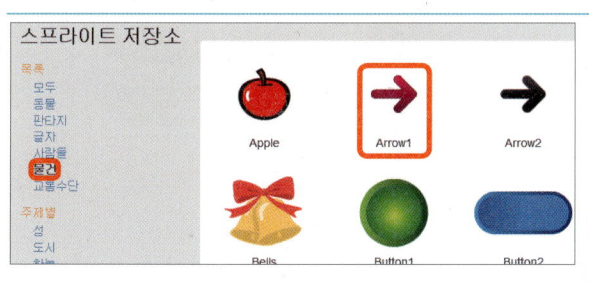

03 달의 위치에 따라 음력날짜 표시하기

방향 변수에 따른 날짜 알아보기

앞에서 살펴본 것과 같이 달의 각도가 12°만큼 줄어들 때마다 날짜는 하루씩 늘어난다. 그렇기 때문에 방향 변수의 범위와 날짜를 연결시켜 보면 다음 표와 같이 나타낼 수 있다.

'방향' 변수의 범위	날짜	스크래치 연산으로 나타낸 범위
78≦ 방향 <90	1일	방향 = 78 또는 78 < 방향 그리고 방향 < 90
66≦ 방향 <78	2일	방향 = 66 또는 66 < 방향 그리고 방향 < 78
54≦ 방향 <66	3일	방향 = 54 또는 54 < 방향 그리고 방향 < 66
42≦ 방향 <54	4일	방향 = 42 또는 42 < 방향 그리고 방향 < 54
⋮	⋮	⋮

이제 이 연산을 일반화할 수 있는 식을 만들어 볼 것이다. 처음 시작하는 값은 방향 변수 값은 90이고, 그 다음부터 12씩 줄어들기 때문에 12°라는 값과 날짜 변수를 이용하여 식을 만들 수 있다.

이 식 다음에 날짜 변수만 1씩 반복해서 증가시켜주면 훌륭한 알고리즘을 완성할 수 있다.

 ### '날짜 말하기' 추가 블록 만들기

앞에서 만든 알고리즘의 조건을 만족한다면 날짜 변수에 1을 더해준다( 날짜 ▼ 을(를) 1 만큼 바꾸기). 그 다음 바뀐 날짜를 말하게 만들어준다(날짜 와 일 결합하기 말하기). 이때 30일이 지나도 계속 날짜가 누적되는 오류를 막기 위해서 다음 블록도 함께 사용해 준다.

 ### 회전 방법에 따라 날짜 말하기

자동 회전할 때와 1일 단위 회전할 때는 날짜를 말하는 방식이 다르다.

자동회전 ▼ 을(를) 받았을 때 각도의 변화를 계속 확인하면서 날짜를 변화시켜 주어야 하기 때문에 무한 반복을 사용해야 한다.

+1일 을(를) 받았을 때 에는 반복해서 각도를 확인해 줄 필요가 없기 때문에 다른 스크립트를 멈추고 바로 날짜 말하기 를 실행시켜 주면 된다.

프로그램을 실행하여 확인해 보자	O	X
▶ 'Auto' 버튼을 클릭할 때 '달' 스프라이트가 자동으로 회전하는가?		
▶ 화살표 스프라이트를 클릭했을 때 '달' 스프라이트가 −12°씩 이동하는가?		
▶ '달' 스프라이트의 위치에 따라 '지구' 스프라이트가 날짜를 말하는가?		

세 걸음 달의 모양 변화 나타내기

- 날짜에 따라 달의 모양 변화를 나타낼 수 있다.
- 달의 공전 궤도를 표시하는 버튼을 만들 수 있다.

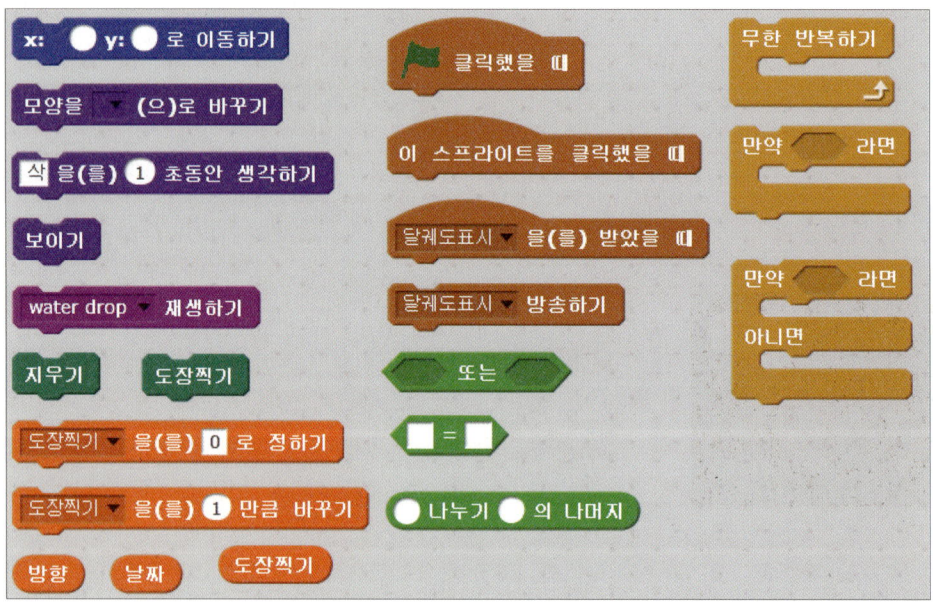

안녕하세요? 세 번째 시간에는 본격적으로 달의 모양 변화를 나타내주는 프로그램을 만들어 볼 거예요. 달이 지구 주위를 공전하면서 지구에서 보는 달의 모양이 조금씩 바뀌게 되고 그 모양에 따라서 달의 이름도 다르게 표시할 수 있어요. 이러한 과정을 거치게 되면 이 프로그램은 한 달 동안의 달의 움직임과 모양을 모두 표시할 수 있어요. 또 달이 어떤 궤도를 따라서 이동을 하는지 그 궤도를 다양한 방법으로 나타낼 수 있는 기능도 추가해서 더욱 흥미로운 프로그램을 만들어볼 거예요.

생각 열기 : 하나하나 꼼꼼하게!

01 날짜에 따라 달의 모양 바꾸기

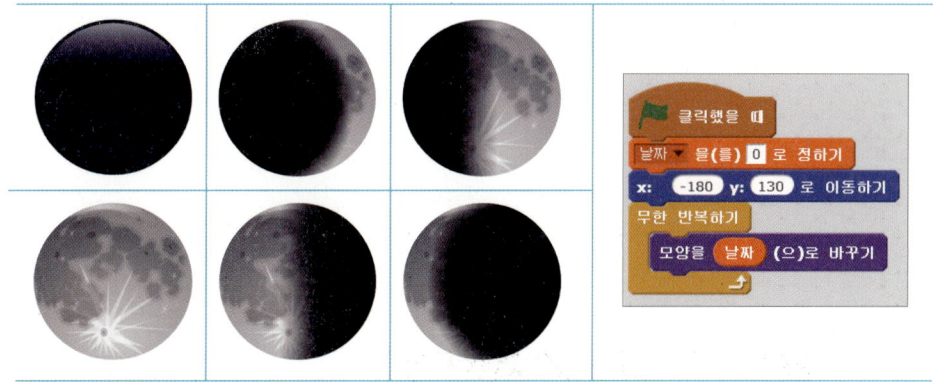

'달 모양' 스프라이트 가져오기

달의 위상 변화에서 핵심은 초승달, 상현달, 보름달, 하현달, 그믐달 등과 같이 날짜에 따라 달의 모양이 달라지는 것이다. 날짜에 따라 달의 모양이 바뀌는 이유는 앞에서 살펴본 바와 같이, 달은 지구 주위를 공전하고 태양이 비치는 방향은 일정하기 때문이다. 다시 말해, 달은 스스로 빛을 내지 못하기 때문에 태양빛을 반사해서 빛을 내게 되는데 빛이 비치는 방향이 일정하기 때문에 지구에서 보는 사람은 달의 모양이 다르게 보이는 것이다. 음력날짜에 맞게 준비된 '달의 모양' 스프라이트는 다음 방법으로 다운받을 수 있다.

❶ 인터넷 주소창에 "http://goo.gl/UoMrbq"을 입력해 준다(대소문자 반드시 구분).
❷ 연결되는 페이지에서 '달의 모양' 스프라이트를 다운받는다.
❸ 다운받은 파일을 새로운 스프라이트로 불러온다.

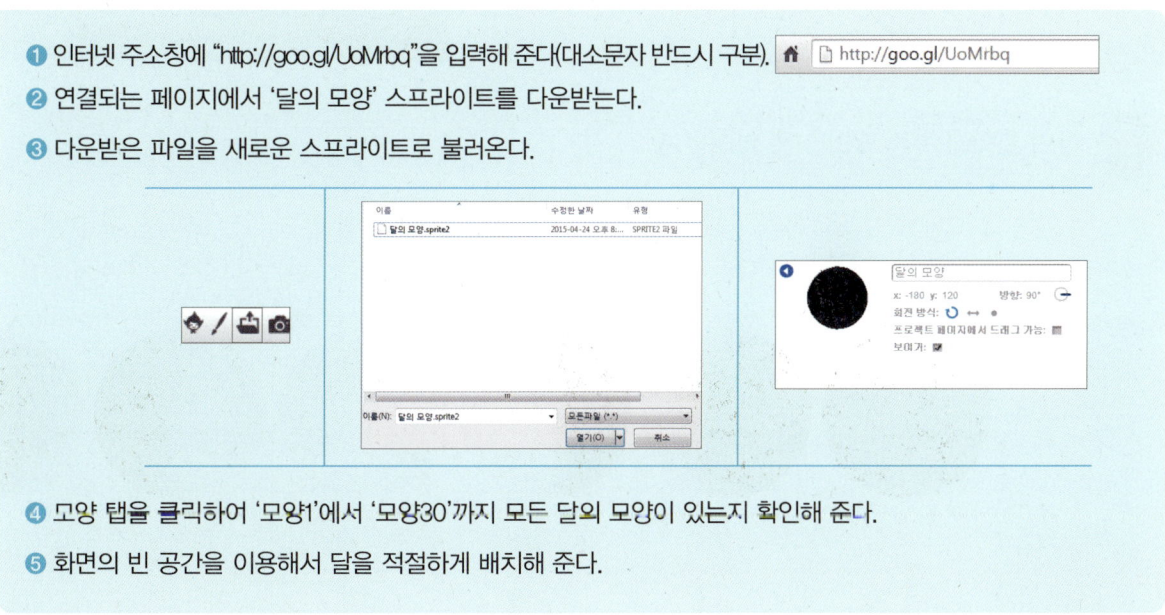

❹ 모양 탭을 클릭하여 '모양1'에서 '모양30'까지 모든 달의 모양이 있는지 확인해 준다.
❺ 화면의 빈 공간을 이용해서 달을 적절하게 배치해 준다.

 **날짜 변화에 따라 모양 바꾸기**

날짜에 따라 달의 모양을 바꾸는 방법은 의외로 간단하다. 모양 바꾸기 블록에서 모양 이름을 선택하는 부분에 변수 블록을 넣을 수 있다. 모양을 모양1 (으)로 바꾸기 이곳에 날짜 변수를 넣어 주면 날짜에 따라 달의 모양이 자동으로 바뀌는 것을 확인할 수 있다. 그리고 시작할 때, 날짜 을(를) 0 로 정하기 로 조정해 준다.

02 달의 모양에 따라 이름 바꾸기

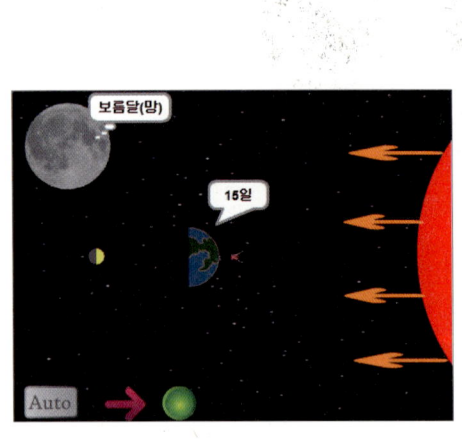

 **달의 모양에 따른 달의 이름 알아보기**

달은 그 모양에 따라서 여러 가지 이름을 가지고 있다. 여러분이 잘 알고 있는 보름달, 초승달 같은 이름도 달의 모양에 따라 정해진 것이다.

달의 모양						
달의 이름	삭	초승달	상현달	망(보름달)	하현달	그믐달
시기(음력)	30일, 1일	3~4일	7~8일	15일	22~23일	27~28일

조건에 맞게 이름 표시하기

이 시뮬레이션에서 달의 모양은 날짜를 기준으로 정해졌기 때문에 달의 이름 역시 날짜 변수를 기준으로 정해볼 것이다. 이때, 사용할 수 있는 블록이 '만약 라면'과 같은 조건문이다. 그리고 조건문 안에서 조건이 될 수 있는 것이 날짜 변수이다. 예를 들어서, 삭 을(를) ① 초동안 생각하기 라고 표시하고자 할 때 날짜는 '1일 또는 30일'이기 때문에 조건문에는 날짜 = 1 또는 날짜 = 30 연산을 사용할 수 있다. 그리고 나서 아래와 같은 블록들을 연결해 주면 달의 모양에 따라 이름을 표시해 주는 프로그램이 완성되는 것이다.

03 궤도 표시 버튼 만들기

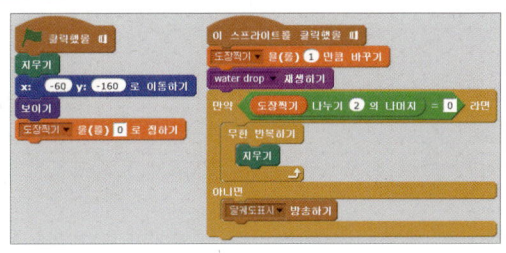

스프라이트의 처음 값 정하기

달이 지나간 궤적을 표시하는 기능을 추가하기 위해 궤적 표시 명령을 내릴 수 있는 버튼을 만들려고 한다. 먼저 스프라이트 이미지는 저장소에 있는 스프라이트 중에서 'button1'을 가져와서 사용할 것이다. 앞에서 만들었던 버튼들과 같은 라인에 있어야 조작하기 편하기 때문에 적당한 위치를 정해주는 것도 잊지 말자.

'도장 찍기' 변수 만들기

달이 움직이는 궤도를 표시하기 위해 펜에 있는 도장 찍기 블록을 사용할 것이다. 이때, 아무 때나 궤적이 표시되는 것이 아니라 버튼을 눌렀을 때 궤적이 표시되고, 버튼을 다시 누르면 궤적이 지워지게 만들기 위해서 도장찍기 변수를 만들어줄 것이다. 프로그램을 시작할 때는 변수에 '0'을 저장하고 버튼을 클릭할 때마다 '1'씩 누적해 준다. 그리고 간단한 효과음도 넣어준다.

이제 이 버튼을 한 번 누르면 1, 다시 누르면 2, 한 번 더 누르면 3 으로 변수값이 바뀌기 시작한다. 이 숫자들을 구분해 보면 변수값이 2의 배수 일 때와 2의 배수가 아닐 때로 나누어서 명령을 내릴 수 있다. 2의 배수는 변수를 2로 나눴을 때 나머지가 0이 되는 수로 표현할 수 있다.(도장찍기 나누기 2 의 나머지 = 0). 이것을 다시 조건문으로 표현하면 다음과 같다.

 ### 방송하기와 지우기

이제 조건문의 각 상황에서 어떤 작업을 해야 할지 생각해보자. 도장 찍기 변수가 2의 배수가 아닐 때는 달궤도표시 ▾ 방송하기 라는 방송을 해서 '달' 스프라이트가 움직이면서 궤도를 표시할 수 있게 명령을 내려준다. 반대로 도장 찍기 변수가 2의 배수일 때는 무한 반복하기 지우기 블록을 넣어서 지금까지 그렸던 궤적을 모두 지울 수 있게 설정해 주자.

04 달의 공전 궤도 표시하기

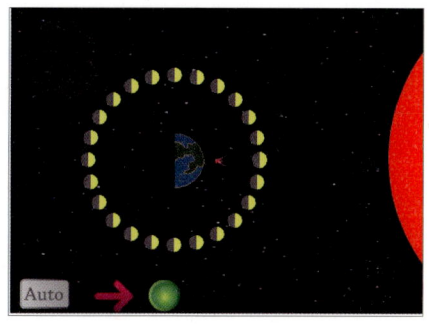

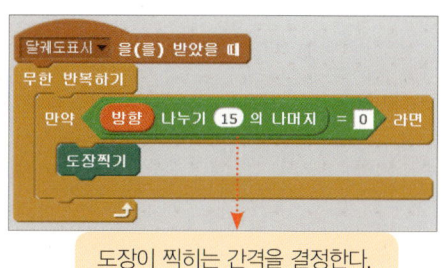

도장이 찍히는 간격을 결정한다.

일정한 간격으로 궤도 표시하기

위 그림과 같이 일정한 간격으로 달의 궤도를 표시하기 위해서는 를 사용할 것이다. 도장 찍기를 무한 반복해줄 수도 있겠지만 달 모양을 살리면서 궤도를 표시할 수 있도록 하려면 일정한 간격을 두고 도장 찍기를 해주어야 한다. 이를 위해서 방향 변수가 어떤 수의 배수가 될 때 도장을 찍도록 정해줄 수 있다. (방향 나누기 15 의 나머지 = 0). 이때 변수를 나누어 주는 수가 도장이 찍히는 간격을 의미한다. 이 수를 바꾸어 가면서 간격이 어떻게 달라지는지 확인해보자.

'궤도간격' 변수 만들기

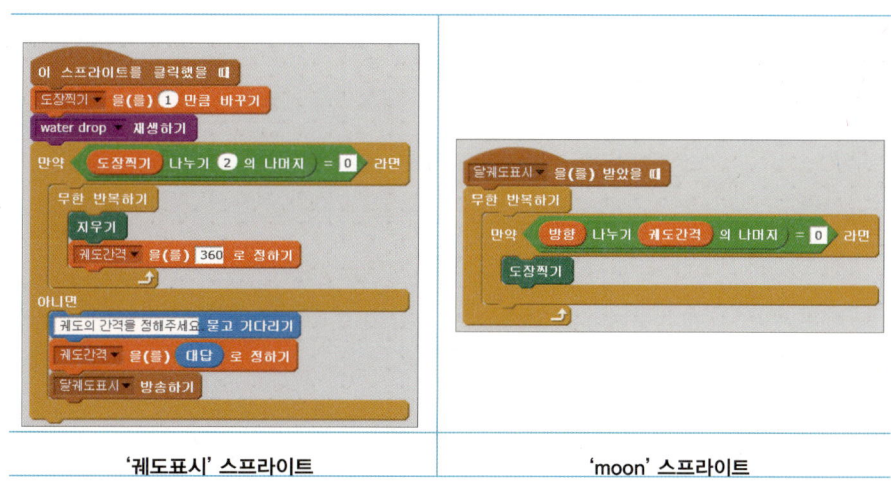

| '궤도표시' 스프라이트 | 'moon' 스프라이트 |

이번에는 대답과 변수를 이용해서 도장이 찍히는 간격을 조절해 볼 것이다. 먼저 궤도간격 이라는 변수를 만들어서 방향 나누기 궤도간격 의 나머지 = 0 이라는 연산을 만들어 준다. 그리고 '궤도표시' 스프라이트에 있는 스크립트에서 궤도의 간격을 정해주세요 묻고 기다리기 라고 묻고 그 대답을 궤도간격 변수에 넣어준다.

프로그램을 실행하여 확인해 보자	O	X
▶ 'Auto' 버튼을 클릭할 때 달의 모양이 바뀌는가?		
▶ 화살표 스프라이트를 클릭했을 때 달의 모양이 바뀌는가?		
▶ '궤도표시' 버튼을 눌렀을 때 간격 설정 메시지가 뜨는가?		
▶ '궤도표시' 버튼을 누르고 'Auto' 버튼을 눌렀을 때 달의 궤도가 표시되는가?		
▶ '궤도표시' 버튼을 다시 눌렀을 때 궤도가 모두 지워지는가?		

네 걸음 생각을 플러스해 보자

학습목표

● 자신이 만든 시뮬레이션을 스스로 평가할 수 있다.
● 시뮬레이션에서 추가할 수 있는 것들을 더 생각해 보고 프로그램을 확장할 수 있다.

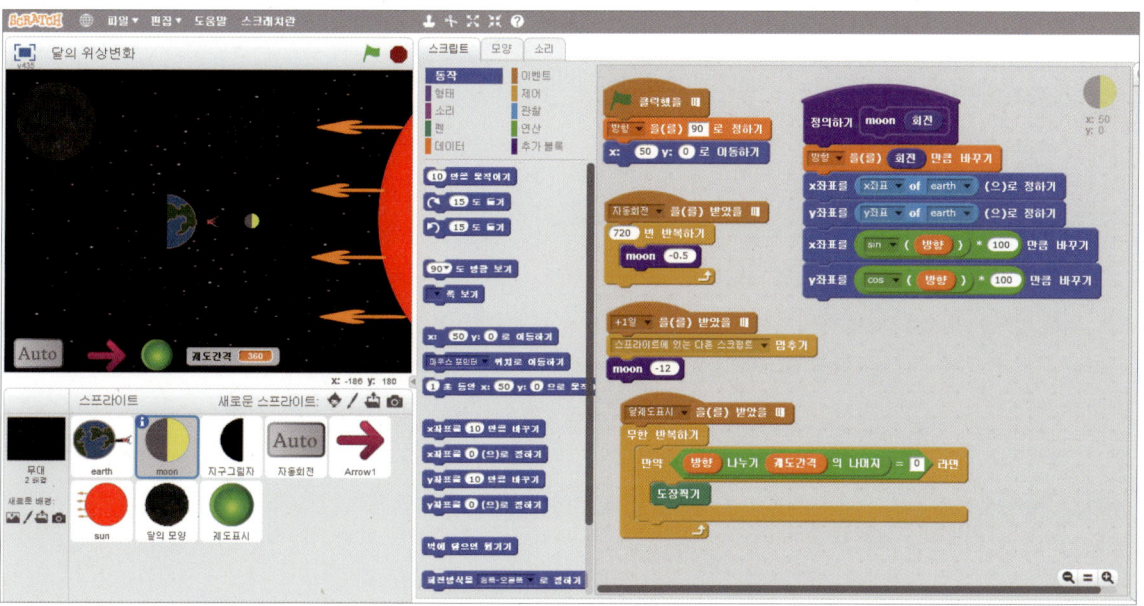

드디어 달의 위상 변화를 나타내는 시뮬레이션을 모두 완성하였어요. 이 시뮬레이션을 만들어 보면서 달이 지구를 공전하게 되는 힘에 대해서도 살펴볼 수 있었고, 달의 모양이 시간이 지남에 따라 어떻게 달라지는지 알게 되었어요. 그리고 모양 변화가 일어나는 원인에 대해서도 충분히 생각해 볼 수 있었던 시간이었어요. 스크래치 사용면에서 보면 아주 복잡한 연산과 추가 블록을 사용하는 등 스크래치의 고급 기능들을 충분히 연습해 볼 수 있었어요. 이제 앞에서 여러분이 했던 활동들을 되짚어 보면서 내가 올바른 사고 과정과 방법으로 프로그램을 만들었는지 스스로를 평가해 보는 시간을 가지도록 할게요.
어떤 프로그램도 완벽할 수는 없겠죠? 프로그램에서 보완하거나 추가할 부분이 없는지 생각해 보는 시간을 가질게요.

 **자기 평가하기**

시뮬레이션의 구조 이해하기

프로그램을 실행하여 확인해 보자	O	X
▶ 달의 위상 변화 시뮬레이션에 필요한 스프라이트를 떠올릴 수 있다.		
▶ 'Auto' 버튼을 눌렀을 때 어떤 것들이 작동되는지 떠올릴 수 있다.		
▶ 달의 궤도 표시를 켜고 끄는 방법을 알 수 있다.		

스크래치 기능 익히기

프로그램을 실행하여 확인해 보자	O	X
▶ 숫자 매개 변수가 있는 추가 블록을 이용해 프로그램을 간단하게 만들 수 있다.		
▶ 모양 바꾸기에 변수를 넣어서 사용할 수 있다.		
▶ 세 가지 이상의 연산 블록을 서로 연결하여 스프라이트의 상태를 관찰하는 식을 만들 수 있다.		

프로그래밍의 기초 연습하기

프로그램을 실행하여 확인해 보자	O	X
▶ 사인 함수와 코사인 함수를 이용하여 어떤 스프라이트 주위를 회전하는 스프라이트를 만들 수 있다.		
▶ '도장 찍기' 변수와 같은 변수를 사용해서 어떤 기능을 켜고 끄는 알고리즘을 만들 수 있다.		
▶ 오류 상황을 인지하고 오류를 해결하는 방법을 알 수 있다.		

⫸ 생각 넓히기

1. 내가 원하는 날짜에 달의 모양과 위치를 알 수 있다면?

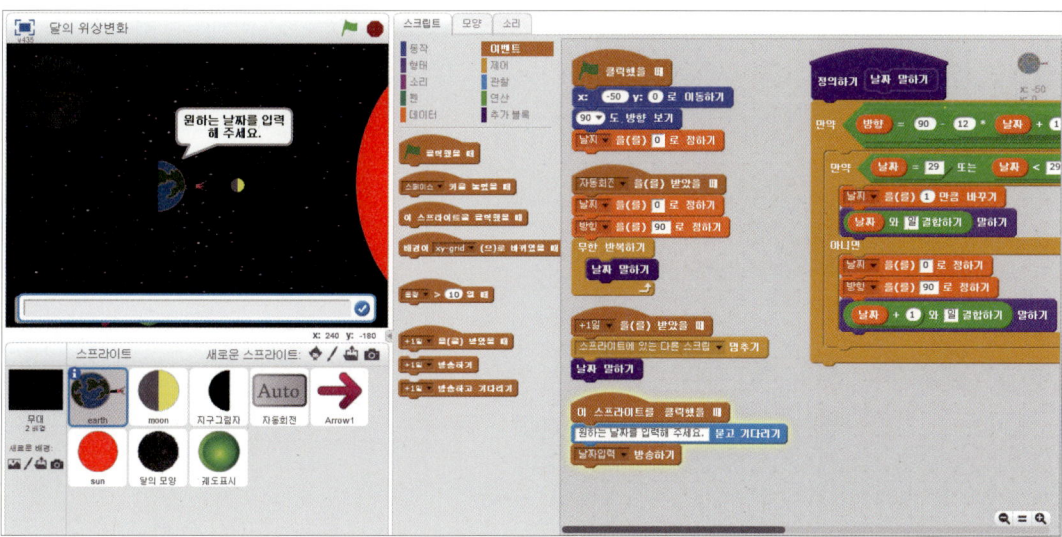

- ✓ 내가 원하는 음력 날짜를 입력하려면 어떤 블록을 입력하면 될까?
- ✓ 어떤 스프라이트들이 새로운 방송을 받아야 할까?

2. 시뮬레이션 사용 방법을 설명해주는 캐릭터가 등장한다면?

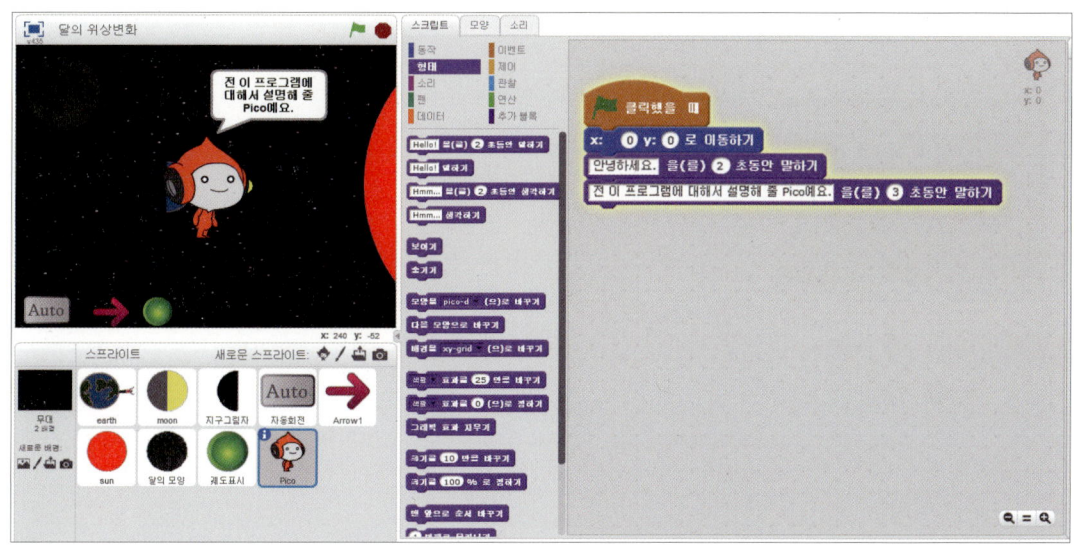

- ✓ 설명이 필요한 부분에는 어떤 것이 있고 설명하는 순서는 어떻게 돼야 할까?
- ✓ 어떤 부분을 설명을 할 때 캐릭터가 옮겨가거나 그 부분을 강조해 줄 수 있는 방법을 생각해 보자.
- ✓ 설명을 듣고 싶지 않을 때 생략(skip)하는 방법에는 어떤 것이 있을까?

3. 달의 모양과 위치를 보고 날짜 맞추기 게임을 만든다면?

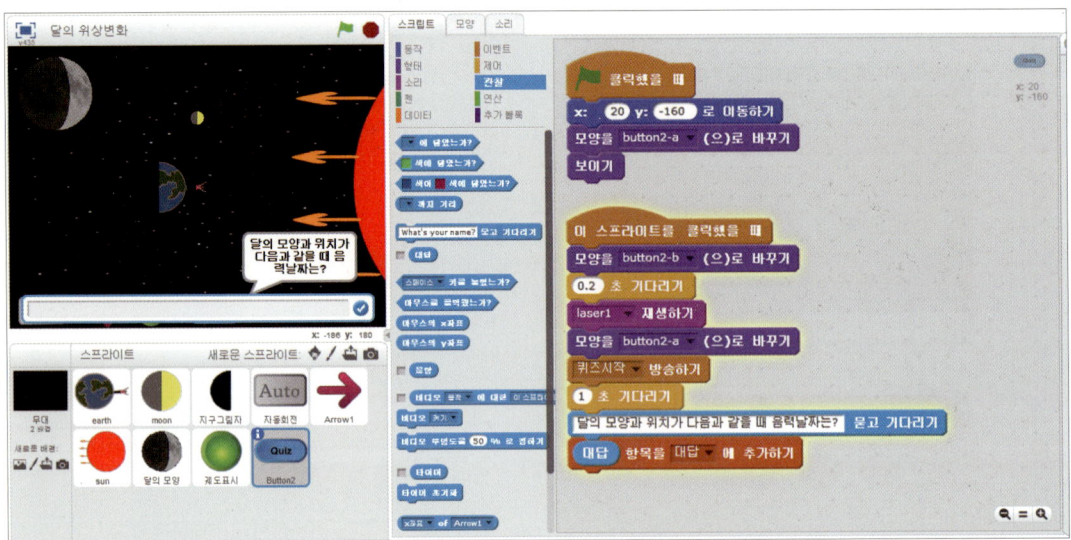

✓ 퀴즈를 만들기 위해 필요한 변수나 리스트에는 어떤 것이 있을까?

✓ '퀴즈 시작' 방송을 받을 때 실행되어야할 스크립트와 그렇지 않은 스크립트에는 어떤 것이 있을까?

✓ 퀴즈를 맞혔을 때 어떤 이벤트나 보상을 줄 수 있을까?

● 달의 위상변화 3단계 실행결과 화면

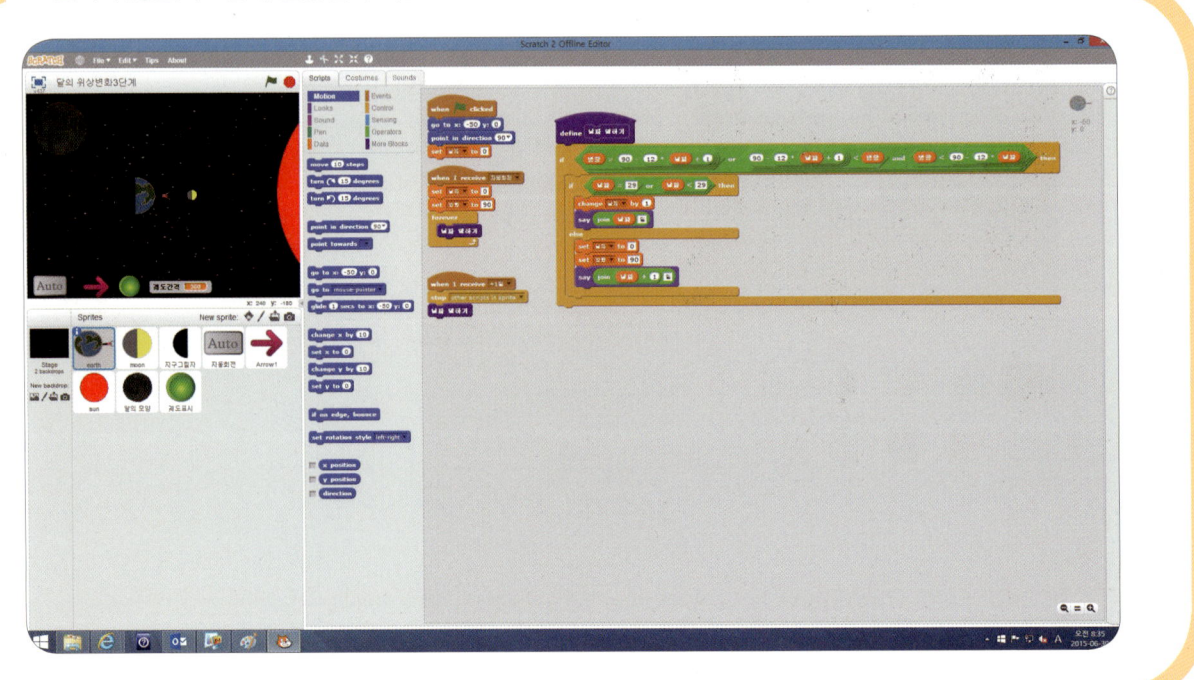

나는 예술가!
미디어 아트

● 미디어 아트–2 실행 화면

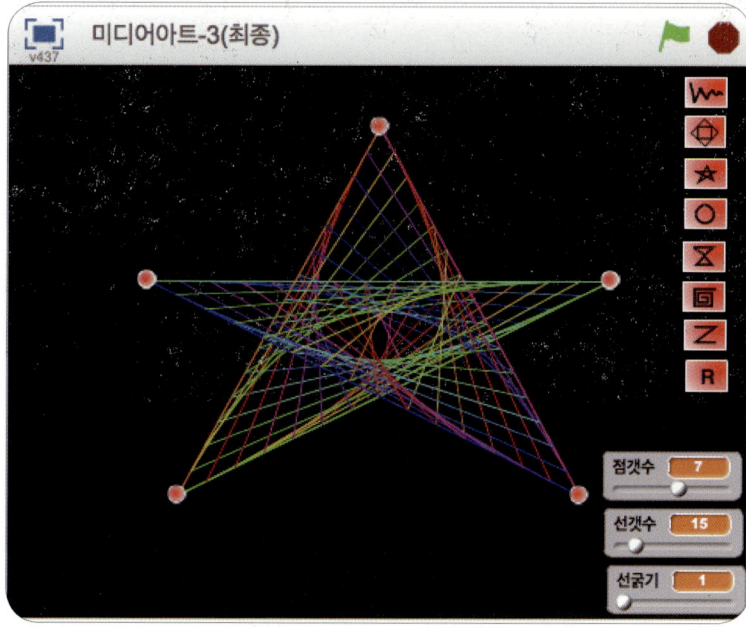

여러분은 학창 시절 수업 중 어떤 시간을 가장 좋아했을까? 수학? 체육? 영어? 미술? 오늘 우리가 만들어 볼 프로젝트는 방금 이야기한 여러 과목들 중에서 미술 과목과 가장 관계 깊다. 우리는 이번 프로젝트를 통해 스크래치를 활용하여 미디어 아트 작품을 만들어 보도록 할 것이다. '미디어 아트'란 컴퓨터, 인터넷 등 멀티미디어와 다른 여러 새로운 미디어(매체)를 활용한 예술이라고 할 수 있다. 스크래치로 예술 작품을 만들 수 있다는 사실이 신기하지 않은가?

스크래치를 활용한 미디어 아트는 다음과 같은 과정으로 만들 수 있다. 먼저, 미디어 아트를 위한 스프라이트를 만든다. 첫 번째 단계에서는 3개의 점을 이용한 직선을 만들고, 두 번째 단계에서는 점의 개수, 선의 굵기, 선의 개수 등을 변수화하여 추가하고 이것을 바탕으로 다양한 무늬를 만들어 보는 것이다. 마지막 단계에서는 다양한 무늬 샘플을 만들어 두고 버튼을 통해 작품이 만들어질 수 있도록 할 것이다. 이 프로젝트를 통해 스크래치로 미디어 아트를 만들고 다양한 방법으로 확장시켜 보도록 한다.

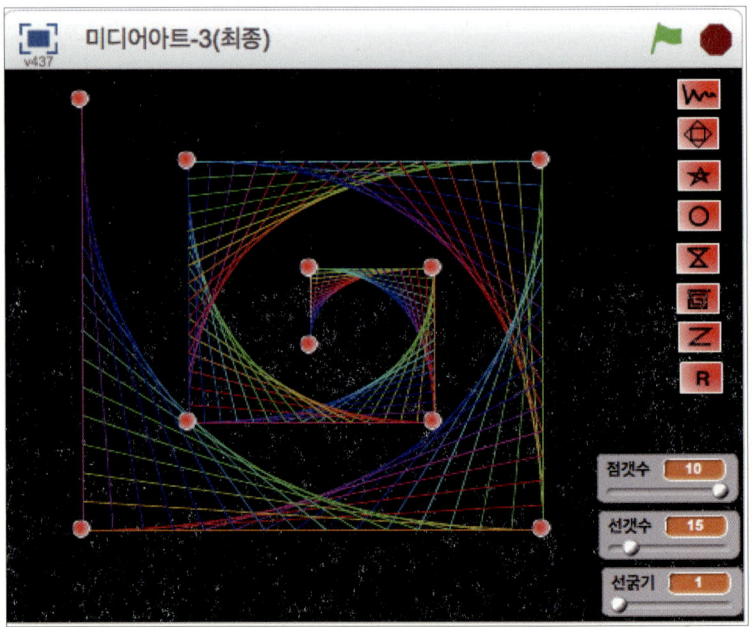

학습목표

● 스크래치를 활용하여 미디어 아트 작품을 만들어 낼 수 있다.
● 미디어 아트 프로젝트를 만들면서 스크래치의 기능을 익힐 수 있다.
● 프로젝트를 더 좋은 방향으로 확장할 수 있는 아이디어를 떠올릴 수 있다.

🌞 사용하는 블록 확인하기

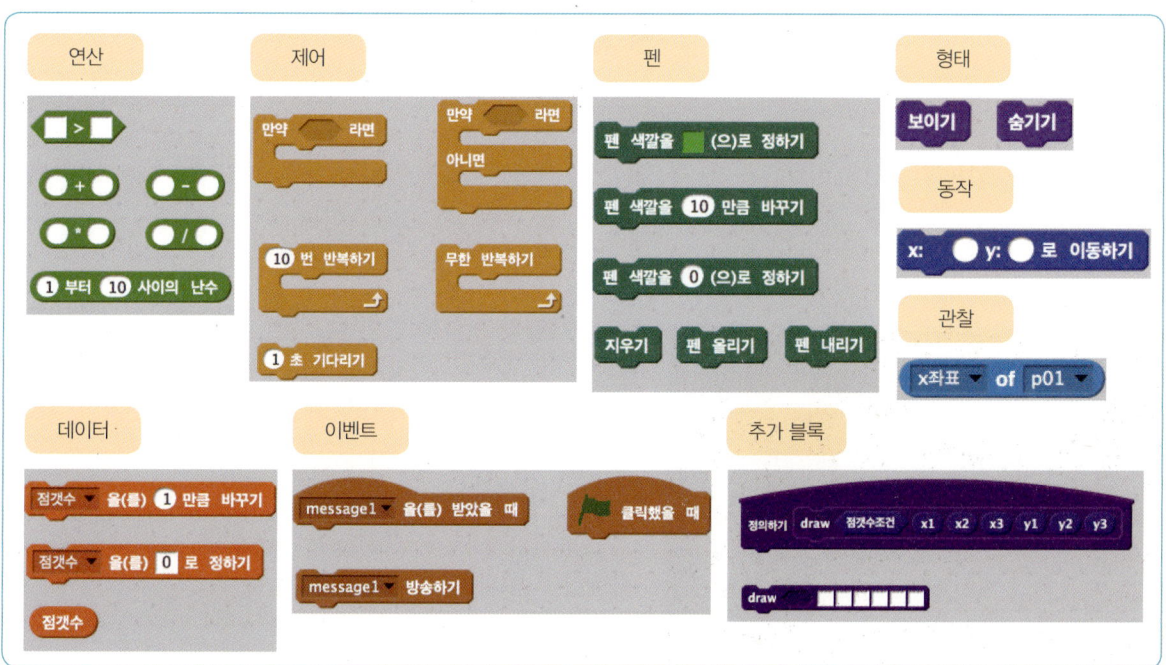

🌞 학습 순서 확인하기

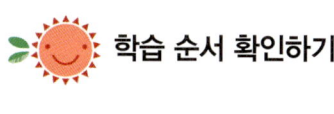

한 걸음	두 걸음	세 걸음	네 걸음
스프라이트 만들기	변수 추가하기	다양한 모양 만들기	미디어 아트 완성하기
• 스프라이트 만들기 • 펜을 이용한 그림 그리기 • 3점을 이용해 다양한 모양 만들기	• 점 개수 추가하기 • 선 간격 변화시키기 • 선 굵기 변화시키기 • 여러 개의 점을 이용하여 다양한 모양 만들기	• 모양 버튼 만들기 • 다양한 모양 만들기 • 무작위 모양 만들기	• 자기 평가하기 • 생각 확장하기

한 걸음 스프라이트를 만들자

- 미디어 아트에 필요한 주요 스프라이트와 배경을 만들 수 있다.
- 펜을 이용한 패턴이 있는 그림 그리기를 할 수 있다.

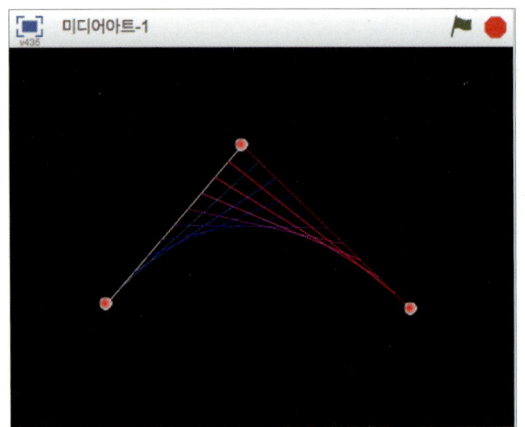

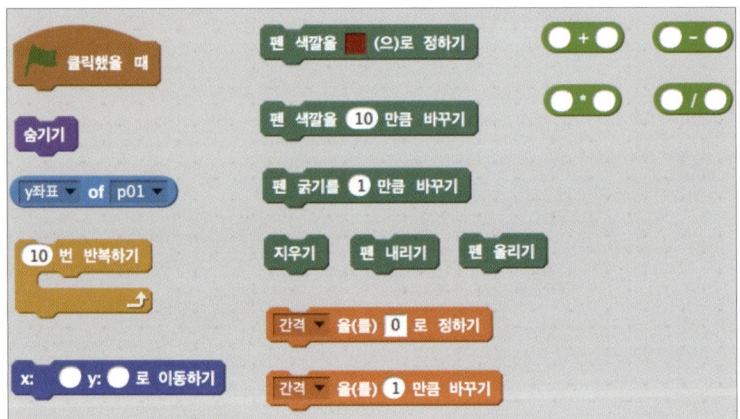

안녕하세요? 저는 프로젝트 3의 마스코트 '나노(Nano)'예요. 첫 시간에는 미디어 아트에 필요한 주요 스프라이트와 배경을 준비할 거예요. 이제 스크래치의 펜을 이용해서 미디어 아트를 해볼 거예요. 앞에서 블록들을 배우면서 펜을 이용한 간단한 그림을 그려 보았죠? 이번에는 펜의 색깔 바꾸기와 선을 긋는 위치를 변화시켜서 3점을 잇는 예쁜 선들을 여러 개 그려 보도록 할 거예요. 그러기 위해서는 선을 그을 수 있는 '배경'이 필요하고 기준이 되는 '점'들이 필요하겠죠?

하나하나 꼼꼼하게!

01 스프라이트 그리기와 무대 정하기

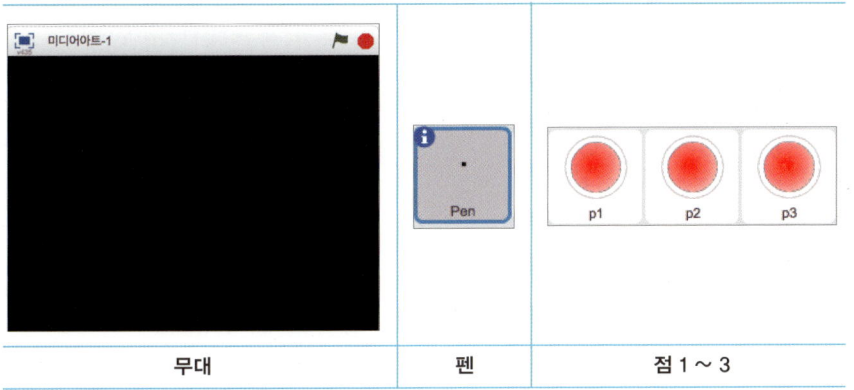

무대	펜	점 1 ~ 3

☀ '무대' 설정하기

　우리는 스크래치의 펜 기능을 이용해서 미디어 아트를 시작할 것이다. 먼저, 펜으로 그림을 그리기 위해 도화지와 같은 바탕이 필요하지 않을까? 무대는 그림을 그리기 위한 바탕의 역할을 한다. 무대를 여러 가지 색으로 설정할 수 있겠지만, 펜으로 그린 선들이 눈에 잘 띌 수 있도록 검정색 무대로 만들어 준다.

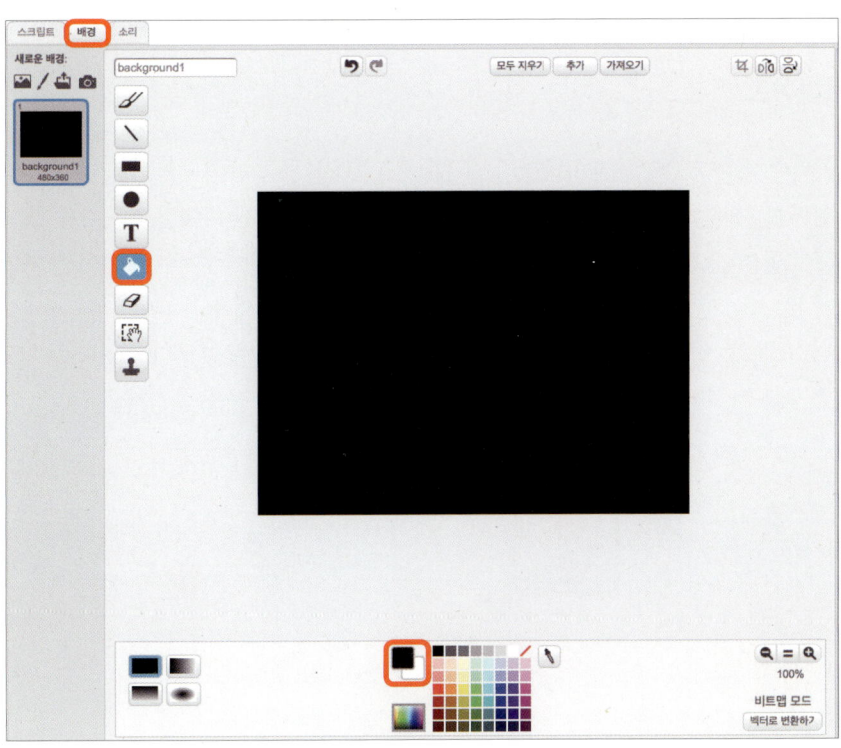

☀ '펜' 스프라이트

이제 실제로 펜을 내려서 그림을 그릴 펜 역할을 할 스프라이트를 만들어 보자. 스크래치 속에 포함된 여러 가지 스프라이트 파일이나 여러분이 원하는 스프라이트를 펜으로 사용해도 좋지만 우리가 만들 미디어 아트에서는 펜 스프라이트 보다는 스프라이트가 그린 선들이 더욱 강조되어야 하기 때문에 '펜' 스프라이트는 그리기 도구(⬡/🖼📷)를 이용해서 간단하게 무대 색과 같은 검정색 점 혹은 작은 네모로 만들어 준다. 그리고 난 뒤에는 아래 그림과 같이 🔲 🔳 ⬛ ➕ 를 이용하여 스프라이트의 중심을 잘 설정해 펜이 정확히 스프라이트의 중심으로 될 수 있도록 해준다.

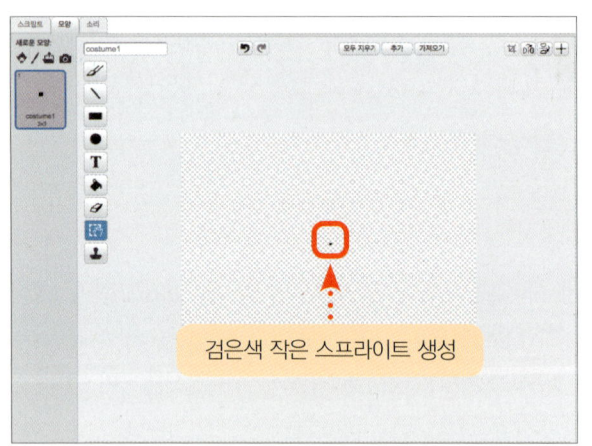

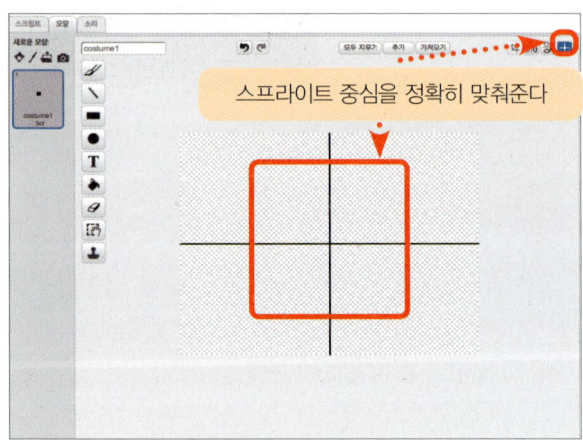

☀ '점' 스프라이트

우리는 위에서 만든 '펜' 스프라이트가 펜을 내리고 '점' 스프라이트로 이동해 생기는 직선을 이용해 미디어 아트를 시작할 것이다. 따라서 '점' 스프라이트는 대단히 중요한 역할을 하고 있다. 스프라이트 자체는 큰 역할을 하지 않지만 점 위치로 펜이 이동하기 때문에 점의 위치가 매우 큰 의미를 가지는 것이다. 점의 위치를 잘 보이게 해야 어떤 미디어 아트의 모양이 나올지 미리 예상해 볼 수 있을 것이다. 그리기 도구를 이용하여 원을 그리고 눈에 띌 수 있도록 빨간색 그러데이션을 넣어 꾸며본다. 스프라이트의 이름은 점을 뜻하는 point의 약자를 따서 p1으로 만들고 2개 더 복사하여 총 3개의 점을 만들어 준다.

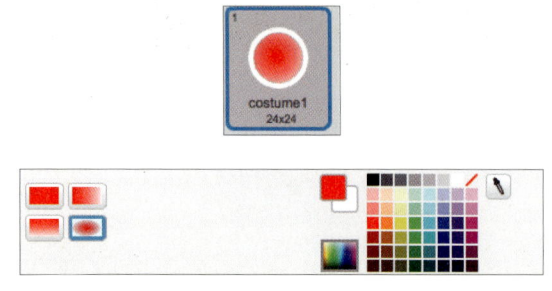

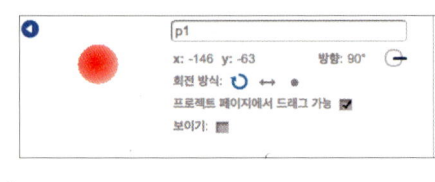

02 '펜' 스프라이트의 처음 상태 정하기

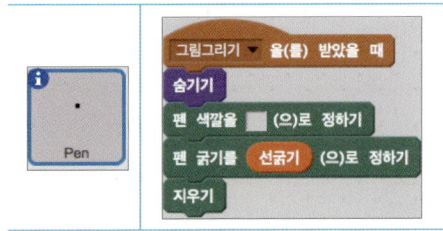

 **'펜' 스프라이트의 처음 상태 정하기**

우리는 '펜' 스프라이트를 이용해서 그림을 그릴 것이다. 스크립트가 시작되는 동안 펜의 색깔도 변하고, 굵기도 변화시킬 수 있다. 그래서 이 클릭되었을 때, 색깔은 흰색으로, 굵기는 1로, 지금까지 그렸던 선들은 모두 지워지고 처음 상태로 될 수 있도록 위와 같이 블록을 쌓아 준다.

03 점과 점사이 선 긋기

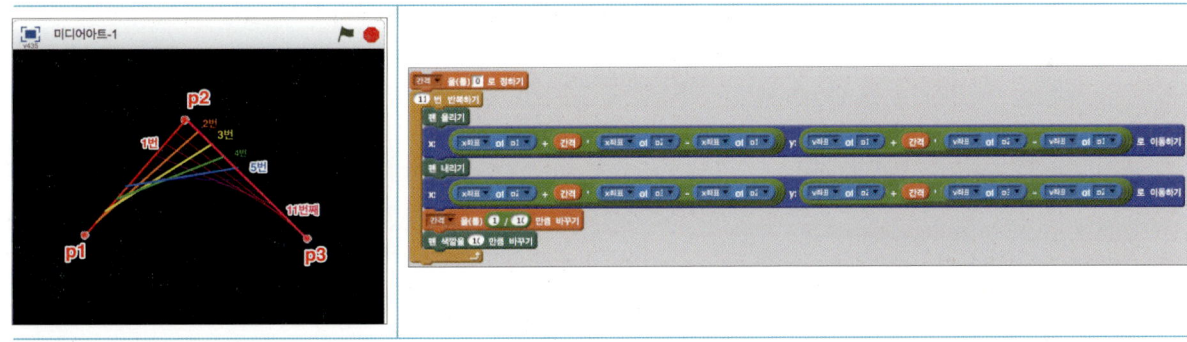

 **선을 긋는 계획 세우기**

위의 그림과 같이 선을 긋기 위해서는 선을 긋기 시작하는 위치와 선이 끝나는 위치가 계속 변해야 한다. 그리고 항상 일정한 간격으로 선을 그어 주기 위해 '간격'이라는 변수를 이용해 보도록 한다.

간격에 입력된 변수	반복		선 시작으로 이동		선 끝으로 이동	바꾸기가 적용된 간격 간격 ▼ 을(를) ① / ⑩ 만큼 바꾸기
간격 ▼ 을(를) ⓪ 로 정하기 반복하기 전 0으로 시작	1		p1		p2	1/10
1/10	2	펜 올리기	p1과 p2 사이	펜 내리기	p2와 p3 사이	2/10
2/10	3		p1과 p2 사이		p2와 p3 사이	3/10
3/10	4		p1과 p2 사이		p2와 p3 사이	4/10
4/10	5		p1과 p2 사이		p2와 p3 사이	5/10
9/10	10		p1과 p2 사이		p2와 p3 사이	10/10
10/10	11		p2		p3	종료

 선이 그어지는 시작 좌표 설정하기

x좌표 설정하기 : 두 점(p1~p2) 사이에 간격에 따른 한 지점을 설정하여 준다.

x좌표 ▼ of p2 ▼ − x좌표 ▼ of p1 ▼	p2와 p1의 x좌표 값을 연산을 이용해 빼준다.
간격 * x좌표 ▼ of p2 ▼ − x좌표 ▼ of p1 ▼	빼준 x좌표 값을 간격 변수에 곱한다.
x좌표 ▼ of p1 ▼ + 간격 * x좌표 ▼ of p2 ▼ − x좌표 ▼ of p1 ▼	위의 계산 결과에 다시 p1의 x좌표를 더해준다.

y좌표 설정하기 : 두 점(p1~p2) 사이에 간격에 따른 한 지점을 x좌표 설정했을 때와 같이 설정하여 준다.

 선의 마지막 좌표 설정하기

선의 시작 좌표와 다른 점은 x, y 좌표의 대상 p2 와 p3으로 바뀌었다는 것이다. 차근차근 블록을 쌓아 보자.

간격 설정하기

처음 그어지는 선은 블록 [간격▼ 을(를) 0 로 정하기] 때문에 [간격] 에 숫자 값 0이 들어가게 되어서 p1과 p2를 연결해주는 1번 선을 긋게 된다.

그 다음에는 p2 ~ p3 사이 도착하는 10개의 선을 만들기 위해 간격 변수에 1/10을 계속 더해줄 수 있도록 [간격▼ 을(를) 1 / 10 만큼 바꾸기] 블록을 쌓아 준다. 이 블록을 통해 [간격] 의 숫자 값이 0에서 1로 1/10씩 증가하여 선 시작 좌표와 선의 마지막 좌표가 간격을 맞추어 변할 수 있게 된다.

선 색깔 변화시키기

[펜 색깔을 10 만큼 바꾸기] 블록을 통해 반복될 때마다 선의 색이 변할 수 있도록 해준다.

·속닥속닥·

```
클릭했을 때
숨기기
펜 색깔을 ▨ (으)로 정하기
펜 굵기를 1 (으)로 정하기
지우기
간격▼ 을(를) 0 로 정하기
11 번 반복하기
  펜 올리기
  x: x좌표▼ 의 □▼ + 간격 · x좌표▼ 의 □▼ - x좌표▼ 의 □▼   y: y좌표▼ 의 □▼ + 간격 · y좌표▼ 의 □▼ - y좌표▼ 의 □▼   로 이동하기
  펜 내리기
  x: x좌표▼ 의 □▼ + 간격 · x좌표▼ 의 □▼ - x좌표▼ 의 □▼   y: y좌표▼ 의 □▼ + 간격 · y좌표▼ 의 □▼ - y좌표▼ 의 □▼   로 이동하기
  간격▼ 을(를) 1 / 10 만큼 바꾸기
  펜 색깔을 10 만큼 바꾸기
  1 초 기다리기
```

1초 기다리기를 넣어준다

반복되는 스크립트가 있는 경우 [1 초 기다리기] 블록을 넣으면 반복되는 과정을 눈으로 볼 수 있다.
복잡한 스크립트 중간 중간에 '기다리기'를 넣으면 어떤 부분에 이상이 있는지 쉽게 알 수 있어 디버깅에도 많이 도움이 된다.

프로그램을 실행하여 확인해 보자	O	X
▶ 초록색 깃발을 클릭하였을 때 직선이 정확히 그려지는가?		
▶ 점의 위치를 바꾸었을 때도 직선이 정확히 그려지는가?		
▶ 선의 색이 반복될 때마다 변하는가?		

두 걸음 다양한 변수를 추가하여 보자

● 점의 개수, 선의 개수, 선의 굵기를 변수화 할 수 있다.

● 선긋기 알고리즘을 사용자 정의 블록으로 나타낼 수 있다.

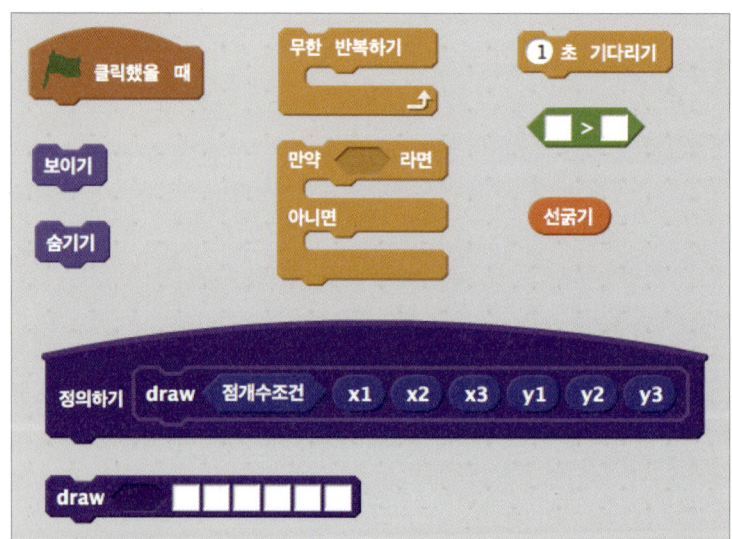

안녕하세요? 두 번째 시간에는 점의 개수. 선의 개수 선의 굵기를 변수화 해보도록 할게요. 지난 시간에 점 3개를 이용해 선긋기를 했었죠? 예쁜 무늬들이 나왔나요? 점을 3개만 사용하니 아쉽지는 않았나요? 그래서 점의 개수를 10개까지 늘려 보기도 하고 선의 굵기와 점 사이의 선의 개수도 변수화하여 더욱 아름다운 미디어 아트를 만들어 보도록 해요. 그리고 '펜' 스프라이트의 알고리즘을 사용자 정의 블록으로 간단히 나타내 보도록 해요. 그럼 시작해볼까요?

01 선 굵기 변수 만들기

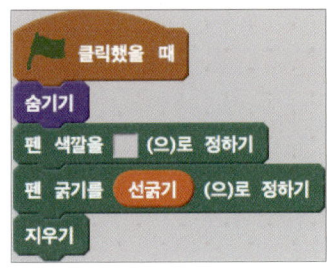

'선 굵기' 변수 만들기

데이터 블록으로 가서 '선 굵기'라는 변수를 만들어주자. 이 변수를  와 합쳐 '펜' 스프라이트가 그리는 선의 굵기를 변수화 해준다.

무대의 변수 보기 설정하기

선 굵기 변수의 체크 박스 를 체크하여 무대상에 선 굵기 변수의 값이 나타날 수 있게 해준다. 그리고 무대의 변수값에 마우스 오른쪽 버튼을 클릭하거나 더블 클릭해 변수 값 보기를 슬라이더 형식으로 바꿔준다.

마지막으로 무대의 변수 값 보기를 마우스 오른쪽 버튼을 클릭하여 슬라이더 값의 최대 최솟값을 설정하여 준다. 우리는 최소 1에서 최대 15까지 넣도록 한다.

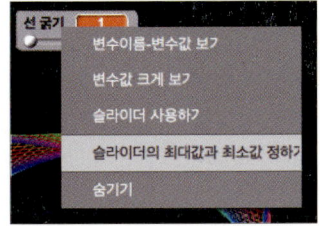
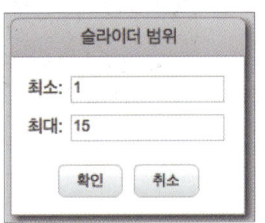

02 점 개수 변수 만들기

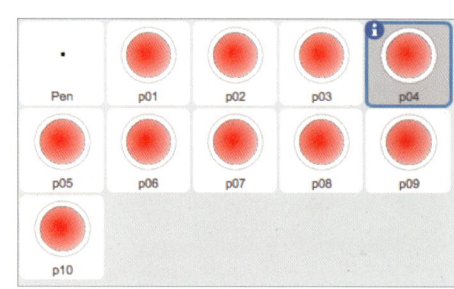 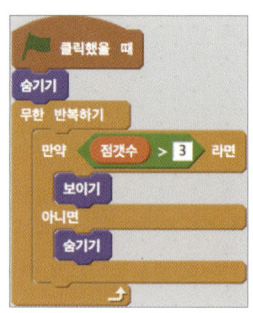

 'p04'~'p10' 스프라이트 추가하기

2장에서는 3개의 스프라이트로 선을 그었다. 3개의 스프라이트만 활용하기에는 많이 아쉬웠다. 그래서 선을 긋는 기준이 되는 점 스프라이트를 10개 만들도록 하자. 스프라이트 복사를 이용해서 복사한 뒤 이름을 p01~p10까지로 수정해 준다.

 점 스프라이트 변수 만들기

우리가 선을 긋기 위해 필요한 최소 점의 개수는 몇 개일까? 맞다! 최소 점의 개수는 3개이다. 4개의 점부터는 변수를 이용하여 사라지거나 나타날 수 있도록 한다. 우선 점갯수 라는 변수를 만들고 무대에 슬라이더 형식으로 보이게 해 준다.

그리고 무대 변수 값에 마우스 오른쪽 버튼을 클릭해 슬라이더 최소값 3부터 최대값 10으로 설정해 준다.

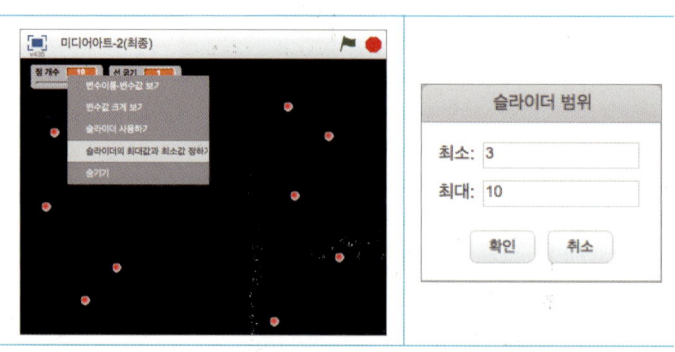

 **점 스프라이트 나타나게 하거나 숨기기**

이제 무대 위의 슬라이더를 움직이면 변수 값에 맞춰 점이 나타나거나 숨겨지도록 한다. p01~p03 까지의 블록은 선을 긋기 위해 반드시 있어야 하지만 p04~p10까지 블록은 추가된 블록이라고 볼 수 있다.

아래와 같이 블록을 쌓고 점갯수 > 3 블록의 숫자 값을 스프라이트에 맞게 입력해준다.

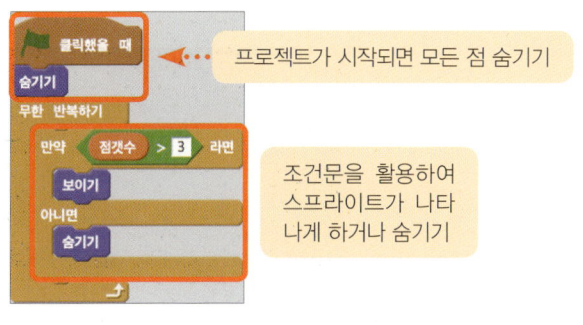

03 선의 개수 변수 만들기

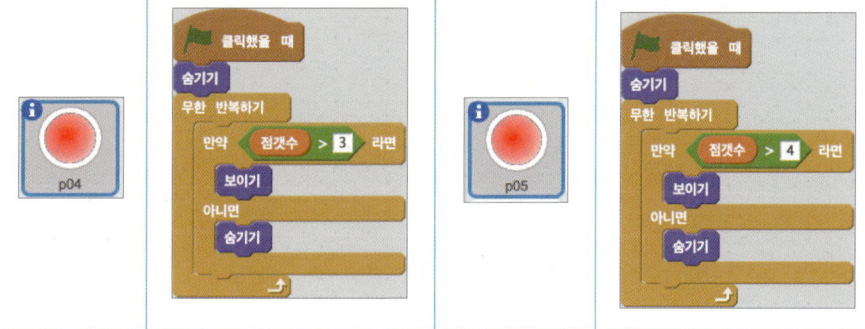

 ### 선의 개수 변수 만들기

　데이터에서 선의 개수 변수를 만들고 점의 개수 변수와 마찬가지로 무대 위에 슬라이더 형식으로 보이기를 해준다. 점과 점 사이를 잇는 선은 최소 1개 이상 필요할 것이다. 그래서 무대 위의 슬라이더 값의 최소값을 1, 최대값은 80정도로 잡기로 한다. 80 이상의 숫자 값을 설정해도 되지만 선의 개수가 너무 많아지면 선들이 겹쳐서 모양이 예쁘게 나오지 않을 때가 있다.

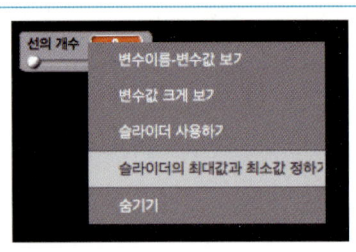 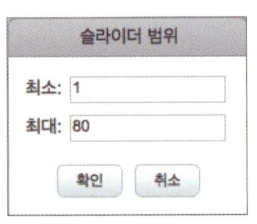

 ### 선의 개수 변수 적용하기

　우리가 1장에서 만들었던 선 긋는 알고리즘에서 총 11개의 선을 그었다.

선 번호	선 시작	선 마지막
1	p01	p02
2~10	p01~p02 사이	p02~p03 사이
11	p02	p03

　선의 개수에 영향을 미치는 블록들은 어떤 것들이 있었는가? 맞다! 반복과 간격 변수였다. 아래 표를 보며 선의 개수를 변수화하여 보자.

한 걸음 의 블록 (선의 개수 11개)		**두 걸음** 의 블록 (선의 개수 변수화)
`간격 ▼ 을(를) 0 로 정하기` 항상 선을 긋는 처음 시작은 항상 점 위에서 그어야 하기 때문에 간격을 0으로 정해준다.		
`간격 ▼ 을(를) 1 / 10 만큼 바꾸기` 2~11번 선까지의 간격을 1번 선을 제외한 10개 선의 간격으로 맞춰준다.		`간격 ▼ 을(를) 1 / 선의개수 만큼 바꾸기` 2~11번 선까지의 간격을 `선의개수` 블록을 이용하여 간격을 맞춰준다.
`11 번 반복하기` 그리는 모든 선의 개수를 반복해 준다.		`선의개수 + 1 번 반복하기` 그리는 모든 선의 개수를 `선의개수` 블록을 이용하여 반복하여 준다. 첫 번째 간격이 0일 때를 포함해야하기 때문에 +1을 해준다.

04 점을 연결하는 선긋기 알고리즘 완성하기

🌱 점을 연결하는 직선 알고리즘 만들기

우리는 지난 시간에 p01, p02, p03을 연결하는 직선을 만들었다. 점의 개수를 10개로 늘렸으면 1장에서 만들었던 선긋기 알고리즘을 몇 번 더 만들어 줘야 할까? 아래의 표처럼 총 8번을 더해 주어야 한다.

p01~p03을 연결하는 선	
p02~p04를 연결하는 선	(여러분이 스스로 생각해 보자)
⋮	⋮
p08~p10을 연결하는 선	(여러분이 스스로 생각해 보자)

늘어난 점의 개수만큼 블록을 반복해서 쌓아주어야 한다. 이렇게 반복하게 되면 알고리즘의 길이가 너무 길어지고 알아보기 힘들어질 것이다.

알고리즘을 자세히 살펴보면 같은 블록들을 반복하고 점에 따라 점의 좌표 값만 달라지기 때문에 추가 블록을 이용하면 더욱 쉽게 알고리즘을 만들 수 있다. 우리 같이 만들어 보도록 하자.

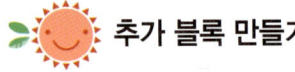 **추가 블록 만들기**

추가 블록에 필요한 선택사항을 아래 표로 살펴보자.

논리값 매개변수 추가하기: ⬡	점의 개수에 따라 실행 여부가 변하기 때문에 먼저 논리 값 매개 변수를 넣어준다.
숫자 매개변수 추가하기: ⬭	직선을 연결하기 위해서는 기준이 되는 점 3개의 x좌표, y좌표 값이 필요하다. 6개의 숫자 매개 변수를 넣어준다.

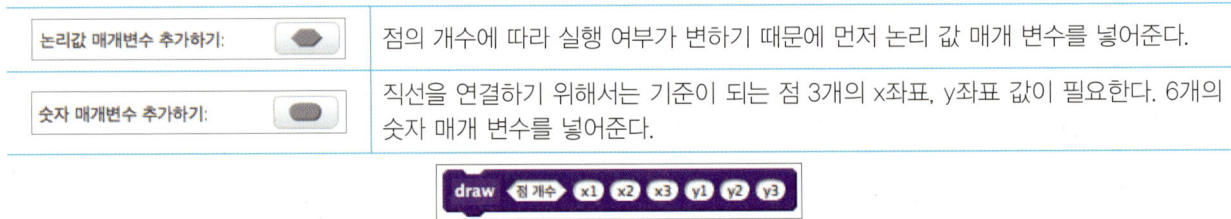

사용자 정의 블록 완성하기

점 개수 변수에 맞추어 아래 스크립트가 실행 될 수 있도록 해 준다.

점의 개수, 논리 값, 매개 변수를 조건문과 연결시켜 주고 나머지 숫자 매개 변수를 각각 좌표 값에 맞추어 블록을 합쳐준다.

 **추가 블록을 이용하여 알고리즘 완성하기**

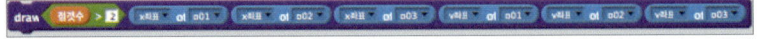

추가 블록에 각각 값을 넣어 알고리즘을 완성하고, p10까지 선을 그을 수 있도록 블록을 추가해 준다.

위의 추가 블록에서 좌표 값을 순서에 맞추어 넣었기 때문에 실행되는 추가 블록에서는 순서대로 좌표 값을 넣으면 된다.

속닥속닥

실행되는 추가 블록 사이에 `0.01 초 기다리기` 블록을 넣어서 알아보기 쉽게 해준다.

프로그램을 실행하여 확인해 보자	O	X
▶ 점 개수 슬라이더를 움직였을 때 점들이 나타나거나 숨겨지는가?		
▶ p10 점까지 직선이 잘 그려지는가?		
▶ 선의 개수 슬라이더를 움직이면 점과 점사이의 선의 개수가 변하는가?		

세 걸음 다양한 모양의 그림 그리기

학습목표

● 미리 입력된 모양의 그림을 그릴 수 있다.

● 무작위의 모양의 그림을 그릴 수 있다.

안녕하세요? 지난 시간까지 변수를 이용하여 점의 개수를 추가하거나 선의 개수, 선의 굵기 등을 변화시켰어요. 혹시 아쉬운 점은 없었나요? 맞아요! 무대 위의 점들을 마우스로 직접 옮겨야만 다른 모양의 그림을 만들 수 있었어요. 세 번째 시간에는 여러 가지 지정된 그림을 그리거나 무작위의 그림을 그려볼 거예요. 여러 개의 버튼을 만들어서 그 버튼이 클릭되면 설정된 모양의 그림을 그리거나 점의 위치를 무작위로 바꾸어 무작위 그림을 그려볼 거예요. 3장이 끝나면 여러분은 스크래치로 미디어 아트 작품을 하나 만들게 되는 거예요. 끝까지 열심히 해볼까요?

01 여러 가지 처음 값 설정하기

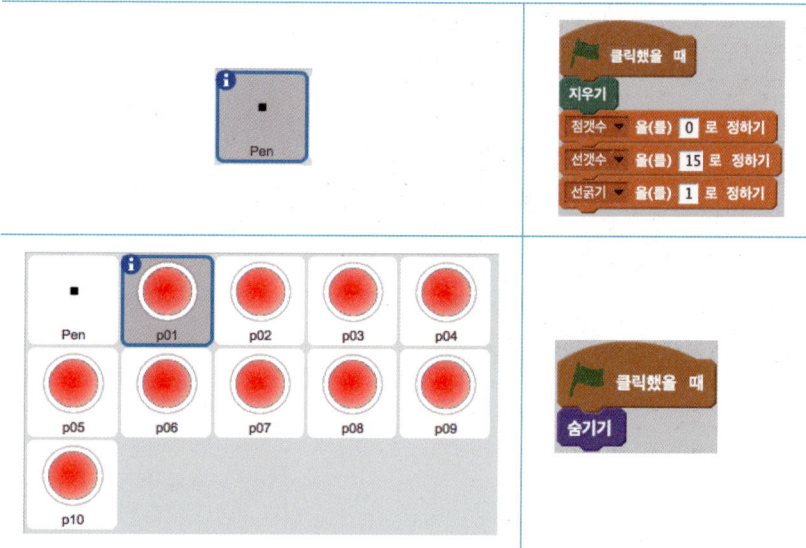

변수의 초기 값 설정하기

 2장까지는 초록색 깃발 🏳이 클릭됐을 때 화면에 나타나 있는 점들을 이어가며 선을 그렸다. 3장에서는 버튼을 이용하여 그림을 그리게 되기 때문에 **클릭했을 때** 블록 밑에 변수 초기 값을 나열해 주어 그림이 그려지는 것이 아니라 그림이 그려질 준비를 할 수 있도록 해준다.

지우기	초록색 깃발 🏳이 클릭되면, 전에 펜을 이용해서 그렸던 그림들이 모두 지워질 수 있게 해준다.
점갯수 ▾ 을(를) 0 로 정하기	초록색 깃발 🏳이 클릭되면, 점 개수 변수에 0을 저장해준다.
선갯수 ▾ 을(를) 15 로 정하기	초록색 깃발 🏳이 클릭되면, 선 개수를 15로 정해준다. 15라는 값은 여러분들이 원하는 적절한 숫자로 바꿔도 된다.
선굵기 ▾ 을(를) 1 로 정하기	초록색 깃발 🏳이 클릭되면, 선 굵기를 1로 정해준다.선 굵기 또한 여러분들이 원하는 굵기로 할 수 있지만 너무 굵으면 안될 것이다.

'점' 스프라이트 모두 숨기기

p01~p10 스프라이트 모두 초록색 깃발 🏳이 클릭되면 무대에서 숨겨지도록  블록을 모두 추가해 준다.

02 모양 버튼 만들기

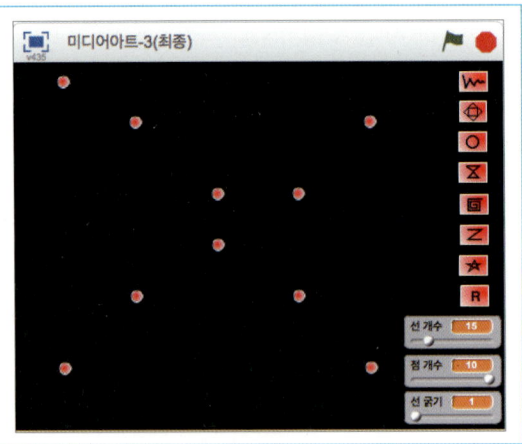 

모양 버튼 스프라이트 만들기

　이번에는 모양 버튼 스프라이트를 만들기로 한다. 모양 버튼은 클릭하였을 때 점들의 위치를 바꿔 줄 수 있도록 명령을 내리는 역할을 한다. 따라서 버튼은 우리가 만들 모양을 잘 나타낼 수 있는 모양으로 만들어야 한다.

　여기서는 지그재그, 별1, 별2, 원, 모래시계, 나선형, z, 무작위 총 8개의 버튼을 만들어 준다.

　그리기 도구()로 들어간 다음, 벡터 모드로 바꾸어 사각형을 그리고, '점' 스프라이트와 마찬가지로 빨간색 그라데이션을 주는 것이다. 마지막으로 다양한 도구 버튼()을 이용해 버튼 안의 무늬를 그려 넣어 준다.

모양 버튼 스프라이트 및 변수 배치하기

　모양 버튼 스프라이트를 다 완성하였으면 스프라이트를 배치할 차례이다. 초록색 깃발 ▶이 클릭되었을 때 특정 위치에 갈 수 있도록 아래의 표와 같이 블록을 쌓아준다. 버튼을 일렬로 배치하기 위해 `x: 210 y: 160 로 이동하기` 블록에서 y좌표 값만 같은 간격으로 변화를 준다.

　마지막으로 무대에 나타나 있는 변수(선 개수, 점 개수, 선 굵기)들도 버튼 밑에 배치한다.

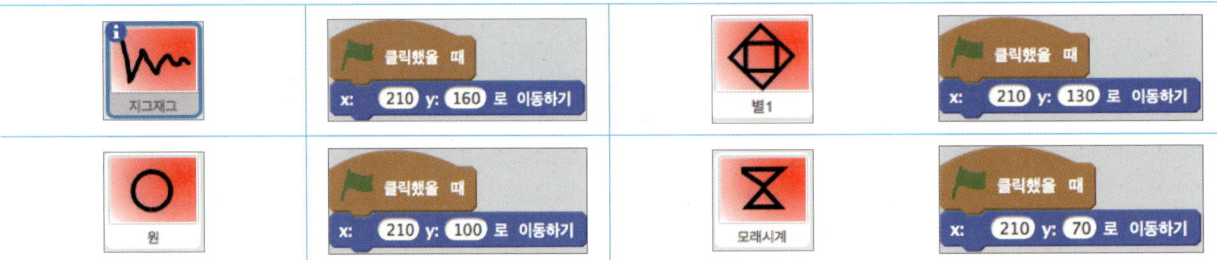

나선형	클릭했을 때 x: 210 y: 40 로 이동하기	Z	클릭했을 때 x: 210 y: 10 로 이동하기
별2	클릭했을 때 x: 210 y: -20 로 이동하기	무작위	클릭했을 때 x: 210 y: -50 로 이동하기

03 버튼이 클릭되었을 때 선 긋기

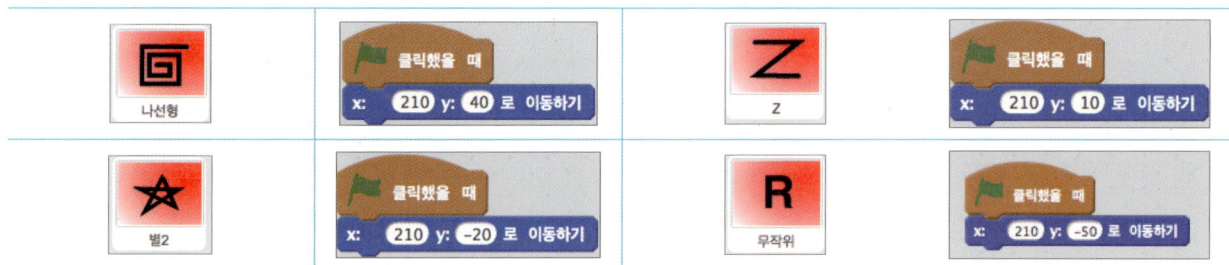

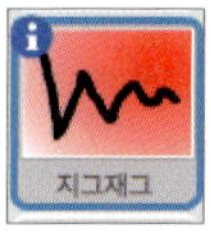 지그재그	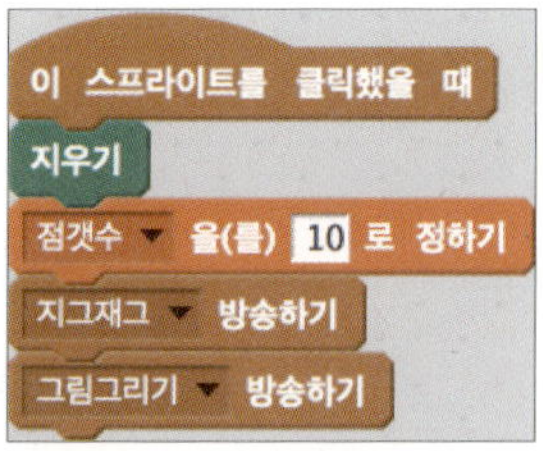 이 스프라이트를 클릭했을 때 지우기 점갯수 ▼ 을(를) 10 로 정하기 지그재그 ▼ 방송하기 그림그리기 ▼ 방송하기
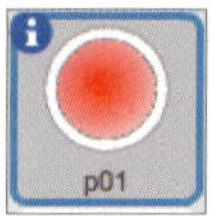 p01	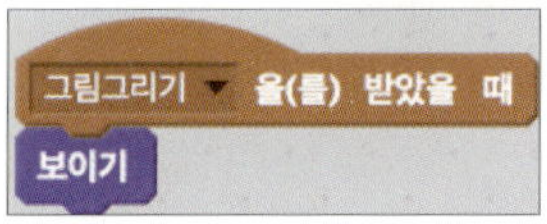 그림그리기 ▼ 을(를) 받았을 때 보이기 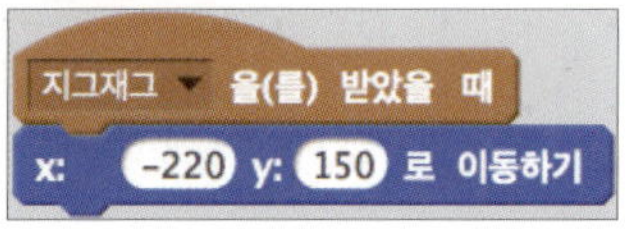 지그재그 ▼ 을(를) 받았을 때 x: -220 y: 150 로 이동하기

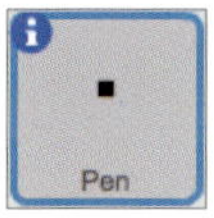

Pen

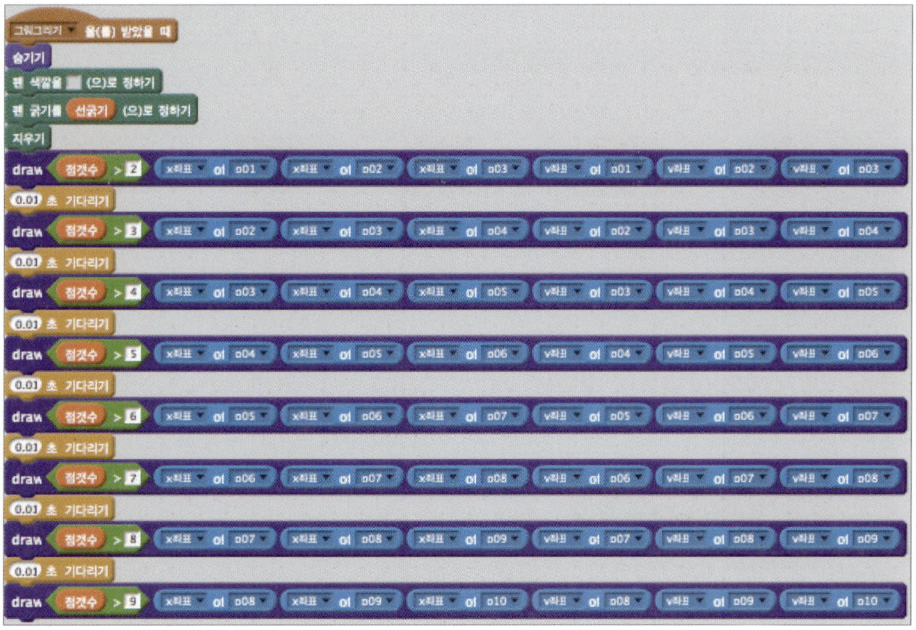

그림그리기 ▼ 을(를) 받았을 때
숨기기
펜 색깔을 ▓ (으)로 정하기
펜 굵기를 선굵기 (으)로 정하기
지우기
draw 점갯수 > 2 x좌표 ▼ 의 ㅁ01 x좌표 ▼ 의 ㅁ02 x좌표 ▼ 의 ㅁ03 y좌표 ▼ 의 ㅁ01 y좌표 ▼ 의 ㅁ02 y좌표 ▼ 의 ㅁ03
0.01 초 기다리기
draw 점갯수 > 3 x좌표 ▼ 의 ㅁ02 x좌표 ▼ 의 ㅁ03 x좌표 ▼ 의 ㅁ04 y좌표 ▼ 의 ㅁ02 y좌표 ▼ 의 ㅁ03 y좌표 ▼ 의 ㅁ04
0.01 초 기다리기
draw 점갯수 > 4 x좌표 ▼ 의 ㅁ03 x좌표 ▼ 의 ㅁ04 x좌표 ▼ 의 ㅁ05 y좌표 ▼ 의 ㅁ03 y좌표 ▼ 의 ㅁ04 y좌표 ▼ 의 ㅁ05
0.01 초 기다리기
draw 점갯수 > 5 x좌표 ▼ 의 ㅁ04 x좌표 ▼ 의 ㅁ05 x좌표 ▼ 의 ㅁ06 y좌표 ▼ 의 ㅁ04 y좌표 ▼ 의 ㅁ05 y좌표 ▼ 의 ㅁ06
0.01 초 기다리기
draw 점갯수 > 6 x좌표 ▼ 의 ㅁ05 x좌표 ▼ 의 ㅁ06 x좌표 ▼ 의 ㅁ07 y좌표 ▼ 의 ㅁ05 y좌표 ▼ 의 ㅁ06 y좌표 ▼ 의 ㅁ07
0.01 초 기다리기
draw 점갯수 > 7 x좌표 ▼ 의 ㅁ06 x좌표 ▼ 의 ㅁ07 x좌표 ▼ 의 ㅁ08 y좌표 ▼ 의 ㅁ06 y좌표 ▼ 의 ㅁ07 y좌표 ▼ 의 ㅁ08
0.01 초 기다리기
draw 점갯수 > 8 x좌표 ▼ 의 ㅁ07 x좌표 ▼ 의 ㅁ08 x좌표 ▼ 의 ㅁ09 y좌표 ▼ 의 ㅁ07 y좌표 ▼ 의 ㅁ08 y좌표 ▼ 의 ㅁ09
0.01 초 기다리기
draw 점갯수 > 9 x좌표 ▼ 의 ㅁ08 x좌표 ▼ 의 ㅁ09 x좌표 ▼ 의 ㅁ10 y좌표 ▼ 의 ㅁ08 y좌표 ▼ 의 ㅁ09 y좌표 ▼ 의 ㅁ10

스프라이트들의 방송 관계 알아보기

'버튼' 스프라이트가 클릭이 되었을 때 아래와 같이 2가지 이벤트가 발생되어야 한다.

– 각각의 점이 모양에 맞는 위치로 이동하기
– '펜' 스프라이트가 점들을 따라다니며 선 긋기

따라서 '버튼' 스프라이트가 보낸 방송을 '점' 스프라이트와 '펜' 스프라이트가 받아야 한다.

 버튼 스프라이트 방송하기

버튼 스프라이트는 점의 위치를 설정해주고, 점 사이에 선을 긋도록 명령해 주는 중요한 역할을 하고 있다.

그전에 그은 선들은 다 지워준다.

모양에 필요한 점들의 개수를 변수에 저장하여 준다.

각각 '점' 스프라이트가 모양에 맞게 자리잡을 수 있도록 방송해 준다.

'펜' 스프라이트가 선을 그을 수 있도록 방송해 준다.

모양에 따른 필요한 점의 개수는 아래 표를 참고 해준다.

지그재그	별1	원	모래시계	나선형	Z	별2
10개	10개	10개	6개	10개	6개	7개

 '점' 스프라이트 방송 받기

'점' 스프라이트는 초록색 깃발 🚩이 클릭되면 숨겨져 있다. 숨겨진점 들은 선을 긋기 시작할 때 다시 등장해야 할 것이다. 각 모양을 방송했을 때, 점들이 보일 수 있게 아래와 같이 블록을 쌓아준다.

'펜' 스프라이트는 점을 따라다니며 선을 긋는다. 따라서 버튼이 방송을 보냈을 때 다음 표와 같이 모양에 맞는 위치로 가 있어야 한다.

각각 버튼 모양에 따른 나머지 점들의 위치는 아래 표를 참고한다.

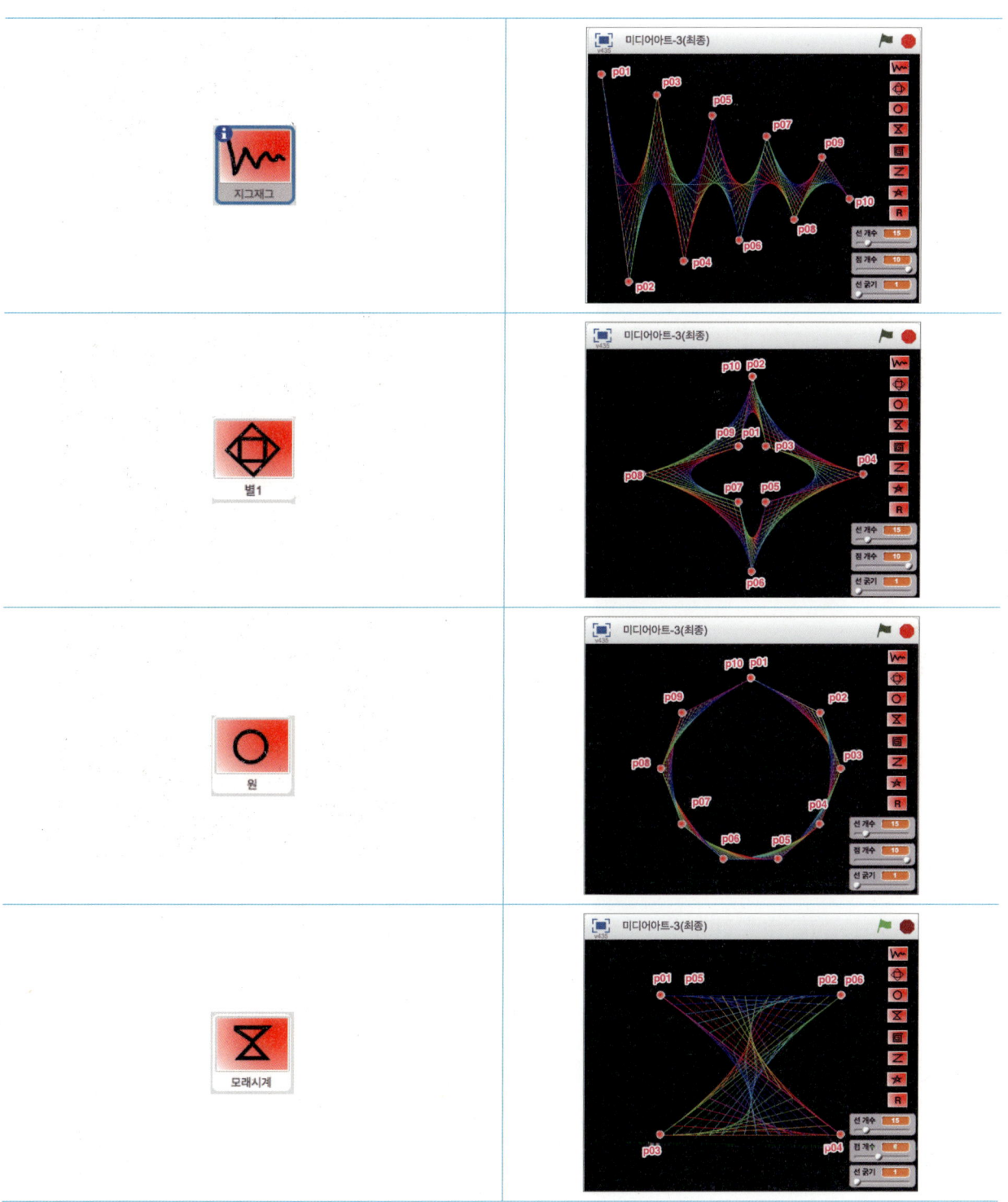

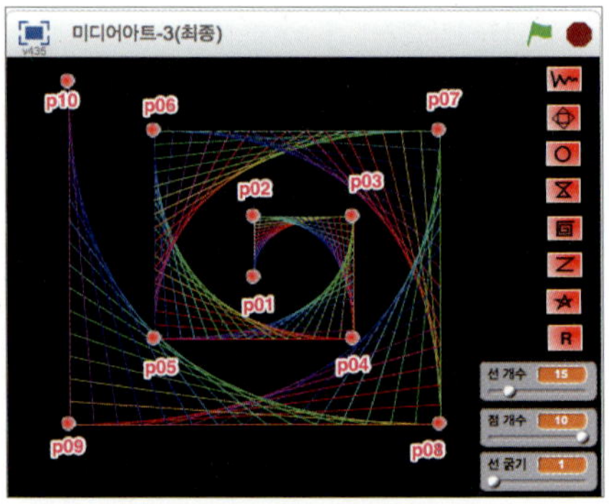

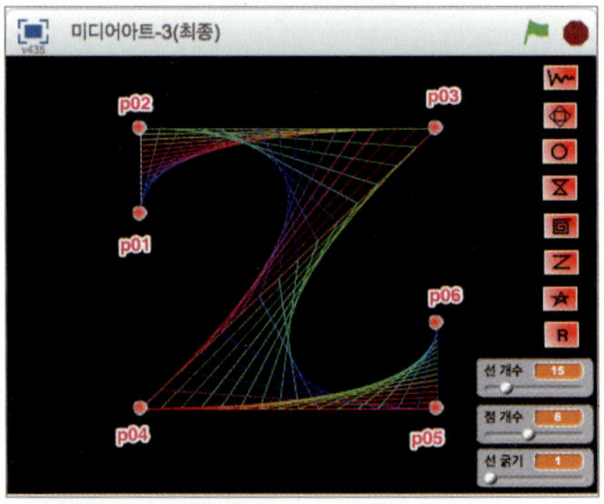

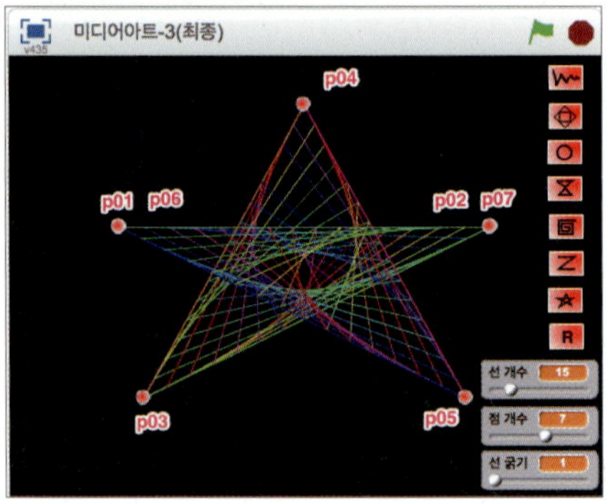

 **'펜' 스프라이트 방송 받기**

2장까지는 초록색 깃발이 클릭되었을 때 선을 그었지만 이제는 그림그리기 을(를) 받았을 때 블록을 받았을 때 선을 그을 수 있도록 선긋기 알고리즘 맨 위의 클릭했을 때 블록을 그림그리기 을(를) 받았을 때 블록으로 바꿔준다.

04 무작위 모양 만들기

 무작위 버튼 스프라이트 방송하기

무작위 버튼이 클릭이 되면 모양과 선의 개수도 무작위로 설정되어 그림이 그려지도록 만들어 보자.

우선 점의 개수 변수에 `3 부터 10 사이의 난수` 블록을 추가해 `점갯수 을(를) 3 부터 10 사이의 난수 로 정하기` 블록을 만들어 준다. '펜' 스프라이트가 선을 긋기 위해서 최소한 3개 이상의 점이 필요하기 때문에 3~10까지의 난수로 설정해 준다.

점 사이의 선의 개수도 1~80까지 난수로 만들어 준다.

마지막으로 점들을 무작위 위치로 보낼 `무작위 방송하기` 를 만들어 주고, '펜' 스프라이트로 선을 그을 수 있도록 `그림그리기 방송하기` 를 방송해 준다.

 무작위 버튼 스프라이트 방송받기

'점' 스프라이트들은 무작위 버튼의 방송을 받았을 때, x좌표와 y좌표가 무대의 무작위 위치에 등장할 수 있어야 한다. 아래와 같이 블록을 쌓아서 무대의 적당한 지점 안에 점들이 위치할 수 있게 해준다.

프로그램을 실행하여 확인해 보자	O	X
▶ 각 버튼을 클릭하였을 때 설정한 모양으로 선이 그어지는가?		
▶ 한 가지 모양을 그린 후 다른 모양을 그렸을 때 모양이 겹쳐지지 않는가?		
▶ 무작위 버튼을 누를 때 마다 선 개수와 모양이 변하는가?		

네 걸음 생각을 플러스해 보자

● 자신이 만든 미디어 아트를 스스로 평가할 수 있다.

● 미디어 아트에서 추가할 수 있는 것들을 더 생각해 보고 프로그램을 확장할 수 있다.

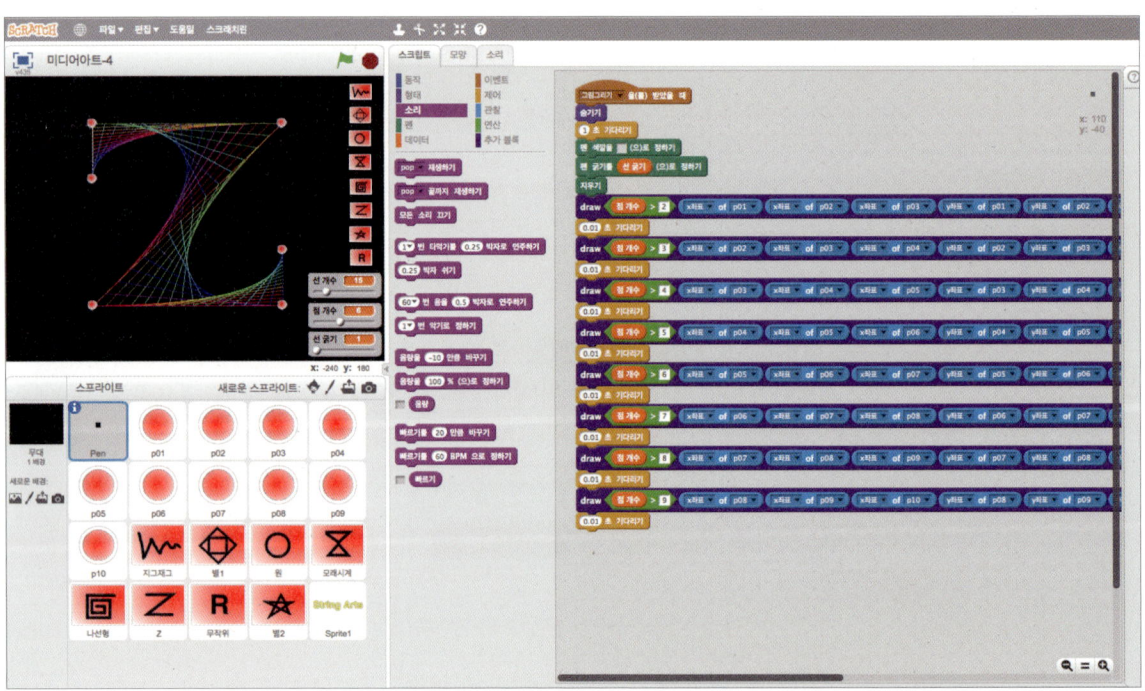

지금까지 총 세 걸음을 통해 미디어 아트를 완성하였어요. 처음에 점과 점사이의 선을 긋는 알고리즘을 만드는 것이 어려웠지만 하고 나니 예쁜 무늬들이 만들어져서 뿌듯하지 않았나요? 우리는 선의 개수, 점의 개수, 굵기 등을 변수로 주어 다양한 모양의 무늬를 만들 수 있었어요. 이제 여러분이 만든 미디어 아트를 스스로 평가하여 보고 더 추가할 수 있는 요소가 어떤 것들이 있는지 같이 고민해 보도록 해요.

자기 평가하기

😊 미디어 아트의 구조 이해하기

프로그램을 실행하여 확인해 보자	O	X
▶ 미디어 아트에 필요한 스프라이트를 떠올릴 수 있다.		
▶ 모양 버튼이 클릭되었을 때 방송의 구조에 대해서 떠올릴 수 있다.		
▶ 선 긋기 알고리즘의 좌표 변화에 대해서 이해할 수 있다.		

😊 스크래치 기능 익히기

프로그램을 실행하여 확인해 보자	O	X
▶ 조건 매개 변수와 숫자 매개 변수가 포함된 사용자 정의 블록을 사용할 수 있다.		
▶ 무대에 나타난 변수 값을 슬라이더로 조정하고 최대, 최솟값을 설정할 수 있다.		
▶ 변수 값 바꾸기를 이용하여 변수 값을 같은 간격으로 바꿀 수 있다.		

😊 프로그래밍의 기초 연습하기

프로그램을 실행하여 확인해 보자	O	X
▶ 변수를 이용하여 계속 변화하는 좌표를 바탕으로 한 선 긋기 알고리즘을 만들 수 있다.		
▶ 난수 블록을 이용하여 무대 무작위 위치에서 나타나는 스프라이트를 만들 수 있다.		
▶ 오류 상황을 인지하고 오류를 해결하는 방법을 알 수 있다.		

1. 미디어 아트를 시작하기 전에 시작 화면을 넣는다면?

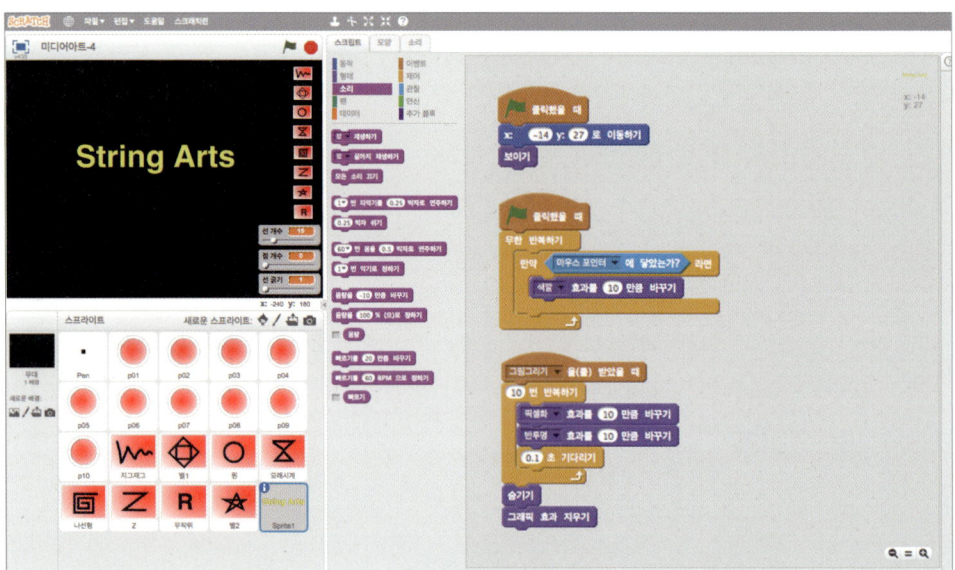

✓ 시작 화면을 넣고 사라지게 하기 위해서는 어떤 방송 구조를 넣어야 할까?

✓ 시작 화면에 다양한 시각 요소를 넣기 위해서는 어떻게 해야 할까?

2. 시각적인 요소 외에 다른 요소를 넣는다면?

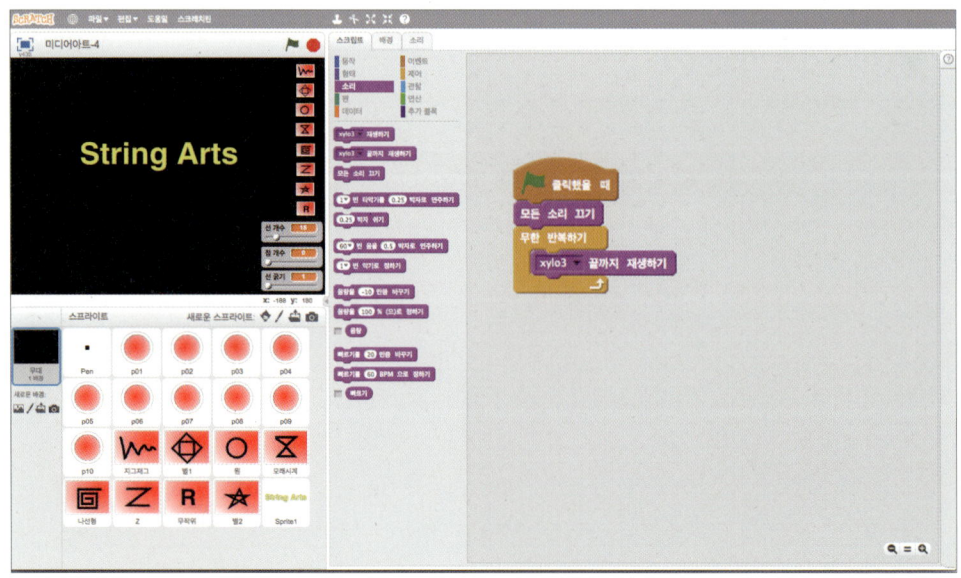

✓ 미디어 아트의 배경 음악을 넣는 방법은 어떤 것이 있을까?

✓ 각각의 모양에 따른 다른 배경 음악을 넣기 위해서는 어떻게 해야 할까?

● 미디어 아트-2 실행 결과 화면

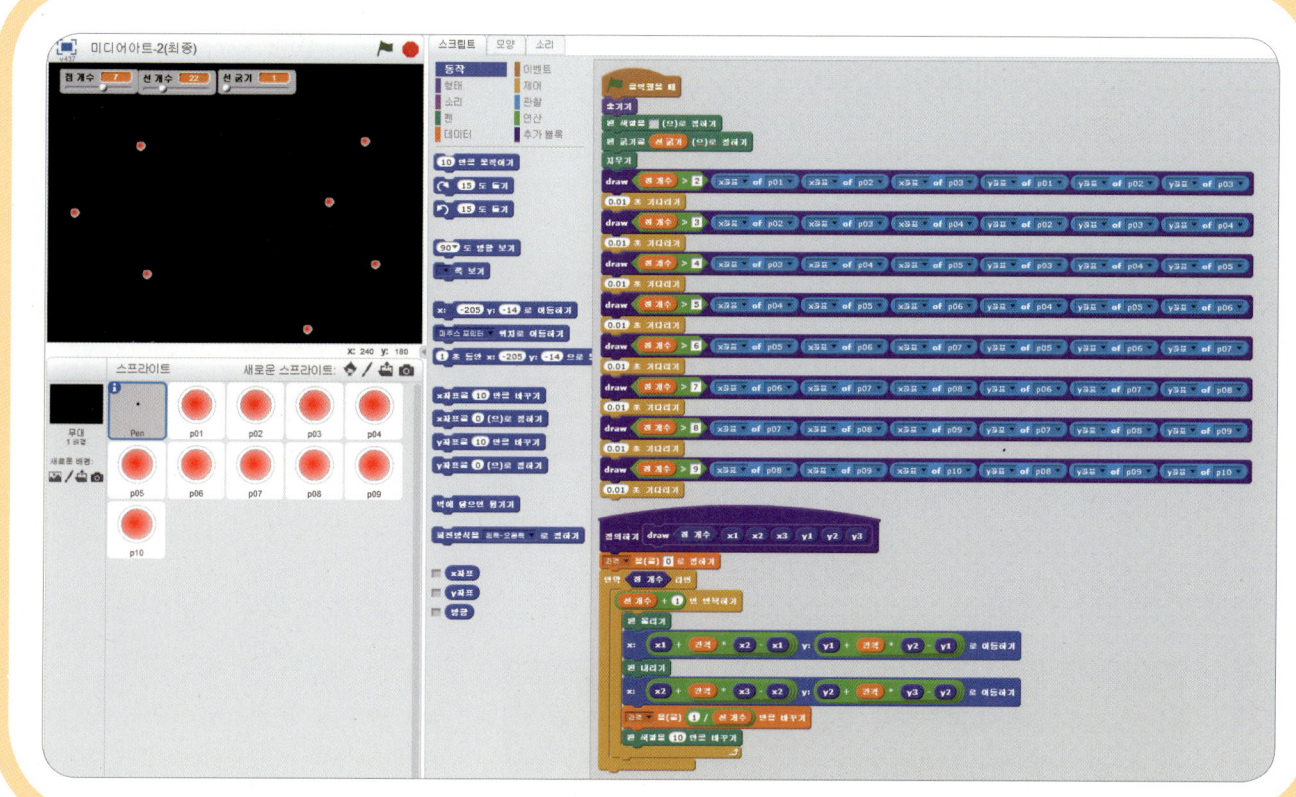

나는 감독!
애니메이션 '동화나라'

● 동화나라 실행 화면

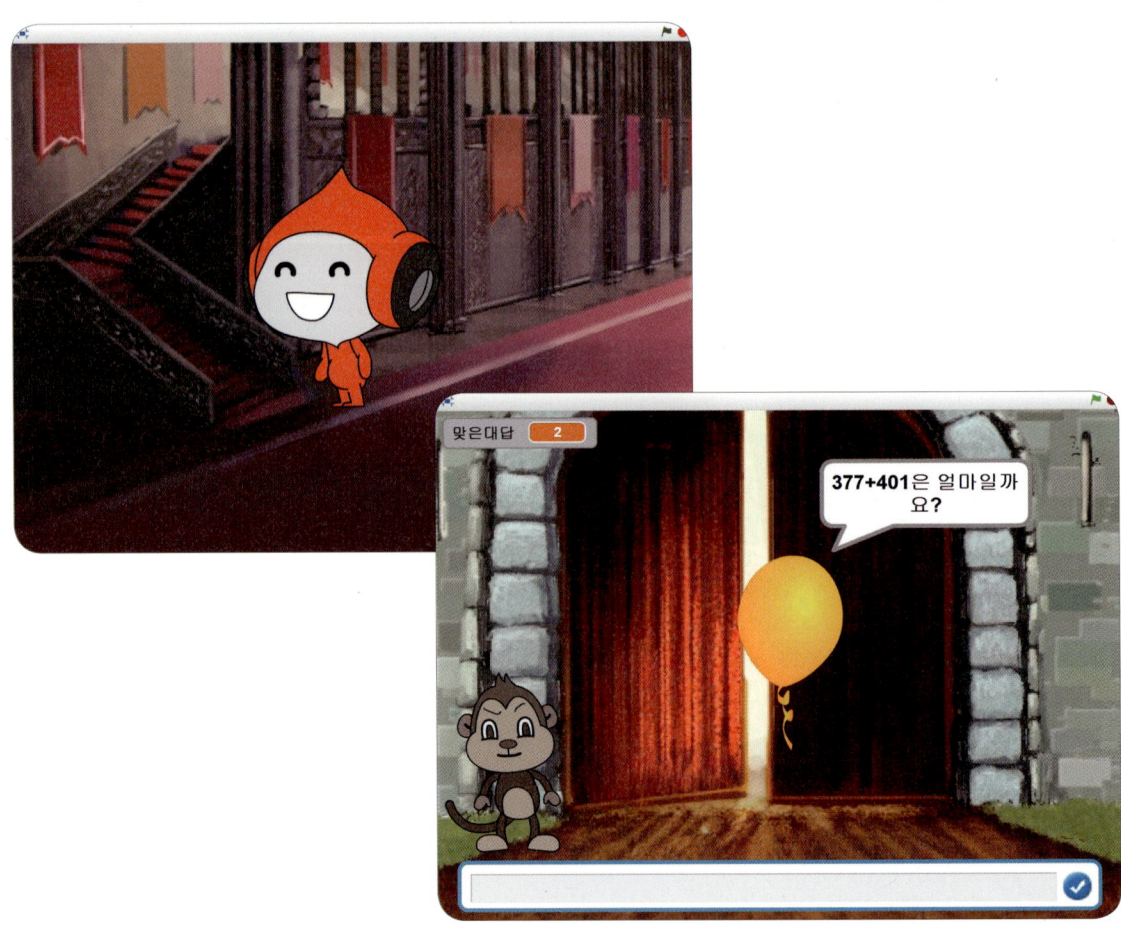

맞은대답 **2**

377+401은 얼마일까요?

여러분은 만화를 보면서 어떤 생각을 하는가? 누구나 한번쯤 어떻게 만화를 만들까에 대해 궁금해 한 적이 있을 것이다. 이러한 관심과 호기심이 만화의 발전을 가져왔을지도 모른다.

이번 프로젝트는 간단한 애니메이션을 만들어 보려고 한다. 애니메이션이라고 하면 뭔가가 많이 들어가고, 어렵고 오래 걸리고 힘들다고 생각할 수도 있는데 그렇지 않다. 애니메이션은 기본적으로 촬영된 움직임이 아닌, 여러 편집 과정 등을 통해 원래는 없었던 움직임을 만들어내는 것을 말한다. 우리가 직접 재미있는 애니메이션을 스크래치로 만들어 볼 수 있다니 멋지지 않은가?

우리는 다음과 같은 과정을 통해 애니메이션을 만들어 볼 것이다. 먼저, 애니메이션의 뼈대가 되는 게임을 만들 것이다. 그리고 각 게임의 연결 고리를 만들어서 자연스럽게 이어지도록 하고, 그 위에 애니메이션의 핵심이라고 볼 수 있는 이야기적 요소를 넣을 것이다.

주인공과 마녀, 동화 속 공주를 등장시켜서 각 캐릭터들이 대화를 나누고, 문제를 해결하는 과정을 보여줄 수 있도록 한다. 그 후에 효과음과 같은 음악적인 요소와 각 캐릭터들의 자연스러운 움직임을 스크래치로 표현해주면 우리의 애니메이션이 완성되는 것이다.

이 애니메이션을 완성하고 나면 여러분은 애니메이션의 구조를 알 수 있고, 스크래치의 고급 기능들을 더 익혀서 실력이 한 단계 향상될 수 있을 것이다. 어려울 수도 있지만 끝까지 최선을 다해서 따라오라.

학습목표

- 애니메이션의 구조를 이해할 수 있다.
- 제공되는 기본 애니메이션 프로젝트를 만들면서 스크래치의 기능을 익힐 수 있다.
- 애니메이션 프로젝트를 원하는 방향으로 확장하면서 프로그래밍의 기초를 연습할 수 있다.

🌞 사용하는 블록 확인하기

🌞 학습 순서 확인하기

한 걸음	두 걸음	세 걸음	네 걸음	다섯 걸음
연결된 게임 만들기	**게임 고리 만들기**	**이야기적 요소 넣기**	**예술적 요소 추가하기**	**생각 더하기**
• 게임 흐름 파악하기 • 스프라이트 넣기 • 게임 설명하기 • 문제 내기 • 문제 해결 말하기	• 게임 흐름 파악하기 • 무대에 섬 추가하기 • 섬 등장 상황 만들기 • 섬에 게임 단계 넣기	• 애니메이션 흐름 파악하기 • 무대 꾸미기 • 게임 시작 이야기 만들기 • 게임 설명 캐릭터 넣기 • 게임 끝 이야기 만들기	• 애니메이션 흐름 파악하기 • 효과음 추가하기 • 캐릭터에 움직임 주기 • 이야기용 스프라이트 넣기	• 자기 평가하기 • 생각 확장하기

한 걸음 게임을 연결해서 만들자

학습목표
● 뼈대가 될 3단계의 게임에 필요한 스프라이트를 만들 수 있다.
● 스프라이트들을 연결할 수 있다.

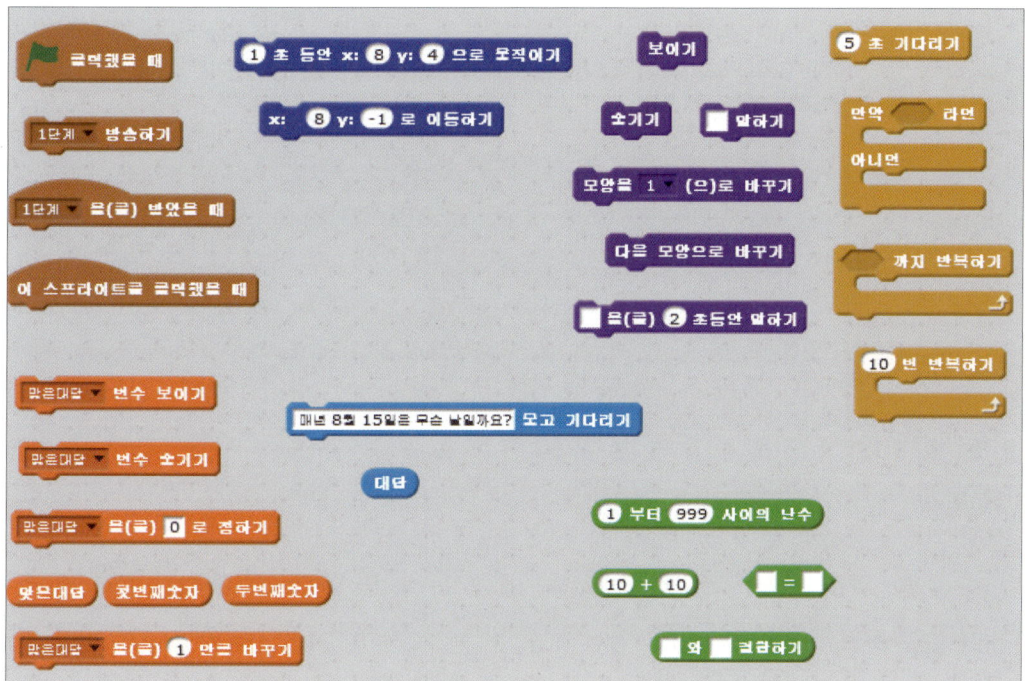

안녕하세요? 프로젝트 4의 귀여운 마스코트 '피코(Pico)'예요. 저는 애니메이션 만들기 첫 시간에는 애니메이션의 기본 뼈대가 되는 게임들을 연결해서 만들어 볼 거예요. 먼저 게임 설명을 해줄 '게임 설명' 스프라이트와 문제를 내줄 '문제' 스프라이트, 정답의 보기가 되어줄 '1', '2', '3', '4' 보기 번호 스프라이트들과 모든 문제를 해결했다고 알려주는 '문제 해결' 스프라이트가 필요해요. 그러려면 '문제' 스프라이트는 우리의 조작에 따라 문제를 내줘야 하고, 보기가 되어줄 번호 스프라이트들은 필요한 상황에만 등장하고 나머지 상황에서는 사라져줘야 해요. 또한, 애니메이션의 뼈대가 될 게임이기 때문에 끝나고 나면 '문제 해결' 스프라이트가 끝을 알릴 수 있도록 해줘요.

01 게임의 흐름 파악하기

 **게임의 흐름**

우리는 애니메이션을 만들 것이다. 그리고 애니메이션의 뼈대가 될 게임을 만들고, 그 위에 여러 가지 내용을 추가하여 애니메이션을 완성할 것이다. 게임의 흐름을 아래 표로 확인해 보자.

초록깃발 🚩	게임 설명	1단계	2단계	3단계	문제 해결

 게임의 흐름에 따른 방송의 순서도

게임을 만들다 보면 방송을 이용하여 다른 스프라이트에 명령을 내려야 하는 경우가 많다. 특히 방송은 애니메이션과 매우 밀접한 관계이다. 스크립트를 직접 작성하기 전에 미리 게임의 방송 흐름을 살펴보자.

초록깃발 🚩	게임 설명	1단계 게임	2단계 게임	3단계 게임	문제 해결
방송의 흐름 :		1단계 방송	2단계 방송	3단계 방송	문제 해결 방송

02 필요한 스프라이트 가져오기

 **'게임 설명' 스프라이트**

위험에 처한 동화나라를 구하라!

동화나라의 공주를 구하기 위해서는 마녀를 없애야 한다.
마녀의 부하들이 내는 문제를 맞혀서 마녀를 없애보자.

문제를 잘 맞혀서 동화나라를 구하라!

그냥 게임에도 중요하지만, 애니메이션에서는 특히 설명이 꼭 들어가야 한다. 다음 강의에서도 계속 이 '게임 설명' 스프라이트는 게임의 도입부에서 활약하게 될 것이다. 모양 탭(스크립트 모양 소리)에서 간단하게 그려볼 수도 있지만, 원하는 모양으로 만들 수 있게 그림판에서 그리도록 할 것이다.

☀ '문제' 스프라이트

'장애물' 스프라이트 역시 모양 탭(스크립트 | 모양 | 소리)에서 간단하게 그려 볼 수도 있지만, 원하는 모양으로 만들 수 있게 그림판에서 그리도록 하자.

1단계의 게임을 위한 설명 그림 2가지뿐만 아니라 2단계 게임과 3단계 게임을 책임질 그림도 필요하다. 이때는 모양 탭의 메뉴(✎ / 📤 📷) 첫 번째에 나와 있는 저장소에서 모양을 선택해 본다. 우리는 노란색 풍선을 가져오도록 하자.

<table>
<tr>
<td>
1단계 퀴즈.

다음 중 같은 뜻을 가진 존댓말과 예삿말이 잘 연결된 것을 보기에서 고르고 번호를 클릭하시오.
</td>
<td>
1단계 퀴즈.

다음 중 같은 뜻을 가진 존댓말과 예삿말이 잘 연결된 것을 보기에서 고르고 번호를 클릭하시오.

　(존댓말) (예삿말)

1.　밥　-　진지

2.　연세　-　세금

3.　주시다　-　주다

4.　생신　-　생일
</td>
<td>

balloon1-b
</td>
</tr>
</table>

☀ 보기 번호 스프라이트

1단계 게임은 객관식 문제이다. 여기서 우리는 1번부터 4번까지 보기 중 한 가지를 답으로 골라야 한다. 이때는 모양 탭의 메뉴(✎ / 📤 📷) 첫 번째에 나와 있는 저장소에서 모양을 선택해 보자. 모양 저장소 목록의 '글자' 탭에서 찾을 수 있다.

1	2	3	4
1-pixel	2-pixel	3-pixel	4-pixel

☀ '문제 해결' 스프라이트

'문제 해결' 스프라이트는 세 가지 문제를 모두 맞힐 경우에 등장하게 된다. 이 또한 모양 탭의 메뉴(✎ / 📷) 첫 번째에 나와 있는 저장소에서 모양을 선택하는 것이다. 모양 저장소 목록의 '판타지' 탭에서 찾을 수 있다. 그 후 게임의 흐름을 위해 모양 탭에서 좌우 반전(⬍ ⬌ ⊟ ＋)을 실행해 주도록 한다.

03 게임 설명하기

스프라이트의 처음 위치 정하기

스프라이트의 처음 위치를 정하는 것은 중요한 일이다. 이 게임에서 '게임 설명' 스프라이트가 (x:8, y:−1)에 위치하도록 설정해 준다.

보였다가 시간이 지난 후 숨기기

게임 설명은 등장해서 모두가 읽고 알 수 있도록 한 후에, 다음에 나올 문제를 위해 사라져줘야 한다. 보여기 . 1 초 기다리기 . 숨기기 의 세 블록을 이용하여 게임 설명이 등장한 후 5초 뒤에 사라지게 해준다.

1단계 방송하기

게임 설명이 끝난 후에 1단계 게임이 시작될 수 있도록  블록을 이용하여 방송을 해준다. 이 방송을 받고 '문제' 스프라이트가 움직이게 될 것이다.

04 문제 넣기

 ## 게임 설명할 때 숨기기

 블록이 실행되었을 때, '게임 설명' 스프라이트가 게임을 설명한다. 그 동안 '문제' 스프라이트가 등장해서는 안된다. 그래서 이때에는 숨겨두도록 한다.

1단계 문제 내기

1단계 문제를 낸다. '게임 설명' 스프라이트가 게임 설명 후에 '1단계' 방송을 하면, '문제' 스프라이트가 '1단계' 방송을 받는다. 그리고 등장하게 된다. 항상 초기 값을 줘야 한다는 것을 잊지 말자. '문제' 스프라이트가 (x:8, y:−1) 위치에 가도록 한다. 그 후 1번 그림에서 2번 그림으로 바뀌어서 문제를 낼 수 있도록 다음 모양으로 바꿔준다.

1단계 퀴즈.	1단계 퀴즈.	
다음 중 같은 뜻을 가진 존댓말과 예삿말이 잘 연결된 것을 보기에서 고르고 번호를 클릭하시오.	다음 중 같은 뜻을 가진 존댓말과 예삿말이 잘 연결된 것을 보기에서 고르고 번호를 클릭하시오. (존댓말) (예삿말) 1. 밥 - 진지 2. 연세 - 세금 3. 주시다 - 주다 4. 생신 - 생일	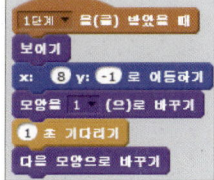

1단계 보기 만들기

1단계 문제를 풀기 위해서는 보기가 필요하다. 그래서 우리는 스프라이트 저장소(새로운 스프라이트: ◆ / ▲ 📷)에서 1부터 4까지의 숫자 그림(1 2 3 4)을 가져온다. 이 각각의 스프라이트에 들어가는 내용은 비슷하고 쉬우니 잘 따라오도록 한다. 이 보기는 언제 나타나야 할까? 그렇다. '1단계'가 방송되어 1단계 문제가 나왔을 때 등장해야할 것이다. 그렇지만 효과적으로 나타내기 위해서 2초 기다렸다가 문제가 다 나온 후에 보일 수 있도록 하자.

이 상황이 아니라면 이 보기 그림들은 필요없다. 그렇기 때문에 '1단계' 방송을 받기 전과 '2단계' 방송을 받았을 때 숨겨지도록 해준다.

그리고 이 1단계 문제에서 정답은 4이기 때문에 '4' 스프라이트에서는 '4' 스프라이트가 클릭되었을 때 '2단계'를 방송하도록 만들어준다. 또 '4'가 아닌 '1', '2', '3' 스프라이트가 클릭되었을 때는 정답이 아니기 때문에 '꽝'을 방송해 준다.

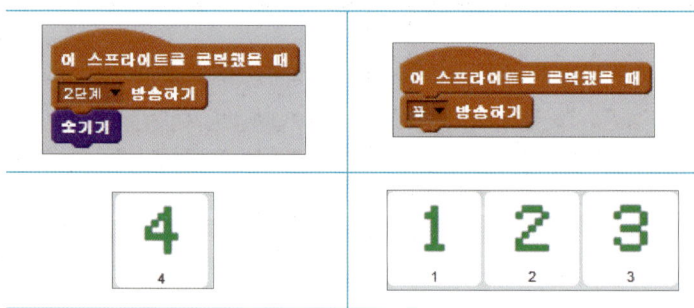

 ### 2단계 문제 초기 값 만들기

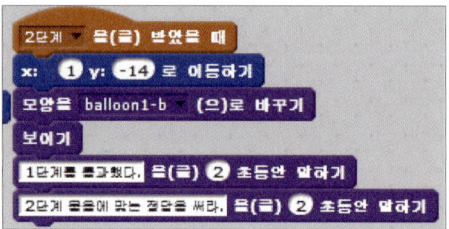

2단계 문제를 내줄 풍선 모양이 나타나게 해준다. 그리고 (x:1, y=−14) 위치로 가게 만든다. 그 후 '1단계를 통과했다'를 2초 동안, '2단계 물음에 맞는 정답을 써라'를 2초 동안 말하게 한다. 여기까지가 2단계 문제를 내기 위한 준비이다.

이제 질문을 하게 만들어준다. 총 세 개의 질문을 줄 것이다. 이 부분은 헷갈리기 쉬우니 눈을 크게 뜨고 함께 해보도록 한다. 첫 번째 질문은 "매년 8월 15일은 무슨 날일까?", 두 번째는 "매년 10월 3일은 무슨 날일까?", 세 번째는 "매년 7월 17일은 무슨 날일까?"의 질문이다. 맞아요. 첫 번째 질문의 대답은 "광복절", 두 번째는 "개천절", 세 번째는 "제헌절"이다. 각각의 질문들에 대답을 잘하면 우리는 "어떻게 알았지?"라고 1초 동안 말하고 다음 질문을 내보내도록 만든다. 마지막 세 번째 질문까지 대답을 잘 하면 '똑똑하구나.'라고 1초 동안 말하고 3단계 문제로 가도록 만들어 보자.

첫 번째 질문에 대한 블록의 모습이다. "매년 8월 15일은 무슨 날일까?"라고 물은 뒤, '대답'이 '광복절'일 때와 아닐 때로 나눠서 제시해준다. 그리고 잘 보면 알겠지만, 대답이 맞을 경우, 다음 문제를 바로 물어보고 기다리게 된다.

이 두 번째의 질문에 대한 '대답'이 개천절일 경우, 위의 첫 번째 질문에 따른 블록과 똑같이 만들어준다. 여기서, 이 첫 번째 질문과 두 번째 질문을 연결하려면 이 블록은 어디로 들어가야 할까? 맞다. '대답'이 '광복절'이 맞아서 나온 두 번째 질문 바로 밑에 붙여주면 된다.

세 번째 질문도 두 번째 질문의 대답이 맞을 경우에 제시해준다. 자, 여기서 또 퀴즈! 과연 마지막 질문까지 다 맞힌 후에 나오는 '3단계' 방송은 어디에 들어가야 할까? 그렇다. 세 번째 대답 밑에 들어갈 수 있도록 한다. 그리고 정답이 '아니면'의 세 경우에 모두 `꽝 ▼ 방송하기` 블록을 넣는다.

3단계 문제 초기 값 만들기

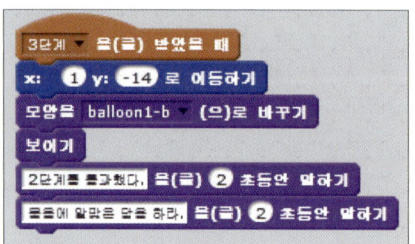

'3단계'를 받았을 때 '문제' 스프라이트가 (x:1, y:−14)의 위치에 있도록 이동시킨다. 그 다음 풍선 모양이 나올 수 있도록 한 번 더 기본 값을 넣어주고 보이게 한다. 그리고 "2단계를 통과했다."와 "물음에 알맞은 답을 하라."의 멘트를 2초 동안 말하게 하여 3단계 문제의 시작을 알린다.

 **네 개의 변수를 이용하여 문제 만들기**

'3단계'에서는 변수를 네 개 사용할 것이다. 여기서 나오는 문제는 수학 문제이다. '첫 번째 숫자'와 '두 번째 숫자'를 변수로 만들고, 두 숫자를 '1부터 999 사이의 난수'로 제공할 것이다. 그렇게 되면 한 자리 수, 두 자리 수, 세 자리 수가 마음대로 등장하지 않을까?

그리고 와 결합하기 블록을 이용해서 '첫 번째 숫자'와 '+'와 '두 번째 숫자'와 '은 얼마일까?'를 말하게 해준다. 과연 여기서 와 결합하기 블록은 몇 번 사용될까?

정답은 세 번이다. 아래 그림과 같이 사용해서 결합 안에 결합을 또 넣어주는 것이다.

그리고 방금 만든 것을 말하게 해주고, 질문으로 묻고 기다려요. 거기에서 나온 '대답'을 변수를 이용해 저장해준다.

여기서 변수에 저장하는 이유는, 이 질문이 세 번 나오고, 그 때마다 '대답'이 다르기 때문이다. 여기서 만약 '대답'이 첫 번째 숫자와 두 번째 숫자의 합이 맞다면 '똑똑하구나.'라고 말하게 해준다. 그리고 '맞은 대답'이라는 변수를 하나 추가하여 1만큼 바꿔준다.

이 질문에 대해 세 번 정답을 맞혔을 때 '문제 해결' 단계로 넘어가게 해주려면 어떻게 블록을 반복시킬 수 있을까? 그렇다. '맞은 대답'이 3이 될 때까지 반복하면 되는 것이다.

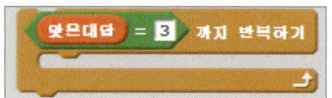

이렇게 만들고 난 후 이 풍선 모양의 '문제' 스프라이트는 숨기고 '문제 해결'을 방송한다. 그런데 여기서 하나 빼먹은 게 있다. 과연 무엇일까? 그렇다. '맞은 대답'이라는 변수를 만들었는데 그 변수가 1씩 바뀌게 해주었다. 이 변수를 처음에 초기 값으로 0을 만들어 주지 않는다면 오류가 발생할 것이다. 그렇기 때문에 꼭 `맞은대답 ▾ 을(를) 0 로 정하기` 블록을 '3단계' 방송을 받았을 때의 초기 값 설정에 넣어주도록 한다.

꽝 상황 만들기

'꽝'을 방송했다면 '꽝' 방송을 받아야 하지 않을까? 그래서 우리는 꽝 방송을 받는 상황을 정해줄 것이다. '꽝'이 방송되었을 때 "다시 골라라"를 2초 동안 말하게 한다. 이건 이제 쉽게 만들 수 있을 것이다.

05 문제 해결 말하기

세 개의 문제가 해결되었을 때 우리는 '문제 해결'을 방송해 주었다. '문제 해결' 방송을 받았을 때 어떤 멘트를 넣어주어야 게임이 재밌게 완성이 될까? 우선 2초를 기다리게 한 후 (x:8, y:4)의 위치에서 보이게 해준다. 그리고 "내 퀴즈를 다 풀어내다니!"와 "에잇 두고 보자."를 2초 동안 말하고 숨긴다. 이렇게 게임이 완성되는 것이다.

프로그램을 실행하여 확인해 보자	O	X
▶ 게임 설명–1단계–2단계–3단계–문제 해결이 자연스럽게 연결되는가?		
▶ '2단계' 문제에서 세 가지 질문이 정답일 때와 아닐 때의 상황을 만들 수 있는가?		
▶ '3단계' 문제에서 변수 세 가지를 만들어서 제시할 수 있는가?		

두 걸음 게임 고리를 만들어 보자

학습목표

- '섬' 단계를 만들 수 있다.
- 단계를 선택해서 게임으로 접근하도록 할 수 있다.
- 틀렸을 때 원점으로 돌아가게 해서 게임을 더 재밌게 만들 수 있다.

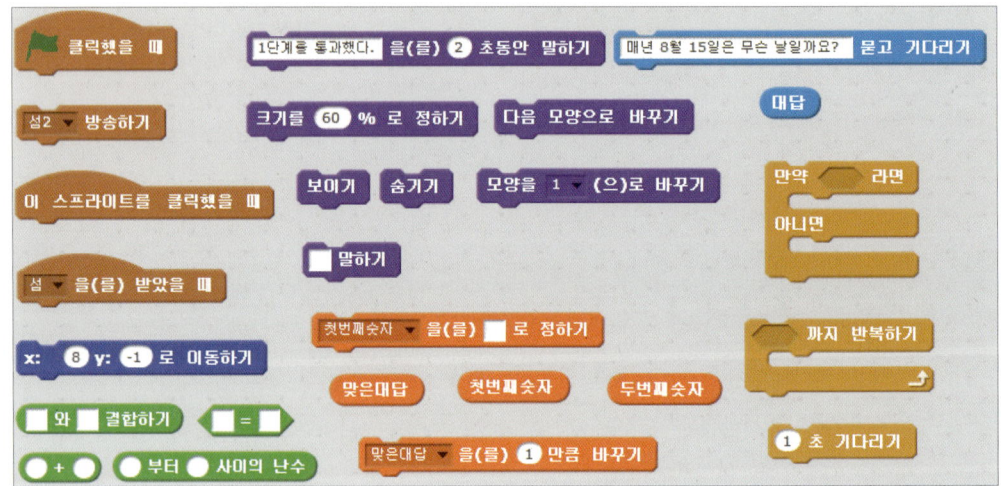

앞에서 우리는 애니메이션의 기본 뼈대가 될 게임을 만들고 또 이것들을 연결하여 보았어요. 이제 이 스프라이트들 사이의 관계를 생각하며 게임 고리를 만들어 볼게요. '섬'이라는 단계를 만들어서 게임 설명이 끝나면 우리가 풀어야 할 세 단계의 게임이 나오도록 해요. 또 원하는 단계의 숫자를 눌렀을 때 그 단계의 게임이 시작하도록 해줘요. 그 후 게임을 틀렸을 경우 원점인 '섬' 단계로 다시 돌아가게 만들어 볼게요.

01 게임의 흐름 파악하기

 **게임의 흐름**

2장에서의 게임의 흐름을 아래 표로 확인해 보자.

초록깃발	게임 설명	섬	1단계	섬2	2단계	섬3	3단계	문제 해결

 **게임의 흐름에 따른 방송의 순서도**

게임을 만들다 보면 방송을 이용하여 다른 스프라이트에 명령을 내려야 하는 경우가 많다. 특히 방송은 애니메이션과 매우 밀접한 관계이다. 스크립트를 직접 작성하기 전에 미리 게임의 방송 흐름을 살펴보자.

초록깃발	게임 설명	섬	1단계	섬2	2단계	섬3	3단계	문제 해결
방송의 흐름 :		섬 방송	1단계 방송	섬2 방송	2단계 방송	섬3 방송	3단계 방송	문제 해결 방송

02 무대에 '섬 배경' 추가하기

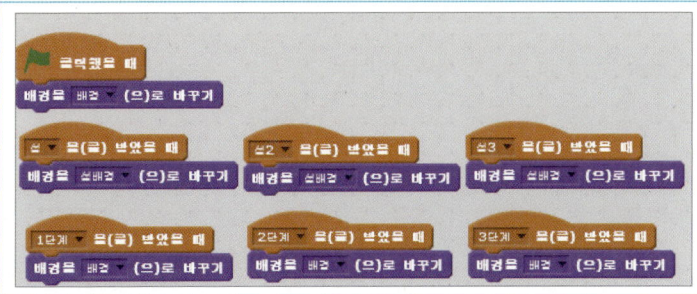

'섬 배경' 만들기

'게임 설명'에서 '1단계'로, '1단계'에서 '2단계'로, '2단계'에서 '3단계'로 넘어가는 과정에서 나오는 '섬' 단계를 위하여 '섬 배경'을 만들어준다. 우리가 직접 그려서 만들어 보자.

 배경이 바뀌는 상황 결정하기

'섬 배경'은 '섬', '섬2', '섬3'을 받았을 때만 등장하도록 한다. 그 외에 처음 시작할 때나 '1단계', '2단계', '3단계' 방송을 받았을 때는 원래의 배경이 나올 수 있도록 만든다.

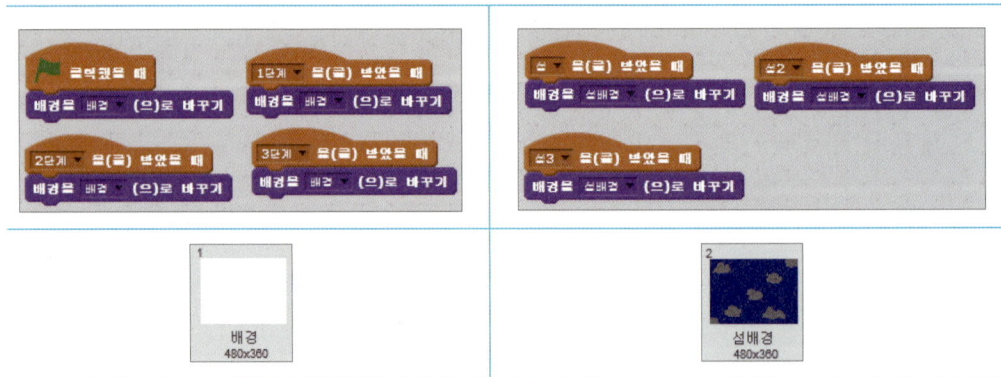

03 '섬' 단계가 등장하는 상황 만들기

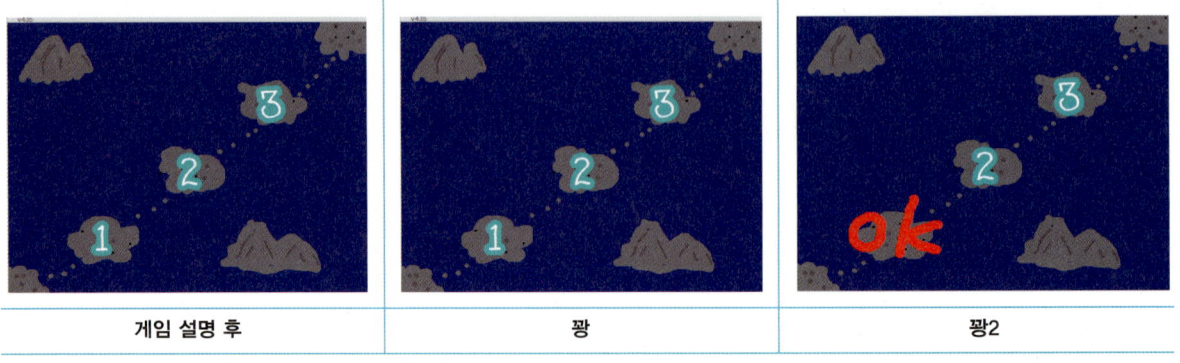

| 게임 설명 후 | 꽝 | 꽝2 |

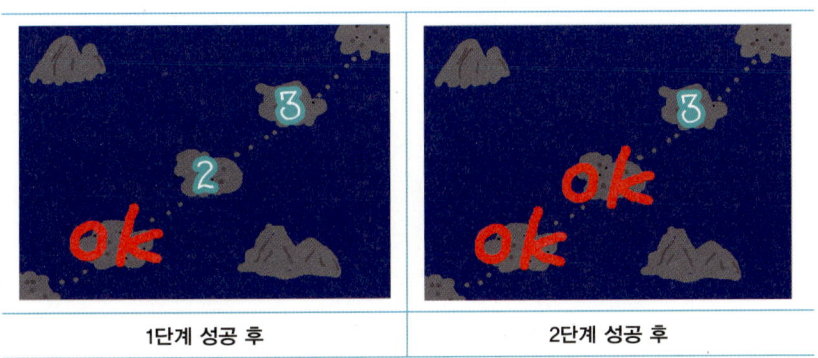

1단계 성공 후	2단계 성공 후

 ## 게임 설명 후 등장하기

1장에서 우리는 게임 설명 후 바로 1단계 게임으로 넘어가게 했었다. 하지만 이제 '섬' 단계가 생겼다. 깃발을 클릭하고, 게임 설명이 나타난 후에 첫 번째 '섬'을 방송하게 된다.

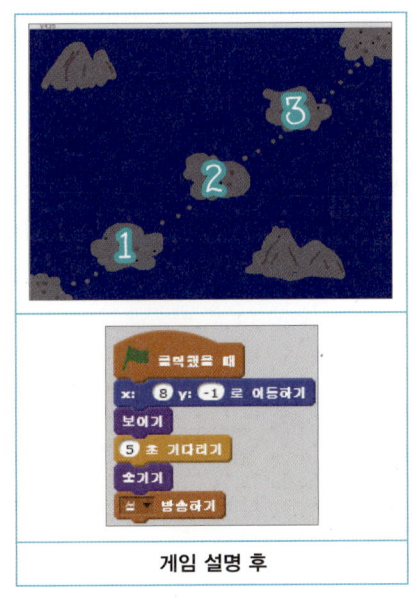

게임 설명 후

 ## 1단계 게임, 2단계 게임 성공 후의 '섬' 단계 만들기

1단계 게임 성공과 2단계 게임 성공 후에는 각각 다른 모습의 '섬' 단계가 나타나게 된다. 배경이 '섬 배경'으로 바뀌는 것은 똑같지만 1단계 게임이 성공한 후에는 '1단계' 스프라이트만 'OK' 모양으로 바뀌게 된다. 그 후 2단계 게임이 성공한 후에는 '1단계' 스프라이트와 '2단계' 스프라이트가 'OK' 모양으로 나타난다.

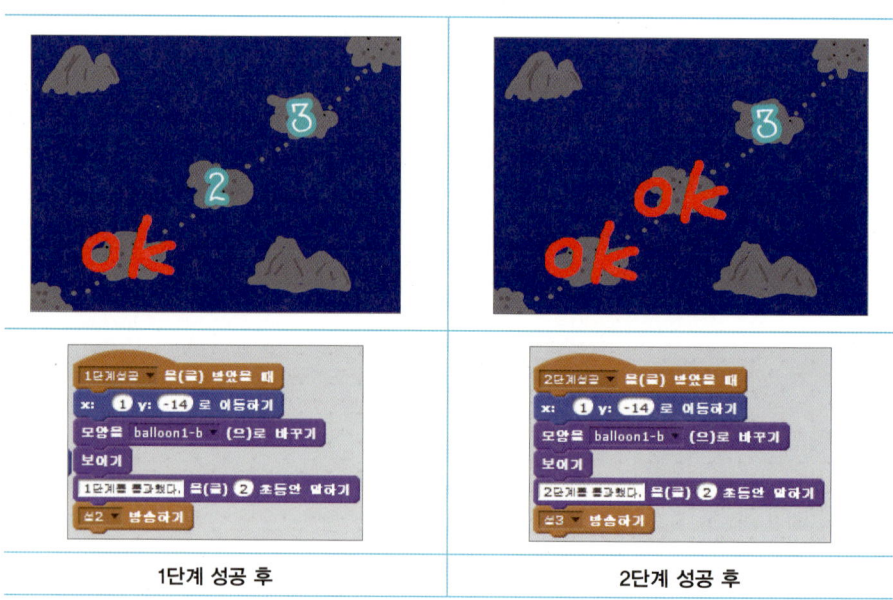

1단계 성공 후	2단계 성공 후

1단계 게임, 2단계 게임 실패 후의 '섬' 단계 만들기

그렇다면 1단계 게임이 실패해서 '꽝'이 방송됐을 때, 2단계 게임이 실패해서 '꽝2'가 방송됐을 때는 어떤 모습일까? 1단계 게임이 실패하면 첫 번째의 '섬'이 방송되어야 한다. 왜냐하면 아직 '1단계' 스프라이트가 'OK'의 모양으로 바뀌면 안 되기 때문이다. 그렇다면 2단계 게임이 실패해서 '꽝2'가 방송되면 어떤 모습과 똑같을까? 그렇다. 1단계 게임이 성공했을 경우와 똑같은 모습을 하게 된다. '1단계' 스프라이트만 'OK'의 모습으로 바뀌고, '2단계' 스프라이트는 'OK'의 모습으로 바뀌면 안되기 때문이다.

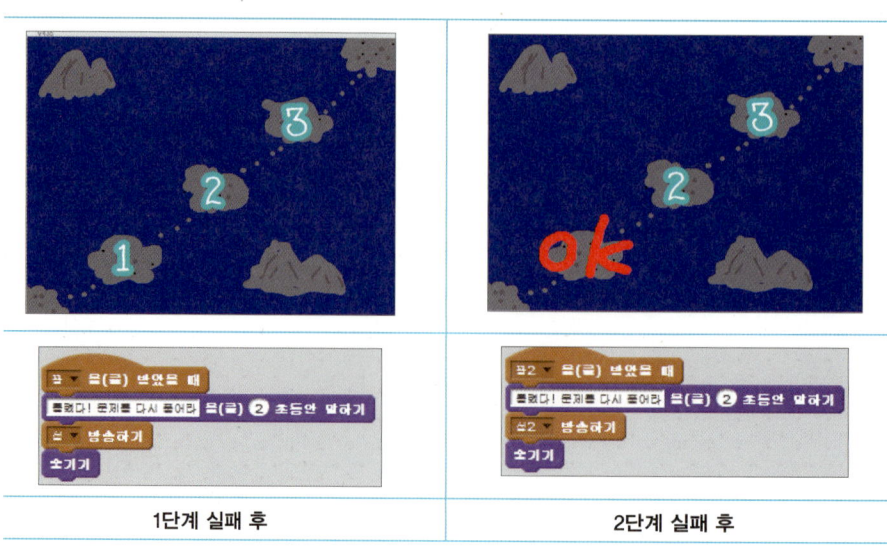

1단계 실패 후	2단계 실패 후

04 '섬' 단계에서 접근할 수 있는 게임 단계 제공하기

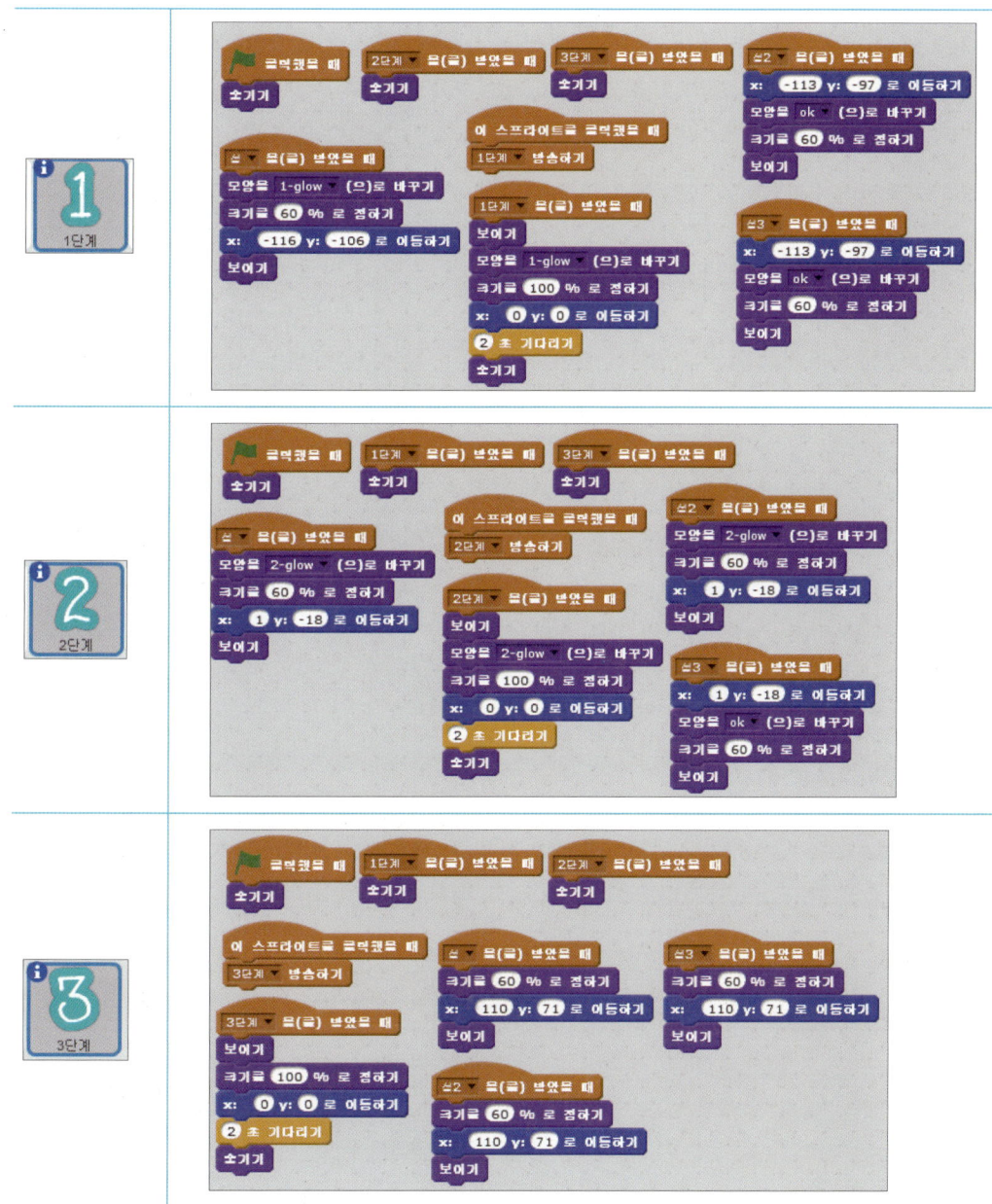

각 단계 스프라이트 만들기

각 단계를 '섬 배경'에 나타내기 위해서는 각 단계를 나타낼 스프라이트가 필요하다. 그래서 우리는 스프라이트 저장소(새로운 스프라이트: ◆ / 🖼 📷)에서 1부터 3까지의 숫자 그림(1 2 3)을 가져온다. 이 각각의 스프라이트에 들어가는 내용은 비슷하고 쉬우니 잘 따라오도록 한다.

이 스프라이트들은 언제 나타나야 할까? 그렇다. 첫 번째로 '섬'이 방송되어 '섬 배경'이 나왔을 때 등장해야겠다. 그 다음에 '섬2'에서도 등장하게 되는데 이때 주의해야 할 점! '1단계' 스프라이트는 '섬2'에서 'OK' 모양으로 등장하게 된다. '섬3'에서도 등장하게 되는데, '1단계' 스프라이트와 '2단계' 스프라이트는 'OK' 모양으로 등장한다. 여기서 한 가지 힌트를 눈치챘나? 맞다. '3단계' 스프라이트는 'OK' 모양으로 바뀌지 않는다. 왜냐하면 3단계 게임을 성공한 후에는 '섬4'가 등장하지 않고, 바로 '문제 해결'이 방송되기 때문이다.

 **클릭되었을 때의 행동 결정하기**

각 스프라이트들이 클릭됐을 때의 행동을 가장 먼저 결정해준다. '1단계' 스프라이트가 클릭됐을 때는 '1단계'를, '2단계' 스프라이트가 클릭되었을 때는 '2단계'를, '3단계' 스프라이트가 클릭되었을 때는 '3단계'를 방송하게 된다.

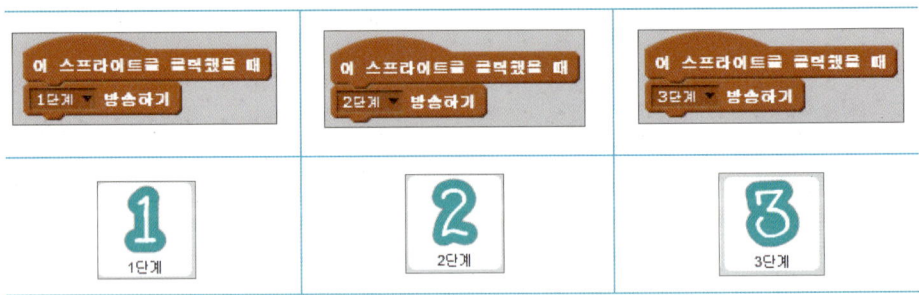

그리고 '1단계' 방송을 받았을 때 '1단계' 스프라이트가 크기를 100%로 하여 무대 정중앙으로 오고 2초 기다린 후에 사라지도록 설정한다. 1단계의 시작을 알리는 것이다. 그리고 마찬가지로 '2단계' 방송을 받았을 때는 '2단계' 스프라이트가, '3단계' 방송을 받았을 때는 '3단계' 스프라이트가 각 단계의 시작을 알리게 된다.

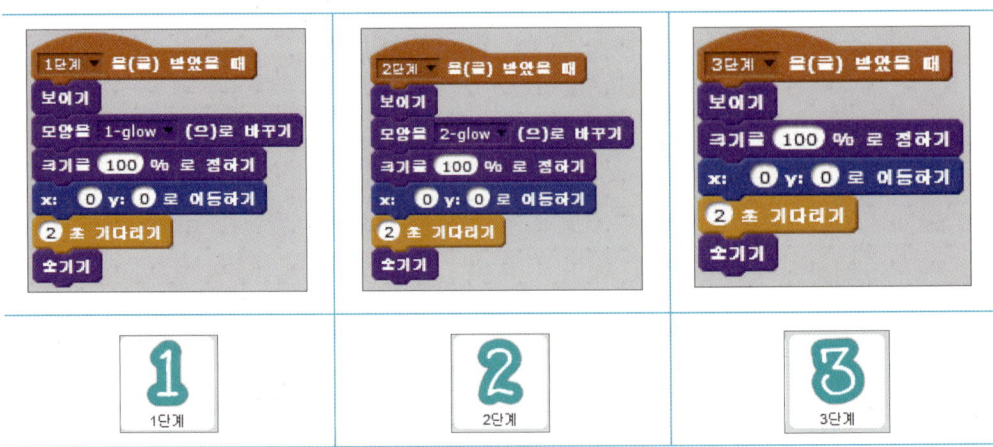

스프라이트 숨기는 상황 제시하기

각 단계 스프라이트는 필요한 상황이 아닐 때는 숨겨야 한다. 맨 처음 '게임 설명' 상황에는 '1단계', '2단계', '3단계' 스프라이트를 모두 숨긴다. 그리고 '1단계'가 방송되었을 때는 '2단계'와 '3단계' 스프라이트가, '2단계'가 방송되었을 때는 '1단계'와 '3단계' 스프라이트가, '3단계'가 방송되었을 때는 '1단계'와 '2단계' 스프라이트가 숨겨지는 것이다.

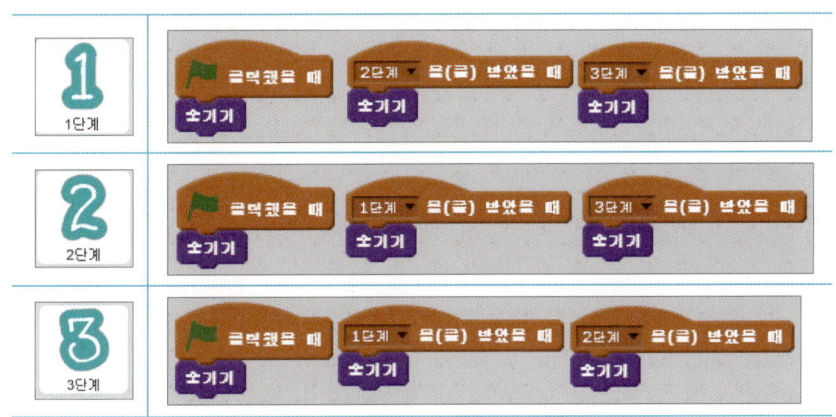

'섬' 단계의 행동 정하기

맨 먼저 '섬'방송을 받았을 때 '1단계' 스프라이트를 (x:−116, y:−106)의 위치로 보내요. 그리고 '1단계' 스프라이트 안에는 '1단계'와 'OK' 모양이 있기 때문에 숫자 1의 모양이 나올 수 있도록 해야 한다. 그리고 섬 배경과 잘 어울릴 수 있도록 크기를 60퍼센트(%)로 조정해 준다.

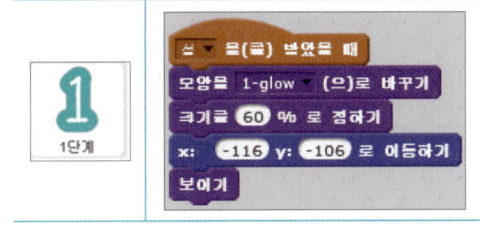

그 다음 '섬' 방송을 받았을 때 '2단계' 스프라이트를 (x:1, y:−18)의 위치로 보낸다. 그리고 '2단계' 스프라이트의 안에는 '2단계'와 'OK' 모양이 있기 때문에 숫자 2의 모양이 나올 수 있도록 해야 한다. 그리고 섬 배경과 잘 어울릴 수 있도록 크기를 60퍼센트(%)로 조정해 준다.

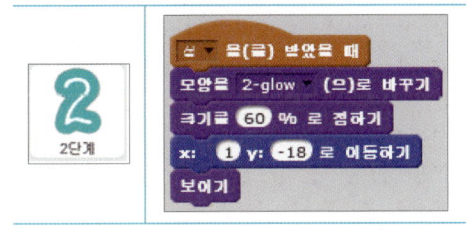

마지막으로 '섬' 방송을 받았을 때 '3단계' 스프라이트는 (x:110, y:71)의 위치로 보낸다. 그리고 '3단계' 스프라이트의 안에는 'OK' 모양이 없기 때문에 그냥 섬 배경과 잘 어울릴 수 있도록 크기를 60%로 조정해 주고 바로 보이게 한다.

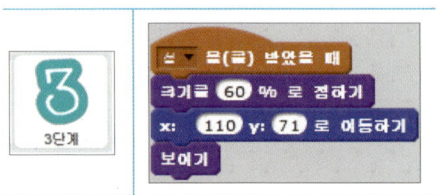

 ### '섬2' 단계의 행동 정하기

'섬2' 방송을 받았을 때 '1단계' 스프라이트는 (x:−113, y:−97)의 위치에서 'OK' 모양을 취할 수 있도록 만들어야 한다. 그리고 섬 배경과 잘 어울릴 수 있도록 크기를 60퍼센트(%)로 조정한다.

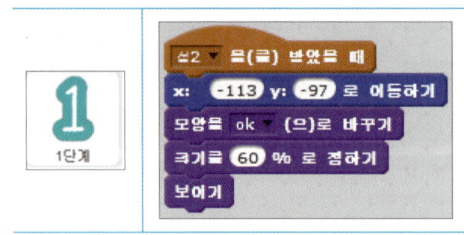

'섬2' 방송을 받았을 때 '2단계' 스프라이트는 '섬' 방송 때와 똑같은 스크립트를 갖는다.

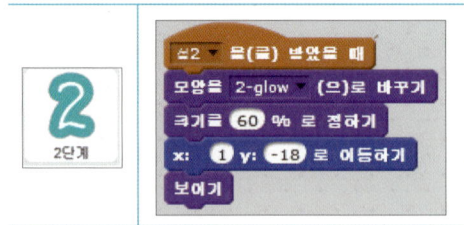

'섬2' 방송을 받았을 때 '3단계' 스프라이트는 '섬' 방송 때와 똑같은 스크립트를 갖는다.

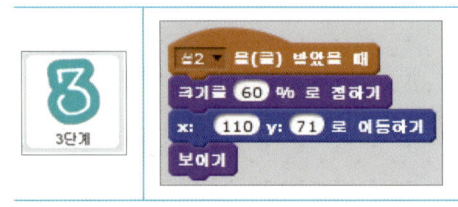

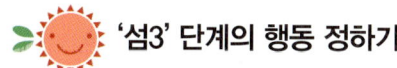 **‘섬3’ 단계의 행동 정하기**

‘섬3’ 방송을 받았을 때 ‘1단계’ 스프라이트는 ‘섬2’ 방송 때와 똑같은 스크립트를 갖는다.

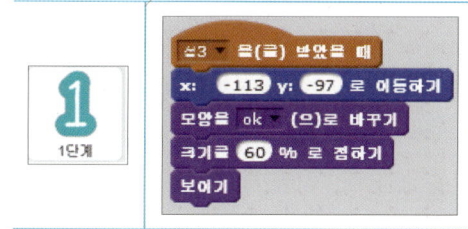

‘섬3’ 방송을 받았을 때 ‘2단계’ 스프라이트는 (x:1, y:−18)의 위치에서 ‘OK’ 모양을 취할 수 있도록 만들어야 한다. 그리고 섬 배경과 잘 어울릴 수 있도록 크기를 60퍼센트(%)로 조정한다.

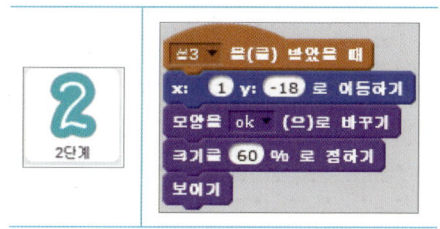

‘섬3’ 방송을 받았을 때 ‘3단계’ 스프라이트는 ‘섬’, ‘섬2’ 방송 때와 똑같은 스크립트를 갖는다.

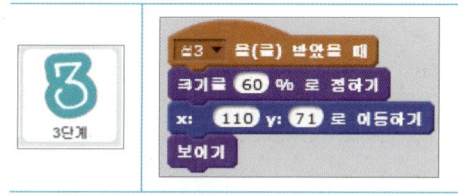

프로그램을 실행하여 확인해 보자	O	X
▶ 섬, 섬2, 섬3 상황으로 돌아가야 하는 상황이 자연스럽게 연결되는가?		
▶ 1단계 성공, 2단계 성공 상황에서 단계 스프라이트가 제대로 변화하는가?		
▶ 스프라이트들이 보이고 숨겨져야 하는 상황에서 잘 진행되는가?		

세 걸음 이야기적 요소를 넣어 보자

- 다양한 그림을 이용해 무대 변화를 줄 수 있다.
- 스토리텔링을 이용해 게임 시작을 만들 수 있다.
- 게임 설명용 캐릭터를 등장시켜서 자연스러운 흐름을 만들 수 있다.
- 게임의 시작과 끝을 통일하여 이야기적 요소를 확대할 수 있다.

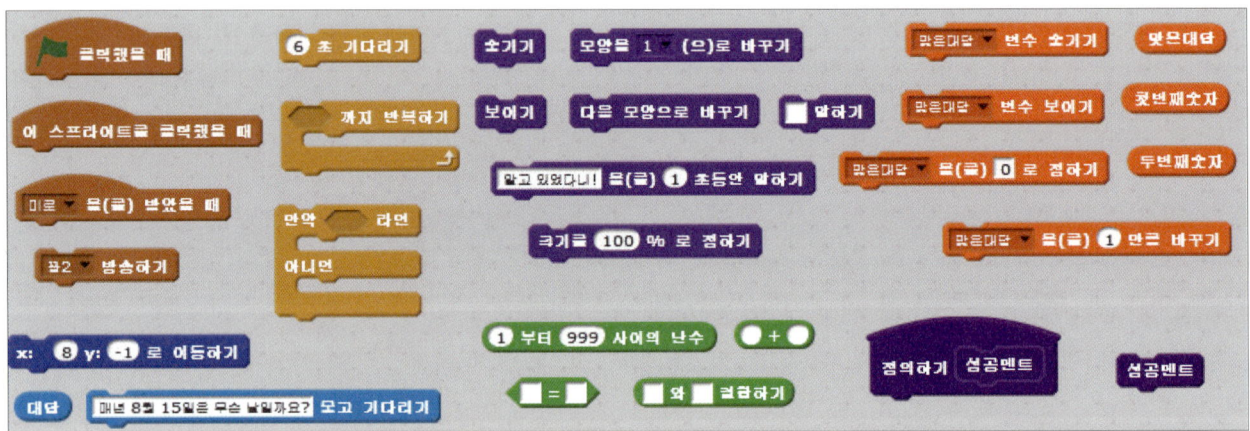

안녕하세요? 지금까지 우리는 애니메이션의 뼈대를 완성하였어요. 이번에는 진짜 애니메이션답게 게임에 이야기를 넣어보도록 해요. 게임을 시작하기 전에 게임을 하게 된 상황을 제시하고, 게임을 끝낸 후에는 다른 캐릭터를 등장시켜서 이야기를 마무리하도록 해줄 거예요. 또한 자연스러운 이야기를 만들기 위해 귀여운 게임 설명용 캐릭터도 넣어주도록 해요. 같이 한번 만들어 볼까요?

01 게임의 흐름 파악하기

 게임의 흐름

3장에서의 게임의 흐름을 아래 표로 확인해 보자.

초록깃발 🚩	첫 장면	게임 설명	섬	1단계	섬2	2단계	섬3	3단계	문제 해결	끝 장면

게임의 흐름에 따른 방송의 순서도

게임을 만들다 보면 방송을 이용하여 다른 스프라이트에 명령을 내려야 하는 경우가 많다. 특히 방송은 애니메이션과 매우 밀접한 관계이다. 스크립트를 직접 작성하기 전에 미리 게임의 방송 흐름을 살펴보자.

초록깃발 🚩	첫 장면	게임 설명	섬	1단계	섬2	2단계	섬3	3단계	문제 해결	끝 장면
방송의 흐름 :	게임 설명 방송	섬 방송	1단계 방송	섬2 방송	2단계 방송	섬3 방송	3단계 방송	문제 해결 방송		

게임의 흐름에 따른 캐릭터의 등장과 무대의 변화

초록깃발 🚩	첫 장면	게임 설명	섬	1단계	섬2	2단계	섬3	3단계	문제 해결	끝 장면
캐릭터	주인공 / 거미			원숭이		원숭이		원숭이		마녀 / 공주 본모습
무대	검은색		섬 배경	castle2	섬 배경	castle2	섬 배경	castle2	castle4	

02 무대 꾸미기

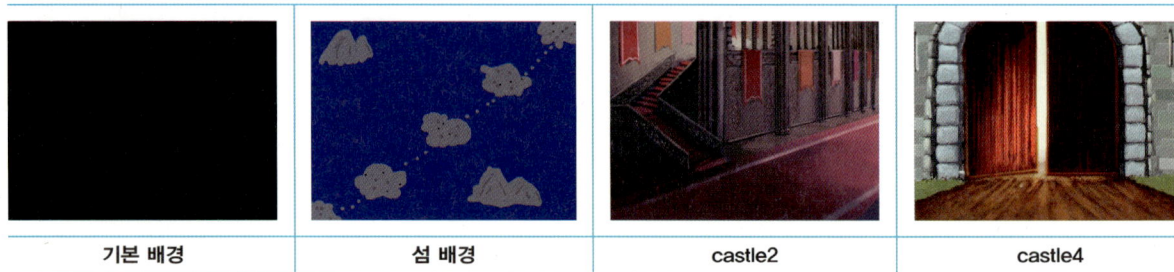

| 기본 배경 | 섬 배경 | castle2 | castle4 |

 **무대 변화 상황 제시하기**

이야기를 자연스럽게 만들기 위해서 무대를 변화시켜 보자. 무대의 배경은 총 4가지가 나온다. 검은색의 '기본 배경', '섬 배경', 'castle2', 'castle4'이다. 검은색의 '기본 배경'은 스토리텔링의 첫 장면과 '게임 설명' 장면에 나오고 '섬 배경'은 '섬', '섬2', '섬3' 단계에서 등장한다. 또 'castle2'은 '1단계', '2단계', '3단계'의 문제 푸는 장면에서 나타나게 된다. 마지막으로 'castle4'는 '문제 해결' 장면에서 등장한다.

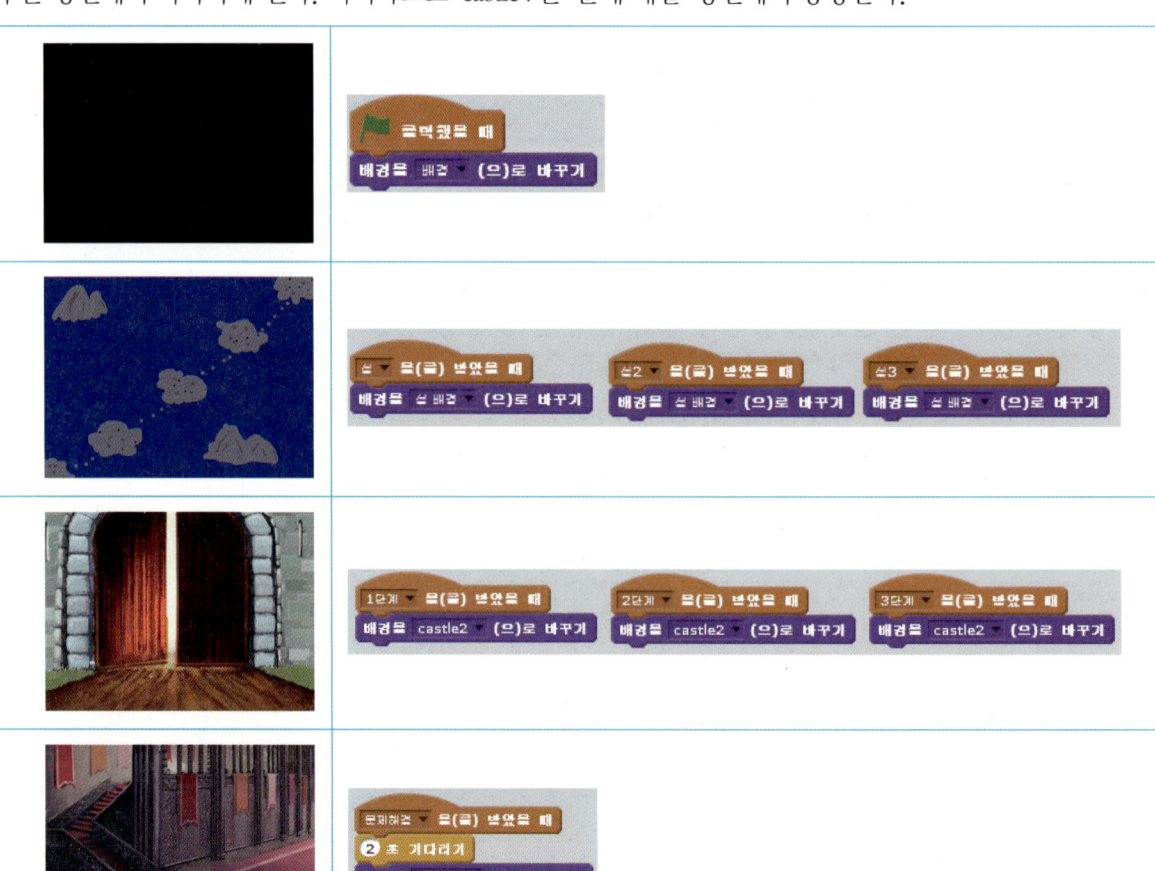

03 스토리텔링을 이용해 게임 시작 상황 만들기

🌱😊 주인공 스프라이트 만들기

'주인공' 스프라이트를 만들어 준다. 이 '주인공' 스프라이트는 애니메이션의 이야기적 요소를 책임질 스프라이트이다.

저장소(새로운 스프라이트:) 'Girl2'를 선택해 준다. 그리고 깃발이 클릭되었을 때 (x:-79, y:6)의 위치에서 보이게 해준다. 그리고 "어? 꿈인가?"를 1초 동안 말하고 4초간 기다리게 해준다. 이 '4초 기다리기' 시간은 스토리텔링의 상대방 스프라이트가 말하는 시간이다. 그리고 그 상대방과 대화를 이어나가는 것처럼 보이기 위해 "뭐? 이럴 수가…."를 말하게 한 후 또 2초를 기다린다. 그 후에 마지막으로 "알았어. 가자!"를 2초 동안 말하게 하고 숨긴다. 이렇게 첫 장면이 끝이 난다. 다음에 무엇이 나오게 될까? 그렇다. '게임 설명'을 방송하고 '게임 설명' 스프라이트가 나오기를 기다린다.

🌱😊 스토리텔링 상대방 스프라이트 만들기

'주인공' 스프라이트와 함께 대화를 나눌 스토리텔링 상대방 스프라이트를 만들어 준다. 이 또한 저장소(새로운 스프라이트:)에서 'Ladybug2'를 찾아준다. 이때, 이 그림이 아니어도 좋다. 원하는 그림을 고르도록 한다. 이 스프라이트는 깃발이 클릭되었을 때에는 바로 나타나지 않도록 한다. 자연스러움을 위해 1초 기다렸다가 (x:90, y:50)의 위치에서 나타낸다. "도와주세요. 저는 동화나라 공주예요.", "마녀가 저를 거미로 만들었어요."를 4초 동안 얘기하게 한다. 이때 '주인공' 스프라이트는 '4초 기다리기' 시간이다. 다시 '주인공' 스프라이트의 대사를 위해 2초 기다렸다가 "동화나라로 와서 마녀를 무찔러 주세요."를 2초 동안 말하고 숨긴다.

 04 게임 설명용 캐릭터 만들기

게임 설명 캐릭터 만들기

'1단계', '2단계', '3단계' 게임에서 이야기의 흐름을 끌어갈 캐릭터를 넣어주기로 한다. 이 캐릭터는 스토리 상 동화나라 마녀의 부하가 될 것이다. 우리는 저장소(새로운 스프라이트: ✿ / 📁 📷)에서 Monkey1 그림을 가져오기로 한다. 마녀의 부하 역할인데 너무 예쁘게 생겨서 그림판을 이용해서 눈썹을 사납게 그렸다.

 첫 화면에서 숨기기

　　　게임 설명 캐릭터는 게임 상황에서 등장해야 하기 때문에 그 전까지는 숨겨두어야 한다.

 게임 화면에서 나타내기

게임 설명 캐릭터는 게임 상황에서 등장해서 상황에 맞는 대사를 해야 한다. 모든 단계의 게임에서 2초 기다렸다가 등장하며, 모양은 monkey1-a로 바꾸어서 (x:-191, y:-49) 위치에 나타내 준다. '1단계'에서는 "퀴즈를 맞혀라!", "틀리면 다음 단계로 갈 수 없다."를, '2단계'에서는 "2단계 물음에 맞는 정답을 써라.", "틀리면 다음 단계로 갈 수 없다!"를, '3단계'에서는 "물음에 알맞은 답을 하라.", "틀리면 다음 단계로 갈 수 없다!"를 2초 동안 말하게 한다.

1단계 게임	2단계 게임	3단계 게임

 **성공 상황에서 성공 대사 말하기**

이 부분에서는 새로이 '추가 블록'을 사용하게 된다. 먼저 '추가 블록' 탭에서 '블록 만들기'를 누른다.

이 때 새로 나오는 창에서 원하는 블록의 이름을 정한다. 여기서는 '성공 멘트'라고 해준다.

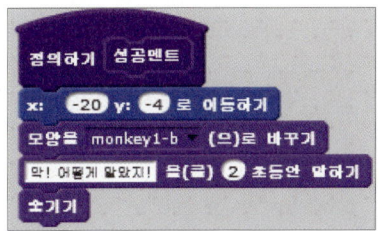

그 후에 '성공 멘트'를 정의해야 한다. 우선 게임 설명 캐릭터가 잘 보일 수 있도록 (x:-20, y:-4)의 위치로 이동하게 하고, 모양을 monkey1-b로 바꾸어준다. 그리고 "악! 어떻게 알았지!"라고 2초 동안 말하고 숨긴다.

여기서 끝이 아니니 주의하도록 한다. 지금까지의 단계는 '추가 블록'인 '성공 멘트'를 정의만 했지, 아직 사용을 못한 상태이다. '1단계 성공'을 받았을 때 '성공 멘트'를 말한 후 '섬2'를 방송하게 하고, '2단계 성공'을 받았을 때도 '성공 멘트'를 말하고 '섬3'을 방송하게 한다. 마지막으로 '3단계 성공'을 받았을 때 '성공 멘트'를 말하고 '문제 해결'을 방송한다.

실패 상황에서 실패 대사 말하기

이 부분에서도 '추가 블록'을 사용하게 된다. 먼저 '추가 블록' 탭에서 '블록 만들기'를 누른다.

이 때 새로 나오는 창에서 원하는 블록의 이름을 정한다. 여기서는 '꽝 멘트'라고 해준다.

그 후에 '꽝 멘트'를 정의해야 한다. 우선 게임 설명 캐릭터가 잘 보일 수 있도록 (x:-20, y:-4)의 위치로 이동하게 하고, '틀렸다.', '다시 도전해라.'라고 2초 동안 말하고 숨긴다.

여기서 끝이 아니니 주의하도록 한다. 지금까지의 단계는 '추가 블록'인 '꽝 멘트'를 정의만 했지, 아직 사용을 못한 상태이다. '꽝'을 받았을 때 '꽝 멘트'를 말한 후 '섬'을 방송하게 하고, '꽝2'를 받았을 때도 '꽝 멘트'를 말하고 '섬2'를 방송하게 한다. 하지만 '꽝3'은 없으니 헷갈리지 않도록 한다.

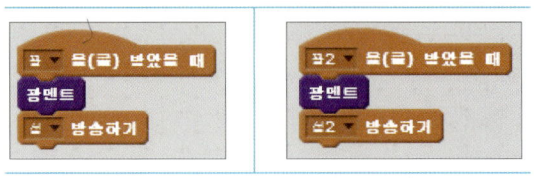

05 스토리텔링을 이용해 게임 끝 상황 만들기

 **주인공 스프라이트 다시 등장하게 하기**

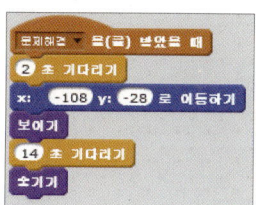 '문제 해결' 상황에서 애니메이션의 이야기 마무리를 위해서 주인공을 다시 등장시켜 준다. '문제 해결' 방송을 받았을 때 2초 기다렸다가 (x:-108, y:-28)의 위치에서 보이게 해준다. 그리고 마무리 대사를 할 '마녀' 스프라이트와 '공주 본모습' 스프라이트의 대사를 14초 동안 기다렸다가 숨긴다.

 스토리텔링 마무리 캐릭터 만들기

애니메이션에서 이야기의 마무리를 할 스프라이트를 넣어주기로 하자. 이 스프라이트는 스토리 상 동화 나라의 공주 본모습이 될 것이다. 우리는 저장소(새로운 스프라이트: ✿ / 🖼 📷)에서 pico 그림을 가져오기로 한다. '문제 해결' 방송을 받았을 때 처음 나타나는 '문제 해결' 스프라이트, 즉 '마녀' 스프라이트가 대사를 끝낸 후에 (x:78, y:50)의 위치에서 pico-a의 모양에 100%의 크기로 나타나게 한다. 그 후 "살려주셔서 감사합니다.", "마녀는 도망갔어요!", "당신이 우리 동화나라를 살렸어요!"를 2초 동안씩 말하게 한다. 마지막에 모양을 pico-c로 바꾸고 "감사합니다."를 2초 동안 말하고 사라지게 한다.

프로그램을 실행하여 확인해 보자	O	X
▶ 무대를 원하는 대로 바꿀 수 있는가?		
▶ 이야기의 흐름에 맞게 캐릭터 스프라이트를 추가할 수 있는가?		
▶ 각 스프라이트들이 자연스럽게 연결되는가?		

네 걸음 예술적 요소를 넣어 완성해 보자

학습목표
- 애니메이션에 효과음을 추가할 수 있다.
- 캐릭터의 움직임을 만들 수 있다.
- 이야기 흐름상 필요한 스프라이트를 넣을 수 있다.

안녕하세요? 우리는 방금 만들어놓은 뼈대에 이야기를 넣어서 애니메이션을 만들어 보았어요. 하지만 아직 완전한 애니메이션이라고 보기에는 아쉬운 점이 많죠? 캐릭터들의 등장이 자연스럽지 않고, 흐름이 끊기는 기분이다. 그리고 여기까지 만든 애니메이션이 조금 심심하네요. 우리는 캐릭터들에게 움직임을 줘서 살아있는 것처럼 보이게 할 것이다. 또 효과음을 넣어 더 진행을 흥미롭게 만들어 본다. 이제 완전한 게임이 완성되겠죠?

생각 열기 : **하나하나 꼼꼼하게!**

01 게임의 흐름 파악하기

☀ 게임의 흐름

4장에서의 게임의 흐름을 아래 표로 확인해 보자.

초록깃발 🚩	첫 장면	게임 설명	섬	1단계	섬2	2단계	섬3	3단계	문제 해결	끝 장면

☀ 추가된 스프라이트와 움직임, 효과음 확인하기

초록깃발 🚩	첫 장면	게임 설명	섬	1단계	섬2	2단계	섬3	3단계	문제 해결	끝 장면
캐릭터	주인공 거미			원숭이		원숭이		원숭이	마녀	공주 본모습
무대	bedroom2 검은색		섬 배경	castle2	섬 배경	castle2	섬 배경	castle2	castle4	
스프라이트 추가	꿈 스프라이트									
움직임 추가	주인공 거미		주인공	원숭이	주인공	원숭이	주인공	원숭이	마녀	공주 본모습
효과음 추가	space ripple dance slow mo		water drop	zoop dance funky fairydust screech laugh-male2	water drop	zoop dance funky fairydust pop screech laugh-male2	water drop	zoop dance funky fairydust pop chomp screech laugh-male2	triumph cave	xylo3

02 이야기 흐름상 필요한 스프라이트와 배경 넣기

 꿈 스프라이트 넣기

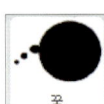

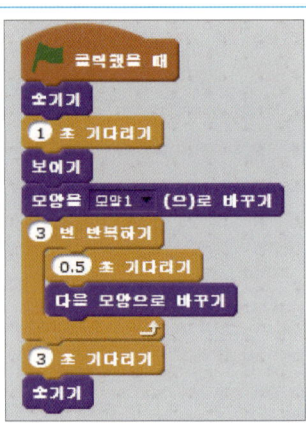

 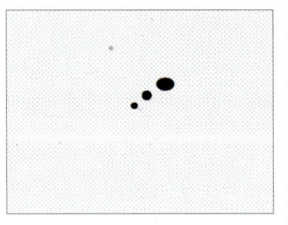 

이 '꿈' 스프라이트는 주인공이 동화나라로 자연스럽게 들어갈 수 있도록 해주는 역할이다. 우리가 지금까지 만들어왔던 애니메이션의 첫 도입이라고 생각하면 된다. 넣고 싶지 않으면 안 넣어도 되지만, 자연스러운 이야기의 흐름을 위해 넣어주도록 한다.

깃발을 클릭했을 때 1초 기다렸다가 등장한다. 하지만 바로 전체의 꿈 모양이 아니라 하나하나 점이 커져가는 것처럼 그림을 바꿔주어서 꿈속으로 들어가는 효과를 준다. 모양 탭에서 '모양 새로 그리기'(✏️ / 🖼️ 📷)를 선택해서 그려준다. 그리고 3초 기다렸다가 꿈 속 상황이 되면 숨겨질 수 있도록 만든다.

🌻 배경 추가하기

위에서 말했듯이 주인공이 동화나라로 자연스럽게 들어갈 수 있도록 꿈을 이용할 것이다. 꿈을 꾸기 위해 잠을 자야할 것이다. 그래서 무대에서 새로운 배경(새로운 배경: 🖼️ / 🖼️ 📷)을 가져온다. 여기서 우리는 bedroom2(🖼️ bedroom2 480x360) 그림을 사용하도록 할 것이다.

그리고 꿈속으로 들어가는 것처럼 하기 위해 밝기 효과를 -20만큼 바꿔주며 5번 반복해준다. 그 후, 침대 상황이 끝나면 우리가 아는 '거미공주'를 등장시키기 위해 '첫 설명'을 방송하도록 한다.

03 스프라이트 움직임 만들어 주기

첫 장면에서 주인공 움직임 주기

'주인공'이 '거미공주'를 만나서 대화를 하는 부분은 이미 3장에서 만들었다. 그래서 이미 만든 부분은 설명하지 않겠다. 지금부터는 주인공이 '거미공주'를 만나는 상황의 앞부분을 추가해줄 것이다. 앞에서 '꿈' 스프라이트와 'bedroom2'( ) 무대를 추가한 것으로 추측해 보자. 우리는 '주인공'의 어떤 행동을 맨 처음에 제시하게 될까? 그렇다. 잠을 자는 것처럼 해줄 것이다. 침대에 누운 것처럼 하기 위해 모양을 'girl2-b'로 바꾸고 (x:-34, y:6)의 위치로 가서 '50도'의 방향을 보게 해준다. 그리고 침대 사이즈에 맞게 크기를 65%로 정한다.

스토리텔링 상대방 캐릭터 움직임 주기

주인공 스프라이트와 함께 대화를 나누는 '거미공주' 스프라이트를 기억해 보자. 원래는 깃발이 클릭 되었을 때 적절한 시간을 기다렸다가 등장하게 되어 있지만, 이번 장에서 잠을 자고 꿈을 꾸는 장면을 더 넣게 되었다.그래서 우리는 '첫 설명' 방송을 받을 때에 등장할 수 있도록 만들었다. '첫 설명'을 받았을 때 1초 기다렸다가 'ladybug2-a'의 모양으로 (x:99, y:154)의 위치에서 보이게 해준다. 그리고 여기가 중요하다. 새로운 블록을 사용할 것이다. `1초 동안 x: 90 y: 50 으로 움직이기` 블록을 사용해서 원래의 위치인 (x:99, y:154)에서 자연스럽게 1초 동안 (x:90, y:50)의 위치로 가게 만든 것이다. 지점 이 블록을 사용한 후에 결과를 확인하면 '거미공주' 스프라이트가 스르르 내려온다는 느낌을 받을 수 있다.

섬 단계에서 주인공 움직임 주기

이 부분이 4장에서 가장 중요한 내용이라고 할 수 있다. 제일 중요하고 제일 어려운 부분이니 두 눈 크게 뜨고 함께 해보자. 3장까지는 우리가 섬 단계에 나오는 '1단계', '2단계', '3단계' 스프라이트를 직접 클릭해서 게임에 접속하는 방식이었다. 하지만 이 방식은 '1단계', '2단계'를 생략하고 '3단계'로 바로 가도 아무런 문제가 없었다. 그리고 단계별로 진행된다는 느낌이 별로 들지 않았다.

이제는 키보드의 방향키를 이용하여 주인공 스프라이트를 이동시킬 것이다. 그리고 주인공 스프라이트가 닿는 단계의 게임을 실행하도록 할 것이다. 이때 '섬', '섬2', '섬3'을 방송할 때마다 다른 곳에 위치하게 해서 게임의 어느 단계에 주인공이 도달했는지도 파악할 수 있도록 해볼 것이다.

먼저 주인공 스프라이트를 움직여보도록 하자. 이때, '추가 블록'을 이용하여 주인공 '걷기'를 정의하도록 하자. 먼저 크기를 20%로 작게 줄인 후에 등장시킨다.

주인공 스프라이트는 위쪽 화살표 키가 눌렸을 때 y좌표를 3만큼 이동하게 할 것이다. 그리고 아래쪽 화살표 키가 눌렸을 때는 y좌표를 −3만큼, 오른쪽 화살표가 눌렸을 때는 x좌표를 3만큼, 왼쪽 화살표가 눌렸을 때는 x좌표를 −3만큼 이동하게 해준다. 이걸 블록 안에 넣어주면 끊임없이 자연스럽게 계속되도록 할 수 있다.

여기서 끝일까? 그렇지 않다. 바로 '1단계' 스프라이트에 닿았을 때, '2단계' 스프라이트에 닿았을 때, '3단계' 스프라이트에 닿았을 때의 상황을 제시해줘야 한다. 블록을 사용하여 '1단계' 스프라이트에 닿았다면 '1단계'를 방송하고 숨기고, '2단계' 스프라이트에 닿았다면 '2단계'를 방송하고 숨기고, '3단계' 스프라이트에 닿았다면 '3단계'를 방송하고 숨겨준다. 이 블록들은 어디에 위치하게 될까? 그렇다. 이 블록들도 계속해서 확인이 필요하기 때문에 무한 반복 안에 넣어주도록 한다.

이렇게 하면 '걷기' 블록이 정의되는 것이다.

정의한 '걷기' 블록을 이용하여 '섬', '섬2', '섬3' 방송을 받았을 때를 나타내어 준다.

'섬'	'섬2'	'섬3'

 **게임 설명용 캐릭터 움직임 주기**

여기에서는 세 가지 움직임이 들어간다. 게임 설명용 캐릭터는 나오는 장면이 많지 않은가? 또 게임을 틀렸을 때와 맞았을 때에 대사가 나오기 때문에 세 가지의 추가 블록을 사용하도록 한다.

첫 번째에는 '성공 멘트'를 정의한다. 두 번째에는 '꽝 멘트'를 정의한다. 어디서 들은 얘기 같다고? 맞다. 3장에서 이미 정의했다. 우리는 여기에 3 초 동안 x: 220 y: 59 으로 움직이기 블록 하나만 더 추가하여 움직이게 해볼 것이다. 이 블록의 사용법은 위 '거미공주' 스프라이트에서 설명했으니 그냥 넘어가도록 할 것이다.

마지막으로 '움직임'을 정의해 준다. 이 '움직임'은 어려운 게 아니고, 단순히 모양을 바꿔가고, x좌표를 2씩, -2씩 바꿔가면서 움직이는 것처럼 보이게 해주는 정의이다. 그리고 이렇게 하는 '움직임'은 게임 설명용 캐릭터가 등장할 때마다 제공해준다. 그러면 이 캐릭터는 등장할 때마다 몸을 흔들며 이야기할 수 있게 된다.

문제 해결 스프라이트 움직임 주기

```
문제해결 ▼ 을(를) 받았을 때
2 초 기다리기
x: 179 y: 61 로 이동하기
모양을 ghoul-a ▼ (으)로 바꾸기
보이기
1 초 동안 x: 74 y: 61 으로 움직이기
10 번 반복하기
    다음 모양으로 바꾸기
    0.5 초 기다리기
```

'문제 해결'을 받았을 때 나오는 문제 해결 스프라이트인 '마녀' 스프라이트의 움직임을 정해 주자. '마녀'는 (x:179, y:61)의 위치에서 1초 동안 (x:74, y:61)로 이동하게 한다. 그리고 10번에 걸쳐 모양을 바꾼다. 이를 통해 '마녀' 스프라이트가 대사를 말하는 동안 움직이는 것처럼 보일 수 있다.

스토리텔링 마지막 캐릭터 움직임 주기

```
문제해결 ▼ 을(를) 받았을 때
9 초 기다리기
x: 240 y: -50 로 이동하기
모양을 Pico walk1 ▼ (으)로 바꾸기
크기를 100 % 로 정하기
보이기
1 초 동안 x: 78 y: -50 으로 움직이기
모양을 pico-c ▼ (으)로 바꾸기
5 번 반복하기
    x좌표를 5 만큼 바꾸기
    0.5 초 기다리기
    x좌표를 -5 만큼 바꾸기
    0.5 초 기다리기
모양을 pico-b ▼ (으)로 바꾸기
1 초 동안 x: -7 y: 8 으로 움직이기
3 번 반복하기
    크기를 10 만큼 바꾸기
    0.5 초 기다리기
감사합니다! 끝! 을(를) 2 초동안 말하기
```

스토리텔링의 마지막 캐릭터인 '공주 본모습' 스프라이트에게 움직임을 주기로 하자. 먼저 '마녀' 스프라이트가 활동하는 9초 동안 기다리게 해준다. 그리고 (x:240, y:-50)의 위치에서 100% 크기의 'pico walk1' 모습으로 등장하게 한다. 또 1초 동안 (x:78, y:-50)의 위치로 움직이게 한다. 그리고 모양을 'pico-c'로 바꾼 후에 x좌표를 5, -5로 바꿔가며 5번 움직이게 해준다. 이렇게 하는 동안 '공주 본모습' 스프라이트는 대사를 말하고 있을 것이다. 그 후 모양을 'pico-b'로 바꾼 후에 화면 가운데로 보내고 모양을 점점 크게 바꿔서 마지막 대사를 하게 한다. 최대한 자연스러울 수 있도록 여러분이 더 생각해서 추가해도 좋다.

04 효과음 넣기

 **첫 장면 효과음 넣기**

깃발을 클릭하면 처음 나오는 화면에서 주인공은 잠이 들게 된다. 이때 꿈속에 들어가는 효과를 주기 위해 'space ripple'이라는 소리를 재생한다. 또, 꿈속에서는 'dance slow mo'라는 소리를 재생함으로써 긴장감을 유발시킨다. 이 효과음은 최대한 '무대'에 넣어주는 것이 좋다. 어딘가의 스프라이트에 넣고 찾느라 고생할 필요가 없으니까.

 섬 장면에 효과음 넣기

섬 장면에서도 '무대'에 소리를 넣어주도록 한다. 'water drop'이라는 소리를 재생한다.

문제 해결 상황에 효과음 넣기

'마녀' 스프라이트가 '문제 해결' 방송을 받아 등장했을 때, 'cave'라는 소리를 재생해서 으스스한 분위기를 추가해 본다. 또, '문제' 스프라이트에서 '3단계 성공'을 받았을 때 'triumph' 소리를 재생하도록 해준다.

끝 장면 효과음 넣기

'공주 본모습' 스프라이트가 '문제 해결' 방송을 받고 '마녀' 스프라이트 뒤에 등장하였을 때, 'xylo3'라는 소리를 재생해서 문제가 해결되고 평온해진 애니메이션의 분위기를 나타내 보자.

단계별 게임 안에 효과음 넣기

이제 효과음을 넣는 부분에서 가장 까다로운 부분을 함께 만들어 보도록 할 것이다. 게임은 먼저 '1단계', '2단계', '3단계'가 있다. 각 게임은 섬 화면에서 각 단계별 게임 스프라이트에 주인공 스프라이트가 닿았을 때 시작된다. 그 때 'zoop'이라는 소리를 넣어 분위기를 바꿔주고 관심을 집중시킨다.

그리고 나면 누가 등장할까? 그렇다. '원숭이'가 등장한다. 이 원숭이가 등장할 때 'dance funky' 소리를 재생한다. '1단계', '2단계', '3단계'에서 모두 재생될 수 있도록 잊지 말고 넣어 준다.

또, 문제가 나왔을 때 'fairydust'라는 소리를 재생시킨다. 소리는 다른 걸로 찾아도 좋다. 문제의 시작을 알리는 데에 알맞은 소리를 골라서 넣어 준다.

그리고 성공했을 때에는 'screech' 소리를, 실패했을 때는 'laugh-male2' 소리를 재생해 준다. 들어보면 왜 그 소리를 선택했는지 알 수 있을 것이다.

다음으로는 '1단계'에는 없지만 세 문제를 맞혀야 끝나는 '2단계'와 '3단계'에서는 한 문제 한 문제를 맞힐 때마다 'pop' 소리를 재생해 주자.

2단계	3단계

마지막으로 문제의 정답을 맞히지 못했을 때 '섬'으로 넘어가지 않고, 그 화면에서 계속 못 넘어가는 '3단계'에서는 답을 틀렸을 때의 소리도 넣어주면 좋을 것 같다. 여기서는 'chomp' 소리를 재생하도록 한다.

프로그램을 실행하여 확인해 보자	O	X
▶ 이야기의 흐름을 잘 파악하여 필요한 스프라이트와 무대를 넣을 수 있는가?		
▶ 각각의 스프라이트가 자연스럽게 보일 수 있도록 움직임을 제공할 수 있는가?		
▶ 원하는 상황에 적절한 효과음을 넣을 수 있는가?		

다섯 걸음 생각을 플러스해 보자

학습목표
- 애니메이션을 만들어보고 스스로 평가할 수 있다.
- 생각을 더해서 제시된 것보다 더 애니메이션을 확장할 수 있다.

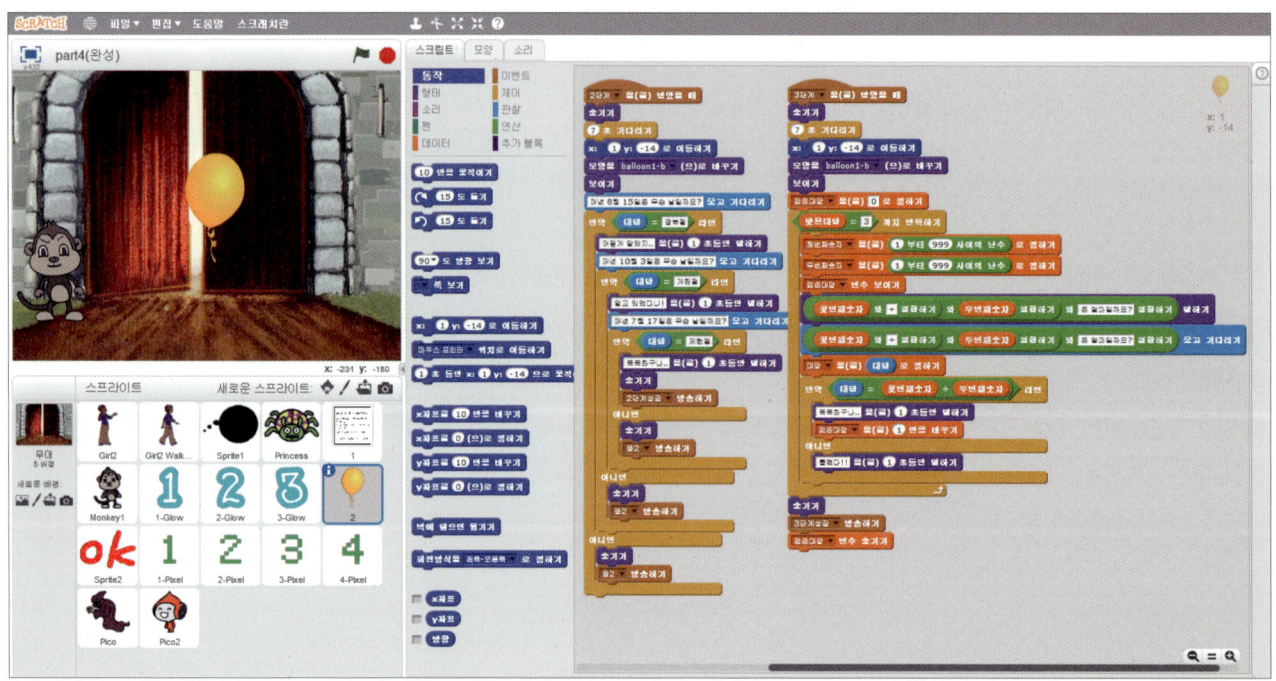

안녕하세요? 우리는 여러 단계를 거쳐서 애니메이션을 만들어 보았어요. 이제 여러분은 스스로를 평가할 차례예요. 만들면서 여러분은 무슨 생각을 했나요? 가장 어려웠던 것은 어떤 부분인가요? 여러분이 사용할 때 가장 자신 있는 블록은 어떤 블록인가요? 이해를 못하는데 무작정 책에 나와 있는 대로 따라하지는 않았나요? 어떤 부분을 스크래치로 표현할 때 가장 즐거웠나요?

또한 여러분은 애니메이션을 만들면서 자신의 애니메이션에 더 추가하고 싶은 부분이 있었을 거예요. 만약 애니메이션을 바꾸고 싶다면 어떤 부분을 바꾸고 싶나요? 또는 블록의 사용에 있어서 바꾸고 싶은 건 없었나요?

⟶ 자기 평가하기

애니메이션의 구조 이해하기

프로그램을 실행하여 확인해 보자	O	X
▶ 애니메이션에 꼭 필요한 요소를 만들 수 있다.		
▶ 어떤 요소를 넣었을 때 더 이야기의 흐름이 재미있어지는지 이해할 수 있다.		
▶ 단순한 이야기 전달에서 벗어나 하나의 애니메이션을 만들기 위해서는 어떤 부분이 필요한 지 생각해 낼 수 있다.		

스크래치 기능 익히기

프로그램을 실행하여 확인해 보자	O	X
▶ 스프라이트나 무대를 위하여 원하는 그림을 그리고 제시할 수 있다.		
▶ 각 블록들의 기능을 알고, 적절한 상황에 적합한 블록을 적용할 수 있다.		
▶ 각 스프라이트 간의 관계를 이해하고, 스프라이트를 자연스럽게 연결할 수 있다.		

프로그래밍의 기초 연습하기

프로그램을 실행하여 확인해 보자	O	X
▶ 직접 계획한 것을 스크래치로 구현하기 위해 필요한 알고리즘을 만들 수 있다.		
▶ 반복해서 실험하고 잘못 표현된 것을 고쳐가는 과정을 통해 일련의 전략을 발전시킬 수 있다.		
▶ 문제 상황에서 문제를 해결하기 위한 대안을 제시할 수 있다.		

생각 넓히기

1. 만약 앞부분의 설명을 생략하고 넘어갈 수 있게 만든다면?

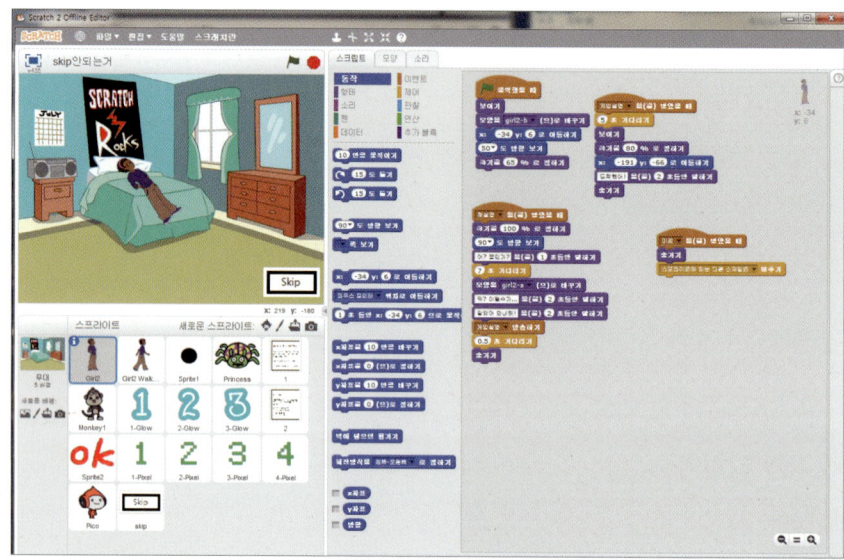

✓ 게임의 앞부분 설명을 들을 수도 있지만, 생략할 수 있는 요소를 넣는다면 어떻게 될까?

✓ 원하는 단계의 게임만 찾아가서 할 수 있다면?

✓ 이야기 뒤쪽으로 가는 것뿐만 아니라, 그 이전 단계로 갈 수 있게 만들려면 어떻게 해야 할까?

● 애니메이션 '동화나라' 실행 결과 화면

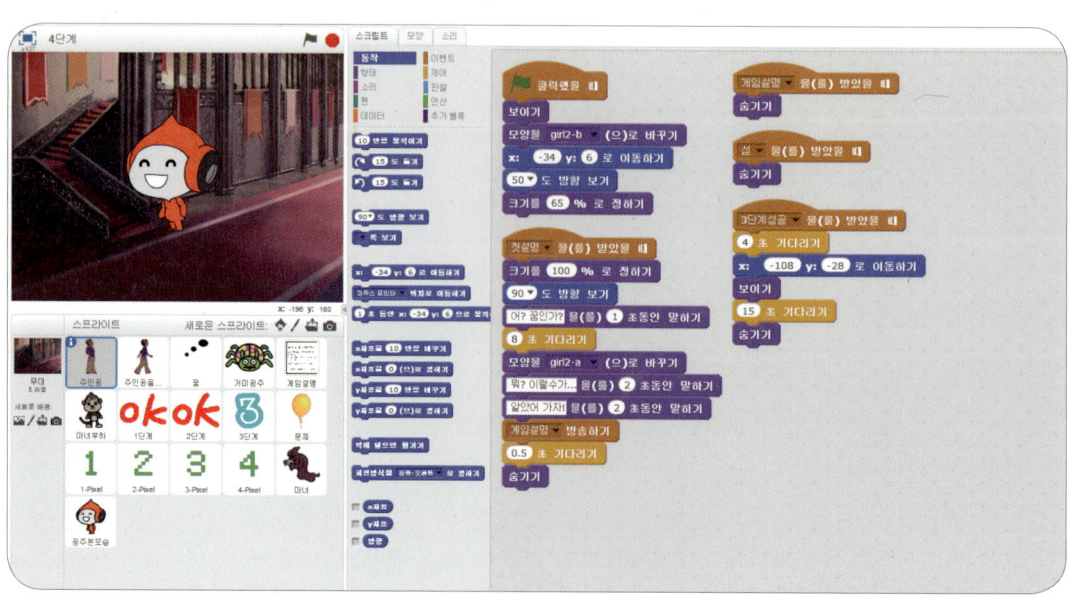